문화로 읽는 일본 역사

김현석 지음

신아사

일러두기

1. 인명, 지명. 서명, 시대명 등의 고유명사 표기는 '외래어표기법'에 따랐으나, 우리의 한자 발음으로 통용되고 있는 경우나 원래 발음과 큰 차이가 나는 것은 예외로 하였음.

   예) 고지키古事記 → 고사기, 니혼쇼키日本書紀 → 일본서기

   센고쿠戦国시대 → 전국시대

2. 이 책의 일본 문헌 인용문은 저자에 의해 한국어로 번역되었음.

표지 그림

1748년에 에도(현재의 도쿄)를 방문한 제10회 조선통신사 일행의 행진 장면
에도시대 화가 하네가와 도에이羽川藤永의 작품으로 고베神戸시립박물관 소장

머리말

이 책은 일본의 선사시대인 죠몽縄文시대부터 근대로 진입하는 19세기 후반 메이지明治유신에 이르기까지의 문화적 특징을 통시적으로 서술한 일본문화사 서적이다. 인간의 삶은 정치, 경제, 사회, 문화 등 여러 분야의 복합적인 상호작용 속에서 영위되는 것이지간, 여기에서는 그 중 주요한 문화 현상에 초점을 맞추어 일본인의 생활을 시대별로 설명하였다. 그러나 문화 현상이란 독자적으로 발생하여 융성하고 경우에 따라서는 쇠퇴의 길을 걷기도 하는 것이 아니라, 그 시대의 사회적, 정치적 요인에 의해 변화하는 유동성을 지니는 것이다. 그러므로 특정한 시대나 지역의 문화에 대한 이해를 위해서는 그 배경이 되는 정치적, 사회적 상황에 대해 충분히 이해하는 것은 필수불가결한 일일 것이다. 따라서 이 책에서는 일본의 시대별 문화적 특징에 대한 서술이 주된 비중을 차지하고 있지만, 이에 더하여 정치, 사회에 대한 설명에 대해서도 상당 부분 지면을 할애하였다.

아울러 이 책에서는 문화적 현상이나 역사적 사건에 대한 주관적 해석이나 평가는 최대한 자제하고, 사실史実과 사실事実에 근거한 객관적 시점으로 서술하고자 노력하였다. 이 책을 읽는 독자의 대부분이 일본 관련 전공자가 아닌 이상 일본문화사에 대해서 깊게 접할 기회가 적었을 것으로 예상되므로, 사실에 근거한 문화적 흐름을 파악하는 것이 우선 필요할 것으로 생각했기 때문이다. 또한 이 책에서는 고분시대, 아스카시대 등 한반도와 일본이 문화적으로 밀접하게 관련된 시기에 관해서는 한·일 양국의 교류사에 대해서도 이해할 수 있도록 노력하였다.

우리 사회에는 일본의 문화, 일본인의 사고방식이 우리와 크게 다르지 않을 것으로 생각하는 경향이 있다. 그러나 일본은 역사적으로 우리와 많은 부분을 공유하고 있으며, 지리적으로도 한반도에 근접하여 밀접한 관계를 지니고 있음에도 불구하고, 문화적으로는 커다란 차이가 있는 엄연한 외국이다. 이문화異文化를 공부하는 핵심은 동질성이 아니라 차이점을 발견하여 이에 대한 이해도를 높이는 것이다. 일본 문화에 나타난 이질적 요소의 근원을 발견하여 일본을 바라보는 객관적 시각을 기르는 데에 이 책이 조금이라도 도움이 되기를 기대한다.

2020년 여름 호심관 연구실에서

김현석

목차

Ⅱ. 고대의 문화

Ⅲ. 중세의 문화

Ⅳ. 근세의 문화

V. 근대국가의 성립

I

선사先史시대의 문화

일본의 선사시대는 죠몽縄文시대(기원전 약 1만년~기원전 3세기경) 야요이弥生시대(기원전 3세기경~서기 3세기 말경)로 분류된다.

1. 죠몽繩文시대

기원전 약 1만년에서 기원전 3세기경까지의 기간을 죠몽시대라 한다. 죠몽시대가 언제부터 언제까지인가에 대해서는 명확하게 단정짓기 어려우며, 고고학자나 역사학자들 사이에서 여러 주장이 제기되고 있다. 이 시기의 문화는 일본 최고最古의 것으로 죠몽문화라 부른다. 죠몽이란 명칭은 당시에 만들어진 토기의 표면에 승문繩文 즉, 새끼줄 문양이 새겨져 있었던 데에서 붙여진 것으로, 이 용어는 1886년부터 사용되었으며 문헌에도 기록되기 시작하였다. 죠몽토기는 600~700도의 저온으로 노천의 장작불에서 구워 낸 것으로, 암갈색이나 흑갈색을 띤 거칠고 약한 토기이지만 디자인에 있어서는 다양성을 보인다.

죠몽토기

죠몽토기의 분포가 홋카이도北海道로부터 규슈九州의 남부지역에 걸쳐 있는 것으로 봐서, 일본열도의 대부분이 죠몽토기 문화권에 속해 있었다고 추측된다. 이 토기의 시대는 7000~8000년이라는 긴 세월 동안 이어져 왔기 때문에 한마디로 죠몽토기라 하더라도 제작된 시기와 지역 등에 따라 토기의 형태는 매우 다양하다. 그렇기 때문에 죠몽문화의 연구에 많은 업적을 남긴 고고학자 야마노우치 스가오山内清男(1902~1970)는 죠몽토기를 조기·전기·중기·후기·만기의 다섯 단계로 분류하였다.

죠몽인은 반지하 형태인 수혈식竪穴式주거에서 생활하였다. 이 주거는 일가족 수 명이 생활할 수 있는 규모의 공간이었으며, 여럿이 모여 취락을 형성하였다. 죠몽시대 중기가 되면 정주성定住性이 점점 강해져 취락의 규모가 커졌으며 혈연적인 공동사회를 이루었다. 취락 내의 주거지 규모는 대부분 균등하였으며, 묘지의 부장품 등에서도 특별히 두드러지는 것이 없다. 이 점으로 볼 때, 죠몽시대는 빈부의 차가 없었으며, 주술적인 역할을 담당하는 지도자는 있었을 것으로 추측되지만 사회적인 신분이나 계급의 분화가 아직은 확실하게 나타나지 않은 평등한 공동사회였다.

죠몽시대는 신석기시대에 해당한다. 그러나 농경과 목축이 행해진 유럽 등지의 신석기시대와는 달리 대체로 수렵, 어로, 채집 등으로 생계를 유지하였다. 초기의 죠몽시대 사람들은 구석기시대의 생활 도구인 타제打製석기(뗀석기)를 주로 사용하였으며, 중기 이후부터 돌창, 돌도끼, 돌화살 등의 마제磨製석기(간석기)를 사용하게 된다. 토기는 음식물을 익히거나 가공하는 데에 사용하였으며, 활과 화살을 사용하여 포획한 동물의 뼈나 뿔을 가공하여 만든 작살, 낚시바늘 등의 골각기骨角器로 어로작업을 하였다.

2. 야요이弥生시대

기원전 3세기경부터 서기 3세기 말경까지의 기간을 야요이시대라 하며, 이 시기의 문화를 야요이문화라 부른다. 야요이시대의 시작이 언제인가에 대해서는 여러 학설이 있다. 야요이시대를 조기·전기·중기·후기의 4기로 구분하여 기원전 4세기경으로 보는 주장도 있으나, 전기·중기·후기의 3기로 구분하여 기원전 3세기경으로 보는 것이 일반적이다.

1884년에 도쿄 야요이쵸弥生町라는 곳에서 이제까지의 죠몽토기와는 다른 양식의 선사시대 토기가 출토된다. 이 토기는 그곳의 지명을 따서 야요이토기라 명명되었으며, 이 토기가 만들어진 시기를 야요이시대라 부르게 된다. 야요이토기는 죠몽토기에 비해 얇으며 장식이 적고 단순한 형태를 띠고 있다. 이 토기는 800~1000도 정도의 온도에서 구워 낸 것으로 적갈색이나 밝은 갈색을 띠고 있으며 음식을 저장하거나 취사용으로 사용되었다.

야요이토기

죠몽시대의 사람들이 석기石器를 사용하고 있을 때, 중국대륙에서는 이미 청동기青銅器시대를 거쳐 철기鉄器시대로 이행되고 있었다. 야요이시대에는 대륙의 이러한 문화가 일본열도에도 영향을 미쳐 청동기와 철기가 같은 시기에 전해졌다. 즉 석기와 함께 청동기 철기가 같이 사용

사가 현에 있는 요시노가리 유적

된 것이 야요이문화였다.

규슈 지방인 사가佐賀 현 간자키군神埼郡에 있는 요시노가리吉野ヶ里 유적은 야요이시대의 생활상을 규명하는 데에 대단히 중요한 자료이다. 원래 공업단지 예정지였던 요시노가리 지구에서 야요이시대의 대규모 환호環濠취락이 발견된 것은 1986년이었다. 환호취락이란 사방을 해자로 에워싼 집단거주지를 말한다. 요시노가리 유적의 환호는 전체 길이가 2.5Km에 이르며, V자 형태인 해자의 깊이도 3m 정도나 되었다. 또한 외부로부터 적이 침입하는 것을 막기 위해 해자 안팎에는 목책이나 흙으로 쌓은 보루 등도 설치되어 있다.

1) 벼농사와 농경사회의 시작

벼농사는 1만 년 전쯤에 중국 양자강 중하류 지역에서 시작되었다. 대륙에서 한반도로 전해진 벼농사 기술은 죠몽시대 말기에 일본열도에 전래된다. 죠몽시대 말기인 기원전 4세기경에 한반도의 도래인에 의해 북부 규슈九州 지방으로 전해진 벼농사는, 그 후 약 200년 동안에 걸쳐 도호쿠東北 지방까지 전파된다. 규슈의 북부에 위치한 후쿠오카福岡 시 이타즈케板付 유적이나 사가佐賀 현 나바타케菜畑 유적은 일본에서 최초로 벼농사가 이뤄진 곳으로 알려져 있다. 당시 한반도에서 전래된 벼농사는 단순히 벼 재배나 관개 기술만이 아니었다. 농기구 제작 기술은 물론이고 농경 관련 풍습이나 제례 등 복합적인 도작稻作 농경문화가 일본열도에 전파된 것이었다.

인류가 수렵채취 생활에서 벗어나 농경사회로 진입하는 과정에는 커다란 사회적 변화가 필연적으로 수반된다. 야요이시대에 본격적으로 시작된 벼농사 또한 당시의 사회를 근본적으로 변화시킨다. 벼농사를 위해서는 먼저 정주定住생활이 필요하게 되며, 노동력 확보 때문에 집단생활이 요구된다. 또한 수렵채취 시대와는 달리 사람들은 스스로 식량을 생산하여 저장하고 이를 재물로 인식하게 된다. 이에 따라 좋은 경작지를 소유한 자와 그렇지 않은 자, 앞선 벼농사 기술을 가진 자와 그렇지 못한 자 사이에는 빈부 격차가 나타나며, 집단생활 속에서 사회적 계층이 형성되기도 한다. 더 나아가 수확물이나 토지 등 타인의 부富를 탐하는 사람도 나타나면서 분쟁도 발생하기 시작하는 것이다.

수렵이나 채취로 생계를 영위했던 죠몽시대 사람들에게 있어서 토지를 소유하는 것은 무의미한 일이었다. 인간이 토지 소유에 집착하기 시작한 것은 이처럼 농경사회로 접어들어 정주 생활을 하게 되면서부터이다. 그리고 단순한 토지 소유에서 더 나아가 좋은 토지를 확보하기 위한 분쟁 즉, 전쟁도 시작되는 것이다. 강한 집단은 약한 집단을 복종시켜 가면서 점차 소국가를 형성해 가며, 그 싸움을 승리로 이끈 일족은 소국가의 지배계층이나 수장으로 군림하게 된다.

이처럼 일본열도에서 벼농사가 시작되면서 서로 협력하여 사냥감을 쓰러뜨리고 공평하게 분배하던 죠몽인의 소박한 모습은 차츰 사라지며, 그 대신 사회계층이 형성되고 분쟁이 시작되는 것이다. 즉 원시 씨족사회가 해체되는 과정에서 필연적으로 나타나는 지배계층의 발생과 영토 확장을 위한 싸움이 야요이시대에 시작되는 것이다.

2) 야마타이코쿠邪馬台国와 여왕 히미코卑弥呼

3세기경에 편찬된 일본의 문헌자료는 존재하지 않으므로, 당시의 일본 사회를 자세하게 알 수는 없다. 그렇지만 중국 서진西晉의 학자 진수陳寿가 3세기에 편찬한 역사서『삼국지三国志』에는 일본열도를 포함한 당시의 동아시아 지역에 관한 기록이 전해진다.『삼국지』는 위서魏書, 촉서蜀書, 오서吳書로 구성되어 있는데, 그 중 위서의 동이전 왜인조의 기록이 바로 그것이다.

일반적으로 위지왜인전魏志倭人伝이라 불리는 이 문헌자료에 의하면, 당시의 일본열도는 여왕 히미코卑弥呼가 통치하는 나라인 야마타이코쿠邪馬台国를 중심으로 30여 개의 소국가가 있었다고 전해진다. 또한 히미코는 궁전 밖으로는 거의 모습을 드러내지 않고 주로 신에게 바치는 의례를 도맡아 하는 제사장의 역할을 하였으며, 남동생이 여왕을 도와서 나라를 다스렸다고 서술되어 있다.

위지왜인전을 저술한 진수는 일본열도에 간 적이 없다. 따라서 일본과 교류한 위나라 사신으로부터 들은 이야기를 바탕으로 하여 위지왜인전을 기술하였을 것으로 추정된다. 또한 위나라 사신이 일본을 방문하였다 하더라도, 당시 외부 세계와 일본열도를 연결하는 창구였던 규슈 북부의 어느 지역이었을 가능성이 높다. 그렇기 때문에 위지왜인전에서도 야마타이코쿠의 위치에 대한 언급은 없으며, 일본열도의 어느 곳에 있었는가에 대한 의문은 아직까지 확실하게 규명되지 않고 있다. 야마타이코쿠의 위치에 대한 학설은 크게 두 가지로, 규슈 북부에 있었다는 주장과 현재의 나라奈良 현인 야마토 지방에 존재했었다는 주장이 서로 대립하고 있다.

3. 일본열도列島의 형성과 일본 민족의 기원

일본열도는 많은 섬으로 이뤄져 있지만 국토의 주요 부분을 구성하고 있는 것은 홋카이도北海道, 혼슈本州, 시코쿠四国, 규슈九州의 네 섬이다. 그러나 선사시대의 일본은 오늘날과 같은 섬나라가 아니라 대륙과 연결된 육지였다. 일본이 섬나라로 변한 것은 지금으로부터 약 17,000~18,000년 전의 일이다. 홍적세洪積世 말기에 해당하는 이 시기에 온난화에 따른 해수면의 상승으로 인하여, 북부지역에서는 오늘날의 홋카이도와 혼슈 사이의 바다인 쓰가루津軽해협이 형성되고, 남서부에서는 대한해협이 형성되어 대륙으로부터 분리된다. 그 결과 이제까지는 거대한 내륙호였던 오늘날의 동해는 호수에서 바다로 모습이 바뀌게 된다.

이후 지금으로부터 약 12,000년 전에는 현재의 홋카이도와 러시아 사할린 사이의 바다인 소야宗谷해협이 형성되어 오늘날의 홋카이도가 태어난다. 지금으로부터 약 8,000년 전에는 육지로 둘러싸인 바다, 즉 내해内海인 세토나이카이瀬戸内海가 형성됨으로써 혼슈로부터 규슈와 시코쿠가 분리된다. 이로써 현재와 같이 네 개의 주된 섬을 중심으로 하는 일본열도의 모습이 이뤄지는 것이다.

일본인의 기원에 대한 주장은 메이지시대 이래 오랜 세월 동안 확실한 결론이 나지 않고, 인류학자들 사이에서 아직 논란거리로 남아 있는 상황이다. 주장의 내용은 세 가지로 대별할 수 있다. 하나는 야요이시대에 대륙에서 일본열도로 건너온 사람들이 기존에 살고 있던 죠몽인의 자리를 차지하여 오늘날 일본인의 조상이 되었다는 주장이다. 또 하나는 야요이시대에 대륙에서 일본열도로 건너온 도래인과 기존의 죠몽인 사이에 혼혈이 이뤄져서 현대 일본인의 조상이 되었다는 주장이다. 나머지 하나는 일본인의 조상은 죠몽인인데, 현대 일본인과 신체적 차이가 나는 이유는 혼혈이 아니라 환경적 요인 때문이라는 학설이다.

일본인의 기원 관련 주요 학설을 보자면, 인류학자 도리이 류조鳥居竜蔵(1870~1953)는 죠몽인을 일본의 원주민으로 파악한다. 그러나 그 후 연해주에서 한반도를 거쳐 일본열도에 들어온 야요이인이 원주민을 축출하고 일본인의 조상이 되었다고 주장한다. 병리학자 출신의 인류학자 기요노 겐지清野謙次(1885~1955)는 당시에 일반적으로 통용되던 도리이의 학설을 부정한다. 그는 각지에서 수집한 인골을 조사하여 죠몽인이 일본인의 조상이라고 결론 내린다. 그럼에도 불구하고 죠몽인과 현재의 일본인 사이에 차이가 있는 것은 진화 과정에서 인접 인종과 혼혈이 이뤄졌기 때문이라는 혼혈설을 1920년대 중반에 주장한다. 그러나 기요노는 이로부터 10여 년 후 일본인의 조상 죠몽인과 이후에 도래한 집단 사이에 혼혈이 있기는 했으나 체질적 변화까지 일으킬 정도는 아니었다는 논문을 발표하여 죠몽인의 지속성을 강조하고 혼혈설에서 한발 물러선다.

인류학자이자 해부학자인 하세베 고톤도長谷部言人(1882~1969)는 죠몽시대 이래의 인종 교대와 혼혈을 부정한다. 그는 죠몽인과 야요이인의 인골에 차이가 있는 원인은 농경 등에 의한 생활환경 변화 때문이라고 주장한다. 국수주의자인 기요노와 하세베의 인류학적 연구는

1930~40년대 일본의 군국주의 정책을 적극적으로 뒷받침한다. 형질인류학자 하니와라 가즈로埴原和郎(1927~2004)는 일본인의 조상은 죠몽시대에 정착한 동남아시아계 사람들이지만, 야요이시대부터 벼농사 기술을 가지고 대륙에서 서일본으로 도래한 동북아시아계 사람들과 혼혈이 이뤄져 현대 일본인의 조상이 되었다고 주장한다. 이제까지 일본에서 출간된 대부분의 일본사 교과서에서는 선사시대부터 일본열도에서 생활했던 사람들을 현대 일본인의 조상으로 파악하고 있다. 그러나 '일본' '일본인'이라는 명확한 인식은 긴키近畿 지방으로부터 기타큐슈北九州에 이르는 일본열도 서부지역을 기반으로 하여 확립된 고대국가가 나라 이름을 '일본'으로 정한 7세기 말 이후의 일이다.[1)]

도쿄대학 교수였던 역사학자 에가미 나미오江上波夫(1906~2002)는 1949년에 저서『일본민족-문화의 원류와 일본국가의 형성』에서 기마민족설騎馬民族說을 주장하여 학계의 논의를 불러일으킨다. 기마민족설이란 대륙의 동북부에 근거지를 둔 기마민족이 한반도를 경유하여 일본열도에 도래해, 4~5세기에 야마토大和 지방에 있던 세력을 지배하거나 공동으로 일본 최초의 고대국가인 야마토 조정朝廷을 건설했다는 주장이다. 이 학설은 일본 민족의 기원에 관한 주장이 아니라, 고대국가를 세우고 통치한 지배세력의 원류를 밝히는 것으로 기마민족정복왕조설이라고도 한다. 에가미 교수의 기마민족설은 일본의 고대사학계는 물론이고 사회적으로도 큰 반향을 일으키지만 소수 연구자의 지지를 얻는 데 그친다.

---

1) 網野善彦,『日本社会の歴史(上)』岩波新書, 1998, 서문.

4. 선사시대 일본인의 신앙

원시 사회의 신앙은 일반적으로 애니미즘Animism을 바탕으로 하고 있다. 정령精靈신앙이라고도 하는 애니미즘은 생물이든 무기물이든 세상의 모든 존재에는 영혼이 깃들어 있다고 믿는 원시 신앙이다. 일본의 선사시대에 있어서도 이와 마찬가지로 자연물이나 자연현상을 신격화하여 이를 신앙의 대상으로 삼았다. 그리하여 자연계의 거목, 큰 바위, 산, 강, 바다, 토지, 숲 등은 물론이고 인간을 비롯한 동식물에도 영혼이 깃들어 있다고 생각하고 이를 신神(가미)으로 신앙하였다. 그리고 삼라만상에 깃들어 있는 이러한 영靈이 조화롭게 작용하면 세상이 평온해지지만, 그렇지 않으면 재앙이 초래된다고 믿었다. 선사시대부터 일본인들이 삼라만상에 존재한다고 믿는 이러한 영혼은 후대의 8세기 초 문헌『고사기古事記』에서는 야오요로즈노 가미八百万神라는 표현으로 기록되어 있다. 이는 일본에 존재하는 신神(가미)이 실제로 팔백만八百万 종류가 된다는 구체적인 숫자가 아니라, 수많은 신 또는 모든 신이라는 의미를 지닌다.

정령신앙과 함께 일본의 선사시대 신앙의 핵심을 이루는 것은 조상숭배이다. 이는 죽은 조상의 영靈이 현세의 후손에게 복을 주기도 하고 재앙을 주기도 하면서 살아 있는 사람의 운명에 영향을 준다는 신앙이다. 이에 따라 자손들은 세상을 떠난 조상의 영을 신으로 모시어 제사를 지내는 것이다. 정령신앙과 조상숭배를 바탕으로 하는 선사시대의 이러한 신앙은 일본 고유의 민간신앙인 신도神道의 원형

原型이라 할 수 있다. 따라서 선사시대의 신앙을 원시신도原始神道 또는 고신도古神道라는 명칭으로 부르기도 한다.

선사시대 중에서도 죠몽시대 사람들의 생계 유지 수단은 수렵, 채취, 어로漁撈 등 자연과의 공생을 통해서 살아갈 수밖에 없는 생활 방식이었다. 따라서 태풍, 벼락, 홍수와 같은 자연현상은 외경畏敬의 대상이었으며, 자연계의 모든 사물이나 동식물에는 영혼이 깃들어 있다는 신앙은 그들의 생존과도 밀접한 관계가 있는 것이었다. 그러나 야요이시대가 되면 벼농사가 시작되고 사람들의 집단적인 정주定住가 진행된다. 벼농사에 필수불가결한 요소는 적절한 양과 시기의 물과 햇볕이다. 이에 따라 이 시기에는 이전의 신앙 위에 농경신이나 태양신 숭배와 관련한 종교적 의례가 나타나게 된다.

일본열도에 경전經典과 체계적인 이론을 갖춘 외래 종교가 전래된 것은 6세기 전반이다. 백제로부터 538년에 전래된 것으로 알려져 있는 불교가 그 최초이다. 그러나 불교나 도교 등 외래 종교가 일본에 전래되기 이전 선사시대부터 자연발생적으로 성립되기 시작한 신앙이 바로 신도神道(신토)이며, 그 사원을 신사神社(진쟈)라고 한다. 그러므로 신도에는 특정한 경전이 없는데다 교조教祖도 존재하지 않으며, 신사에 따라서 각각 서로 다른 신을 제신祭神으로 모시는 경우가 일반적이다. 신도라는 명칭 자체는 물론 당시에 사용된 용어가 아니라 8세기경부터 문헌에 나타났으며, 고신도나 원시신도라는 용어도 각각 에도시대(1603~1868)와 근대 이후에 사용되기 시작한 표현이다.

신도는 일본에 불교가 전래된 이후에는 신불습합神仏習合이라는 과정을 거친다. 신불습합이란 일본의 토착 신앙인 신도와 외래 종교인 불교가 하나의 신앙 체계로 혼합되는 종교 현상을 가리키며, 서로 이질적인 종교를 융합시키는 싱크레티즘Syncretism의 일종이라 할 수 있다. 나라시대(710~794) 때부터 진행된 신불습합에 의해 신도의 신神(가미)과 불교의 부처(仏)는 근본적으로 동일한 존재로 인식되었으며, 더 나아가 10세기경에는 불교의 부처나 보살이 중생구제를 위해 일본에서는 신도 신(가미)의 모습을 하고 나타났다는 본지수적설本地垂迹説이 성립되기도 한다. 8세기경 나라시대 때부터 진행된 신불습합은 19세기 후반 메이지유신 이후 두 종교의 분리, 즉 신불神仏분리령이 내려질 때까지 1천 년 이상 지속된다.

19세기 후반 메이지시대의 제국주의 일본은 자연숭배, 조상숭배를 근간으로 하는 자연발생적 민간신앙인 신도를 국교国教로 정한다. 그리고 살아 있는 천황을 현인신現人神(아라히토가미)으로 신격화하고 그의 조상신을 최고의 신神으로 모든 국민이 숭배하도록 하는 국가国家신도로 변질시킨다. 일제강점기에 강요된 신사참배神社参拝는 바로 이러한 국가신도에 의해 천황의 조상신을 모신 신사에 참배하게 하는 종교 행위였다. 메이지유신과 함께 시작된 국가신도는 2차 세계대전에서 제국주의 일본이 패망하고 정교政教분리가 이뤄지면서 해체되고 원래의 신도로 되돌아간다. 그렇지만 아직도 수상을 비롯한 일부 각료, 국회의원들이 야스쿠니靖国신사를 공식적으로 참배함으로써, 일본 국내외에서 정치와 종교 분리 및 군국주의 부활 우려에 대한 논쟁은 지속되고 있다. 선사시대로부터 이어져 온 신도와 6세기 전반에 백제에서 전래된 불교는 오늘날까지도 일본인의 일상생활에 가장 밀접하게 영향을 미치는 양대 종교로 깊은 뿌리를 내리고 있다.

5. 선사시대 일본인의 의식주

1) 선사시대의 식생활食生活

죠몽繩文시대에는 아직 농경이 이뤄지지 않았다. 따라서 이 시대의 사람들은 강이나 바다, 들과 산에서 수렵, 어로, 채취 등의 수단을 이용하여 식량문제를 해결하였다. 이 시기의 식생활에 대한 기록은 당연히 존재하지 않으며, 발굴된 유적을 통해서만 당시 사람들의 식생활을 추정할 수 있다. 그러한 유적의 대표적인 것이 패총貝塚이다. 패총은 죠몽시대 사람들이 식량으로 사용하고 버린 조개껍질, 생선이나 조수鳥獣의 뼈 등이 큰 무덤 모양으로 쌓인 것으로서, 이 시대의 식생활은 물론 생활상을 연구하는 데에 중요한 자료가 된다.

죠몽시대 사람들의 주된 수렵 대상은 사슴과 멧돼지이며, 패총에서 발굴된 짐승 뼈의 약 90%를 차지하고 있다. 조류 중에는 꿩, 비둘기, 오리가 주된 대상이었으며, 생선 중에서는 돔, 농어가 주된 사냥감이었다. 또한 패총의 유물을 통해서 고래가 식용으로 이용되었을 것으로도 추정되고 있다. 그렇지만 패총이라는 이름으로 알 수 있듯이 가장 많이 발견되는 것은 조개껍질이다. 이로써 죠몽시대 사람들에게 있어서 조개는 일반적인 식량이었음을 짐작하게 한다.

이 시기의 사람들이 이러한 동물성 식량만이 아니라, 산이나 들에 자생하는 식물을 채취하여 식량으로 사용했으리라는 것도 발굴된 유적을 통하여 추정되고 있다. 주된 식물성 식량은 호두, 밤, 비자, 포도 등이었을 것으로 추정되고 있다. 이 외에도 봄에는 어린 풀의 새싹이나 줄기, 가을에는 나무 열매나 풀뿌리 등이 계절에 따라 식량으로 사용되었을 것으로 추정된다.

죠몽시대 사람들은 이미 음식을 불에 익혀 조리하였다. 이러한 사실은 죠몽시대 사람들의 주거 유적에서 화로터가 발견되고 있을 뿐만이 아니라, 당시의 토기 중에 밑바닥에 그을음이 붙어 있는 것이 있다는 점을 통해서도 확인되고 있다. 그뿐만 아니라 불에 탄 동물의 뼈나 조개껍질이 죠몽시대 유적에서 발견됨으로써, 당시 사람들이 화식火食을 하였다는 점을 확실하게 알 수 있다.

죠몽시대에 이어지는 야요이시대부터는 농경사회로 접어들어, 벼농사가 시작되면서 쌀을 주식으로 먹기 시작함으로써 식생활에 커다란 변화가 나타난다. 쌀을 주식으로 하는 풍습은 이때부터 오늘날에 이르기까지 일본인의 생활양식을 규정해 왔다. 그리하여 나라 정책의 중심에는 항상 쌀의 생산과 보유가 중요한 문제로서 자리잡게 되며 경제, 사회, 문화 등 여러 면에 걸쳐서 커다란 영향을 끼치게 된 것이다.

또한 농경이 야요이시대 사람들의 주된 생업이 됨에 따라 식생활이 안정되고 잉여생산물로 인하여 부가 축적되며 그 결과 개인적인 빈부차가 나타나기 시작한다. 그러나 이 시대부터 미식米食이 시작되었다고는 하지만 일거에 쌀만을 식량으로 사용한 것은 아니고, 쌀이 주식이 되고 죠몽시대와 같은 동 · 식물성 식량이 부식으로 사용되는 식생활이 형성되었다고 추정되고 있다. 또한 주식인 쌀만이 아니라 조, 피, 보리, 밀, 수수, 콩, 메밀 등 잡곡이나 참외, 박, 무, 부추 등의 야채도 재배되어 식용으로 사용된 것으로 추정되고 있다.

그뿐만 아니라 죠몽시대와 마찬가지로 수렵이나 어로에 의해 동물성 식량도 여전히 식생활의 한 부분을 차지하고 있었다. 동물성 식량으로는 이전 시대와 마찬가지로 멧돼지와 사슴이 주를 이루었다. 또한 가마우지, 백로, 비둘기 등의 조류나 조개류, 돔, 게, 가다랭이 등이 식용으로 이용되었으며 붕어나 잉어 등의 담수성 물고기도 식용으로 이용되었다.

2) 선사시대의 주거생활

죠몽시대의 사람들은 수혈식竪穴式 주거에서 생활하였다. 수혈식 주거는 반지하 형태의 거주지로서, 직경 5m정도의 원형이나 모서리

복원된 수혈식 주거

가 둥근 방형의 지면을 50㎝정도 파내고 4~5개의 나무기둥을 세운 뒤, 지붕을 만들어 풀로 덮어 놓은 구조를 지니고 있었다. 내부의 중앙에는 대개 불을 지폈으며, 이 불로 조명과 난방문제를 해결하였고 취사용으로 사용하기도 하였다.

이러한 수혈식 주거는 대부분 수 호戸에서 십 수 호가 모여 취락을 형성하였으며, 취락의 형태는 말발굽 모양으로 늘어서 있는 경우가 많았다. 이러한 취락의 중앙 부분은 구성원 공동의 생활공간으로서, 이 곳에서 제사를 지내거나 수렵한 사냥감을 처리하는 작업이 행해졌다. 하나의 수혈식 주거에는 대개 5~8명이 거주하였으며, 한 개의 취락에는 대략 20~50명 정도의 소집단이 공동생활을 하고 있었을 것으로 추정되고 있다.

야요이시대에는 고상식高床式 주거가 나타난다. 고상식 주거는 아래층을 빈 공간으로 남겨두고 윗층에 주거공간을 마련하는 형태로서, 동남아시아 등지의 다습한 지역이나 홍수 위험지역 등에서 흔히 볼 수 있는 주거 형태이다.

야요이시대의 유적지인 시즈오카静岡 현의 도로登呂 유적과 야마기山木 유적에는 이곳에서 발굴된 나무 조각을 바탕으로 하여 고상식 주거가 복원되어 있다. 뿐만 아니라 규슈九州를 비롯한 서일본의 여러 지역에서도 고상식 주거가 발굴되고 있다.

Ⅱ

고대古代의 문화

일본의 고대는 고분古墳시대(3세기 말~6세기 말), 아스카飛鳥시대(6세기 말~710), 나라奈良시대(710~794), 헤이안平安시대(794~1185)로 분류된다.

1. 고분古墳시대

1) 전방후원분前方後円墳

3세기 말에서 6세기 말까지의 시기를 고분시대라 부른다. 고분시대라는 명칭은 이 시기에 형태나 규모에 있어서 독특한 고분이 많이 축조되었기 때문에 붙여진 이름이다. 고분을 일본어로 고훈이라 하므로, 고훈시대라 하기도 한다. 이 시기에 만들어진 고분은 그 형태가 앞부분이 사각형이며 뒷부분은 원형을 이루고 있으므로 전방후원분前方後円墳이라 부른다. 고분의 규모에 있어서도 작은 것은 40~50미터, 큰 것은 200미터 정도에 이르는 등 엄청난 크기이다. 특히 오사카大阪 부 사카이堺 시에 있는 다이센大仙고분은 일본 최대 규모로서, 전방 부분에서 후원 부분까지의 길이가 486미터에 달하며, 후원부의 높이가 35미터, 직경은 249미터 정도에 이른다. 또한 고분의 사방은 해자로 둘러싸여 있다. 다이센 고분의 피장자는 발굴조사를 통해 명확하게 규명되지는 않았지만, 일반적으로 4세기 말에서 5세기 전반기의 인물인 닌토쿠仁德 천황인 것으로 알려져 있다.

오사카 사카이 시에 있는 전방후원분 다이센 고분

고분시대에 축조된 거대한 고분은 당시의 소국가 수장

首長의 무덤이었다. 공동체의 구성원은 높은 산을 모델로 한 대형 고분을 축조함으로써, 세상을 떠난 수장의 영혼을 신神으로 모셨던 것이다. 고분의 규모는 그곳에 묻힌 통치자가 지녔던 권력을 상징하는 것이므로, 무덤과 권력의 크기는 비례하는 것이었다. 또한 현실적으로도 고분의 규모가 크면 클수록 고분 축조에 필요한 많은 노동력을 동원할 수 있는 능력이 있어야 하므로, 거대한 무덤일수록 그곳에 묻힌 통치자가 생전에 지배했던 영토가 넓으며 백성의 수가 많았다는 것을 의미하기도 한다. 전방후원분은 초기에는 주로 긴키近畿 지방에 분포하지만 점차로 세토나이카이瀬戸内海 연안이나 규슈九州 지방, 더 나아가 도호쿠東北 지방에서도 출현한다.

야요이시대에는 지역에 따라 묘제墓制가 상이했지만, 이 시기에 들어서는 전국적으로 유사한 양상을 나타내기 시작한다. 이것은 긴키 지방의 야마토大和 왕권이 당시의 일본을 통일해 가는 증거로 볼 수 있다. 이제까지 지역에 따라 각각 다른 양상을 보여 오던 묘제가 동일한 형태로 바뀐다는 것은 각 지방의 세력들이 야마토 왕권에 복속되어, 새로운 지배 권력의 질서에 편입되어 간다는 것을 의미하기 때문이다.

전방후원분에서는 다양한 부장품이 발굴되고 있다. 고분시대 전기에 축조된 무덤에서는 주로 거울鏡, 옥玉, 검劍 등의 부장품이 출토된다. 이러한 종류의 부장품은 고분에 매장된 사람이 제사장 역할을 하는 신분이었음을 알 수 있다. 왜냐하면 이러한 물건들은 고대 일본인에게 있어서 영험한 힘을 지닌 보물로 간주되었던 것으로, 주술적인 의미를 갖는 것이었기 때문이다. 이 세 종류의 부장품은 오늘날까지 일본 천황의 권위를 상징하는 것으로서 삼종三種의 신기神器로 불리고 있다.

이에 비해 야마토조정이 성립되어 무력으로 통일을 추진해 가는 시기의 고분에서는 주로 무기나 마구馬具 등의 부장품이 출토된다. 이것은 고분에 매장된 사람의 신분이 제사장 역할에서 군사적인 통치자 성격으로 변화되어 갔음을 말해 주는 것이다.

일본의 고분시대를 규정짓는 고유한 형태의 무덤인 전방후원분은 한국에서도 발굴되어 양국의 고고학, 역사학 등 학계의 논란거리가 되어 오고 있다. 우리나라에서는 고분의 모양이 전통악기인 장고와 비슷하다 하여 장고분長鼓墳이라는 명칭을 사용하기도 한다. 한국의 장고분은 1986년 전남 해남군, 1991년 전남 함평군, 1992년 광주광역시 등 주로 옛 마한 지역이었던 영산강 유역에서 집중적으로 15기 정도가 발굴되었다.

한때 영산강 유역의 장고분이 일본 전방후원분의 기원이라는 주장이 제기된 적이 있었다. 그러나 일본의 전방후원분이 축조된 시기

광주광역시에 있는 전방후원분 장고분

는 3세기 중엽부터 7세기 전반부까지이다. 이에 비해 우리나라의 장고분은 이보다 2세기 정도 뒤인 5~6세기경에 만들어졌다. 게다가 장고분에서는 마한식 유물과 함께 고대일본의 원통토기인 하니와와 유사한 유물도 출토되었다. 이와 같은 축조 시기나 출토된 유물로 판단할 때, 장고분이 일본 전방후원분의 영향을 받은 고분이라는 점은 이제 움직일 수 없는 사실이 되었다.

이에 따라 전방후원분이 영산강 유역에 축조된 경위나 여기에 묻힌 주인공이 과연 누구인가 하는 것이 양국 학자들 사이에 논란의 핵심이 되었다. 일본 측의 대체적인 주장은 당시 마한과 교류하다 한반도에 정착한 일본인이 고분의 주인공이라는 것이며, 일부 보수우익 학자들 중에는 야마토 조정이 4세기 후반에서 6세기까지 한반도 남부지방을 지배했다는 임나일본본부설의 증거로 장고분을 내세우는 사람도 있다.

이에 반해 한국 측은 일본과 교류했던 마한 지역의 토착 세력이나 야마토 조정에서 온 일본인, 일본열도에 이주했다가 도로 본국으로 귀국한 한반도인, 일본 내 정치상황 변동에 의해 한반도로 망명한 일본인, 5세기경 일본에서 백제로 건너온 용병 가능성 등의 주장이 제기되고 있으나, 아직 명확한 결론은 내려지지 않은 상태이다.

2) 야마토大和조정과 고대 국가의 발생

3세기 말에서 4세기 초가 되면 오늘날의 나라奈良에 해당하는 야마토大和 지방이 세력의 중심지로서 대두하게 된다. 야마토 지방에는 일찍부터 강력한 호족들이 나타났으며, 그 중의 한 세력이 다른 호족들을 지배하에 넣으며 통합을 진행시켜 간 것으로 추측된다. 이 세력은 더욱 광범위한 지역으로 영향력을 확장하여 각 지역 호족과의 연합을 이룸으로써 일본 최초의 고대국가인 야마토조정大和朝廷을 형성한다. 야마토조정과 함께 야마토왕권, 야마토정권이란 용어도 최초의 고대국가를 나타내는 말로 사용된다. 야마토조정의 강력한 지배세력은 이후 통치권을 세습하면서 점점 지배 영역을 넓혀 가는데 그들이 바로 오늘날 일본 왕실의 조상이 되는 것이다. 야마토 지방을 중심으로 하는 세력 통합에 대해서는 오늘날 일본의 학계에서도 두 가지로 견해가 엇갈리고 있다. 하나는 야마토를 중심으로 한 긴키近畿 지방 세력에 의한 기타큐슈北九州 지역 정복설이며, 다른 하나는 기타큐슈 세력이 동쪽으로 진출하여 긴키 지방을 정복했다는 주장이다.

3) 임나일본부任那日本府설과 고대 한국

임나는 옛 가야 지방으로 오늘날의 경상남도 김해 지방에 해당하는 곳이다. 고대 일본의 야마토조정에서 이 지역에 군사를 파견해 임나일본부라는 통치기관을 설치하여, 4세기 후반부터 약 2세기 동안에 걸쳐서 지배했다는 일본 보수진영 학자들의 주장이 임나일본부설이다. 상당수의 일본 중등학교 역사교과서에서도 임나일본부설에 대해 기술하고 있다.

대표적인 우익 성향의 역사교과서로는 니시오 간지西尾幹二 등이 집필자로 참여한 후소샤扶桑社의 『새로운 역사교과서新しい歴史教科書』를 들 수 있다. 이 책은 중학생용 교과서임에도 불구하고, 일반 독자를 겨냥한 시판본까지 출간되어 2000년대 초반 일본사회에서 논란이 일어나기도 하였다. 이 책에서는 "4세기 후반 야마토조정은 바다를 건너 조선에 출병하였다. 야마토조정은 한반도 남부의 임나(가야)라는 지역을 거점으로 삼은 것으로 생각된다"[2]라고 임나일본부설을 기술하고 있다. 임나일본부설을 주장하는 일본의 학자들이 그 근거로 내세우는 것은 일본의 고문헌인 『일본서기日本書紀』의 기록과 고구려 광개토대왕 비문이다.

『일본서기』의 기록에 의하면 일본과 백제는 367년 국교를 맺었으며, 2년 후인 369년에 백제의 요청으로 일본의 군사가 신라를 공격했다는 것이다. 광개토대왕비는 삼국시대에 고구려의 국내성이 있었던 중국의 지린吉林 성 지안集安에서 개간 작업을 하던 중국 농민에 의해 1880년에 발견된다. 이 비석은 광개토대왕이 세상을 떠난 2년 후인 414년에 아들인 장수왕이 건립한다. 높이 6.39미터, 무게 37톤의 거대한 비석의 네 면에는 1,775자의 비문이 새겨져 있다. 비문

2) 西尾幹二, 『新しい歴史教科書』, 扶桑社, 2001, p.37.

의 주된 내용은 고구려 건국신화, 광개토대왕의 업적, 수묘인守墓人에 관한 규정 등이다. 이 중에서 특히 논란이 된 부분은 "왜이신묘년래도해파백잔□□신라이위신민(倭以辛卯年来渡海破百残□□新羅以為臣民)"이라는 신묘년辛卯年 기록에 대한 해석과 변조 논쟁이었다.

일본측 학자는 이 구절을 "신묘년에 왜가 바다를 건너와 백제와 신라를 격파하고 신민으로 만들었다."고 해석하여, 임나일본부설을 주장하는 논거로 삼았다. 신묘년 비문 해석의 논점은 "도해파渡海破"의 주체이다. 일본측에서는 그 주체를 왜倭로 해석하였으나, 한국의 학계에서는 주체를 고구려로 해석하였다. 일찍이 정인보 선생은 1930년대 말 「광개토경평안호태왕릉비문석략(広開土境平安好太王陵碑文釈略)」이라는 저술에서 '도해파'의 주체를 고구려로 파악하여, "왜가 신묘년에 와서, 고구려가 바다를 건너가 왜를 깨뜨리고 백제, 신라를 신민으로 삼았다"고 해석하였다.

本物か 書きかえか
広開土王の碑文
'日朝論争'が白熱

1972년 11월 도쿄대학 학술대회의 광개토대왕 비문 논쟁을 보도한 아사히신문 기사

광개토대왕 비문을 둘러싼 한·일 학자의 논쟁은 신묘년 기록에 대한 해석의 차이만이 아니었다. 재일 역사학자인 이진희李進熙(1929~2012) 씨는 1972년 11월 12일 도쿄대학에서 개최된 사학회 학술대회에서 일본군 장교에 의한 비문의 변조를 주장하는 논문을 발표하였다. 이 주장에 의하면 군사 및 지리 조사를 위해 중국

동북지방을 방문한 육군참모본부 소속의 사코 가게노부酒匂景信 대위가 1883년 지안에서 광개토대왕비 탁본을 입수하는 과정에서 비문의 내용을 고대 일본의 한반도 지배설에 유리하도록 변조했다는 것이다. 이진희 씨는 여러 종류의 광개토대왕 비문의 탁본이나 사진을 비교한 결과, 문구에 서로 차이가 있었다는 점을 변조설 주장의 근거로 내세웠다.

이진희 씨의 주장에 반론을 제기한 일본의 역사학자는 후루타 다케히코古田武彦(1926~2015) 씨였다. 아사히朝日신문의 기사에 의하면, 이날의 학술대회에서 두 사람 사이에 격렬한 논쟁이 전개될 것을 예상하여 동양사 연구발표회장에는 300여 명의 학자들이 자리를 메웠다고 한다. 비문 변조설에 대한 논쟁은 이후 왕건군王健群, 서건신徐建新 등 중국의 학자들까지 나서서 일본 학자들의 주장에 가세하였으나, 아직까지 명확한 결론은 나오지 않은 상황이다.

고대 일본이 한반도 남부를 공격하여 지배하기 위해서는 무엇보다도 우수한 조선 기술과 항해술이 먼저 요구된다. 더구나 가야 지방은 철이 풍부한 곳이다. 질이 좋은 철제 무기로 무장한 가야의 군사들을 당시의 일본 병사들이 대적하는 것은 어려운 일이었을 것이다. 4세기경의 고대 일본은 이러한 악조건을 극복하면서 외국에 출병하여 전투에서 승리할 수 있는 상황이 아니었다. 청일전쟁 후와 일제강점기에 일본은 이러한 주장의 근거를 확보하기 위해 김해 일대에서 대규모 발굴조사를 실시했지만, 임나일본부설을 실증해 줄만한 성과를 올리지 못했다.

4) 도래인渡来人과 일본의 고대문화

도래인이란 바다를 건너 일본에 들어와서 자기 나라의 앞선 문물을 전달해 준 외국인으로서, 본국으로 귀국하지 않고 자손대대로 일본 땅에 영주한 사람을 말한다. 도래인의 출신 국가는 중국, 한국 등 아시아 여러 나라였다. 그러나 그 중에서도 고대 일본 사회의 발전에 가장 큰 영향을 끼친 것은 한반도에서 건너간 도래인들이었다.

한반도로부터 도래인이 일본에 건너간 시기는 2~3세기경부터 7세기경까지로, 야요이시대, 고분시대는 물론이거니와 아스카시대, 나라시대에 걸쳐 있다. 최초의 도래인은 야요이시대에 벼농사 기술이나 관개 기술을 전한 사람들이었을 것이다.

한반도에서 건너간 도래인들은 토기, 농업, 토목, 양잠 등 다양한 선진 기술을 일본에 전한다. 그들이 일본열도로 가지고 간 것은 농업생산이나 일상생활에 필요한 기술만이 아니었다. 한자, 불교, 유교 등 새로운 학문과 사상을 일본 사회에 전하기도 한다. 이처럼 한반도에서 건너간 도래인과 그 자손들은 고대 일본 사회의 생산성 향상에 크게 기여했을 뿐만이 아니라, 조정의 한문 문서나 재정 업무를 담당하는 등 학문, 정치 방면에 있어서도 중요한 역할을 한다.

그러나 당시 한반도에서 건너간 도래인의 신분이 모두 기술자나 학자인 것만은 아니었다. 한반도의 불안한 정세를 피하여 일본열도로 건너가는 사람들도 있었다. 4세기 말경에는 고구려가 신라, 백제를 압박하는 남진정책이 진행되면서 바다를 건너 피난하는 사람들도 증가하였다. 소규모로 건너간 사람들도 있었지만, 때에 따라서는 마을 단위로 이동한 경우도 있었다. 7세기 후반이 되면 삼국통일 과정의 전란을 피해서 일본열도로 망명하는 사람들이 있었다. 특히 고대 일본과 활발하게 교류를 하고 있던 백제로부터는 상당수의 사람들이 일본으로 망명하였으며, 그들이 전한 한반도의 선진 문물은 당시의 일본 사회 발전에 기여한다.

한반도에서 건너간 도래인에 관한 기록은 일본의 대표적인 고대 역사서인 『고사기古事記』나 『일본서기日本書紀』 등에서 찾아볼 수 있다. 오늘날 일본의 중등학교 역사교과서에서는 한반도에서 온 도래인의 상징적인 인물로 왕인 박사를 들고 있다. 『고사기』 15대 오진応神 천황조에서는 고대 일본에 한자와 유교를 전한 왕인 박사의 도일과정을 아래와 같이 기술하고 있다.

> 또한 신라 사람들이 건너왔다. 그리하여 다케시우치노스쿠네노미코토는 이들을 데리고 가서 백제 저수지를 만들었다. (중략) 또한 천황은 백제국에 명하여 만약 백제에 현인賢人이 있다면 보내라고 하시었다. 그리하여 명을 받아서 보내온 사람의 이름은 왕인王仁이라 한다. 그때에 논어 10권, 천자문 1권 합하여 11권을 이 사람에게 맡겨서 보내왔다.[3]

오사카 히라카타 시에 있는 왕인 박사의 묘

『고사기』의 이 기록을 통하여 신라에서 건너온 도래인들은 농업용 관개시설인 저수지를 만드는 기술

3) 荻原浅男, 鴻巣隼雄 校注, 『古事記』, 小学館, 1985, p.256.

을 지닌 사람들이었음을 짐작할 수 있다. 또한 대표적인 한반도 출신 도래인 왕인 박사는 앞서 일본에 건너가서 왕자의 교육을 담당하고 있던 아직기의 천거를 받아서 도일하게 된다. 이 때 한자와 유교를 전한 왕인 박사는 일본에서 학문의 시조로 숭앙을 받게 되며, 자손들도 대대로 조정에 출사하여 문필이나 기록을 담당하는 일을 한다.

오사카大阪 부 히라카타枚方 시에는 왕인 박사의 묘로 전해지는 무덤이 있다. 묘역은 1938년에 오사카 부 사적으로 지정되었으며, 지금도 지정문화재로서 행정 당국 및 지역민들에 의해 관리되고 있다. 특히 묘역 관리나 왕인 축제 개최 등 왕인 박사 관련 행사에 적극적으로 참여하고 있는 히라카타의 시민단체들은 오래전부터 왕인 박사의 고향인 전라남도 영암군과 민간 차원의 교류도 활발하게 해오고 있다.

우리나라에서도 1970년대부터 왕인 박사 현창사업이 시작되었으며, 1980년대 중반에는 탄생지인 전라남도 영암군 군서면에 왕인박사 유적지가 조성되기도 하였다. 왕인 박사에 관한 기록은 『고사기』『일본서기』『속일본기續日本紀』 등 일본의 고대 문헌에서는 찾아볼 수 있으나, 아쉽게도 『삼국사기』『삼국유사』 등 우리의 고문헌에는 관련 기록이 전해지지 않는다. 헤이안平安시대(794~1185) 초기에 편찬된 고대 일본의 성씨계보서인 『신찬성씨록新撰姓氏錄』에는 당시 수도와 그 주변지역에 거주하는 1,182개 종류의 성씨 중 324개가 도래인 계보의 성씨라고 기록되어 있다. 또한 그들의 대부분은 5~6세기경에 일본에 건너 온 것으로 전해진다.

2. 아스카飛鳥시대

6세기 말경이 되면 야마토조정의 일본 통일이 더욱 진전되어 외부의 새로운 문화를 수용할 수 있는 체제를 갖추게 된다. 시기적으로는 6세기 말경에서 710년까지인 아스카시대의 문화를 아스카문화라 한다. 아스카라는 이름은 이 시기의 도읍지가 아스카 지역이었기 때문에 그 지명에서 유래한 것이다. 아스카시대 말기의 약 60여 년간의 문화는 별도로 하쿠호白鳳문화라는 이름으로 부른다. 아스카시대는 일본의 역사상 최초로 귀족문화가 나타나는 시기이다.

1) 쇼토쿠聖德 태자와 외래문화의 수용

593년에 일본 최초의 여왕인 스이코推古 천황이 즉위한다. 그렇지만 그는 직접 나라를 통치하지 않고, 조카인 쇼토쿠 태자를 섭정으로 앉히어 그에게 정치를 위임한다. 쇼토쿠 태자라는 호칭은 생전에는 사용되지 않고 사후에 붙여진 시호諡号로서, 751년에 편찬된 『회풍조懷風藻』라는 문헌에 처음으로 나타난다. 『회풍조』는 현존하는 고대 일본의 한시집 중에서 가장 오래된 것이다.

고대 일본에서 천황天皇, 황자皇子 등의 호칭이 사용되기 시작한 것은 중앙집권국가가 확립된 7세기 후반 덴무天武 천황 이후부터이다. 따라서 쇼토쿠 태자가 통치했던 6세기 말에서 7세기 초에는 그의 호칭이 우마야토厩戸 왕王으로 불렸을 것으로 추정된다.

720년에 편찬된 『일본서기』의 스이코 천황 기록에는 쇼토쿠 태자에 대해서 우마야토厩戸 황자皇子라는 이름으로 기록되어 있다. 우마야토는 마구간이라는 뜻으로, 쇼토쿠 태자가 마구간 앞에서 태어나서 이러한 이름이 붙여졌다고 한다. 『일본서기』의 스이코 천황조에는 이와 관련한 기록이 전해진다.

> 쇼토쿠 태자는 요메이用明 천황의 차남으로, 어머니인 황후는 아나호베노하시히토 황녀였다. 태자가 태어난 날 황후는 궁중의 각 부서를 시찰하시었는데, 말馬(우마)을 관리하는 부서에 이르러 마구간 문 앞에 왔을 때 산통도 없이 갑자기 출산하시었다. 태자는 태어나시면서 말을 잘 하였고, 성인聖人과 같은 지혜를 지니고 있었다. 어른이 되고나서는 한꺼번에 열 사람이 말하는 것을 틀리지 않고 잘 판별하였다. 아울러 앞으로 일어날 일을 사전에 예견하였다. 또한 불교의 가르침을 고구려의 승려 혜자慧慈에게 배웠으며, 유교의 경전을 박사 각가覚哿에게 배우셨다.[4]

쇼토쿠 태자의 출생에 관한 역사적 사실과 영웅설화의 요소가 결합되어 있음을 알 수 있는 기록이다. 태자에게 불교를 전수한 혜자는 595년에 일본으로 건너간 고구려의 불교승려이다. 태자를 만나 문답을 주고받던 혜자는 하나를 들으면 열을 깨우치는 그의 총명함에 감탄하여 이후 사제관계를 맺게 되었다고 한다. 태자에게 유학을 가르친 각가는 백제에서 건너간 오경박사로 알려져 있으나, 그에 관

4) 坂本太郎, 家永三朗 外 校注, 『日本書紀 下』, 岩波書店, 1988, pp.153~154.

한 상세한 문헌 기록은 전해지지 않는다.

스이코 천황의 섭정으로서 약 30년 동안 고대 일본을 통치한 쇼토쿠 태자는 외래의 문명을 적극적으로 수용한다. 백제로부터는 불교를 받아들이며, 600년에는 한반도를 경유하지 않고 중국의 앞선 문물을 직접 수입하기 위해 수나라에 대규모 사절단인 견수사遣隋使를 파견한다. 견수사는 스이코 천황 8년인 600년부터 618년까지의 기간 동안에 다섯 번 파견된다. 581년에 건국한 수나라가 불과 40년도 안 되는 618년에 멸망하자 이 제도는 폐지된다. 그러나 수나라에 이어 당나라가 등장한 후에는 견당사遣唐使라는 이름으로 명칭이 바뀌어 헤이안平安시대 초반인 9세기 중엽까지 사절단의 중국 파견이 계속된다.

쇼토쿠 태자는 이처럼 선진 외래문명을 적극적으로 받아들여 고대 일본 사회를 발전시킨 최대의 공로자였다. 그러면서도 한편으로는 자신들의 독자성을 매우 중시한 인물이기도 하였다. 그가 당시 수나라의 황제인 양제煬帝에게 보낸 국서에서 일본의 왕을 천자天子로 지칭하고 있는 것을 보면 이를 짐작할 수 있다. 이 서신은 『수서隋書』「동이전왜국전東夷伝倭国伝」에 전해지는데, 문제가 된 부분은 '일출처천자치서일몰처천자日出処天子致書日沒処天子'라는 문구였다. '해가 뜨는 곳의 천자가 해지는 곳의 천자에게 서신을 보낸다' 는 뜻으로, 이 국서를 받은 수양제는 격노하였다고 한다. 중화사상에 의해 천자라 칭할 수 있는 자는 오직 자신 한 사람뿐인데, 일개 변방 오랑캐인 왜국倭国의 수장이 스스로를 천자라 칭했기 때문인 것이다.

쇼토쿠 태자의 초상화는 일본의 화폐에서 가장 오랫동안 사용되었다. 그의 얼굴은 1930년부터 1984년까지 50여 년에 걸쳐서 주로 고액권에 등장하였다. 이를 보면 일본인들에게 있어서 그가 어떠한 존재로 인식되고 있는가를 짐작할 수 있다.

2) 고대국가 체제의 정비

6세기 후반은 야마토 조정이 위기에 처한 시기였다. 왕실의 권위는 추락하고 국가권력은 쇠퇴일로에 있었다. 이러한 시기에 국정을 담당하게 된 쇼토쿠 태자는 나라의 위기를 타개하고, 통일국가의 확립을 위하여 적극적인 정치체제의 정비를 실시한다. 그가 먼저 착수한 것은 관위 12계의 제정이었다.

603년에 제정된 이 제도에 의해서 관리의 등용은 개인의 능력이나 공적에 의해서만 이루어졌다. 또한 공적 여하에 따라 지위가 상승됐을 뿐만이 아니라, 그 지위도 자신에 한하도록 하였다. 이로써 호족들의 관직 세습을 막을 수 있었으며, 도래인의 후손 등을 포함한 우수한 인재를 관료로 널리 등용할 수 있게 된다.

또한 그는 604년에 헌법 17조를 제정한다. 이를 통해 군주와 신하와 백성의 관계를 정립하였으며, 정치에 참여하는 호족들에 대한 복무규정을 제시한다. 주된 내용은 천황 중심의 국가윤리와 도덕성, 인륜의 근본으로서의 불교, 그리고 정치윤리로서의 유교를 강조하는 것이었다. 즉 천황은 천天이고 신하는 지地이므로, 이러한 질서를 깨트리지 않도록 하라는 것이 헌법 17조에 담긴 주요 메시지이다. 특히 17조 중의 제 1조는 화和를 강조하고 있다. 이로써 당시 여러 호족 간의 합의제가 중시되었음을 알 수 있다. 헌법 17조의 내용을 보기로 하자.

1. 화和를 소중히 하며 다투지 않는다.
2. 삼보三宝를 숭경한다.
3. 천황의 명을 받으면 반드시 받들도록 한다.
4. 관리들은 예礼를 근본으로 한다. 백성을 다스리는 근본은 예礼에 있다.
5. 도道에 벗어난 마음을 버리고, 공평한 태도로 재판을 행한다.
6. 악悪은 징벌하고 선善은 권장한다.
7. 나라의 업무는 역할에 적합한 자에게 맡긴다.
8. 관리는 태만하지 않으며, 아침 일찍부터 밤늦게까지 열심히 일한다.
9. 신信은 의義의 근본이다. 매사에 신信이 있어야 한다
10. 타인과 의견이 달라도 화를 내지 않는다.
11. 공功, 과過를 명확하게 살펴서 반드시 상벌을 내린다.
12. 관리들은 함부로 백성에게 세금을 거둬서는 안 된다.
13. 관리들은 자신만이 아니라 다른 관리의 업무도 알아야 한다.
14. 관리들은 서로 시기하는 마음을 가지면 안 된다.
15. 사리사욕을 버리는 것은 신하의 도리이다.
16. 백성을 동원할 때는 그 시기를 고려해야 한다.
17. 중요한 일은 모두와 의논하여야 한다.

3) 불교 전래와 불교사원 건립

6세기에 일본에 최초의 외래 종교인 불교가 전래된다. 이후 불교는 오랜 세월 동안 일본인의 신앙생활은 물론이고 일상생활에 있어서도 커다란 비중을 차지하게 된다. 그 영향은 현대 일본인에게까지 이어지고 있다. 불교가 일본에 공식적으로 전래된 것은 긴메이欽明 천황 재위 때인 552년으로 알려져 있다. 『일본서기』의 흠명 천황조에는 "13년(552년) 겨울 10월에 백제의 성명왕聖明王, 다른 이름으로는 성왕聖王이 노리사치계를 파견하여, 석가모니금동불상 1구, 불상 장식물 약간, 불경 몇 권을 보냈다."[5]라는 기록이 전해진다. 고대 일본의 대표적인 역사서에 백제의 성명왕이 불상과 경전을 긴메이 천황에게 전했다는 내용이 기재되어 있는 것이다. 성명왕이란 백제 26대 왕인 성왕聖王을 말한다.

불교 전래가 기록되어 있는 다른 문헌자료로는 쇼토쿠 태자의 전기 『상궁성덕법왕제설上宮聖德法王帝說』을 들 수 있다. 여기에는 긴메이 천황 때보다 이른 538년에 불교가 백제로부터 전래되었다고 기록되어 있다. 이에 따라 이전 일본에서는 불교의 일본 전래를 둘러싸고 552년과 538년의 두 주장이 논쟁거리가 되었지만, 지금은 일반적으로 538년을 불교가 전래된 시기로 보고 있다. 그러나 이러한 기록들에 나타난 전래 시기는 불교가 공식적으로 일본에 들어온 때를 말하는 것이다. 이러한 문헌 외에 헤이안시대(794~1185)에 편찬된 역사서

---

5) 주 4)의 책, p.100.

『부상략기扶桑略記』의 게이타이継体 천황 16년(522년) 기록에 의하면, 522년 일본에 도래한 사마달등司馬達等은 자신의 집에 석가모니불을 안치하고 예불을 드렸다고 한다. 이로 봐서 문헌 기록에 나타난 공식 전래에 앞서서 실제로는 한반도나 대륙에서 고대 일본으로 건너간 도래인들이 자신들의 신앙이었던 불교를 일본에 사적으로 전파하였을 것으로 추정된다.

일본에 전래된 초창기의 불교는 중생구제라는 본래의 목적과는 무관하게 왕족이나 호족 계층 등 특권층의 신앙에 지나지 않았다. 특히 호족들 사이에서는 자신들의 조상을 공양하거나 씨족의 번영을 기원하기 위한 불교 사찰인 우지데라氏寺를 건립하는 것이 유행하기도 하였다. 소가蘇我 씨 일족이 아스카에 세운 호코지法興寺나 도래인 출신 유력자였던 하타秦 씨 일족이 교토에 세운 고류지広隆寺 등이 대표적인 예이다.

스이코推古 천황은 594년에 불법흥륭仏法興隆의 조서詔書를 내려 불교를 공식적으로 인정한다. 그러나 이러한 과정에 이르기까지는 불교 수용을 둘러싸고 커다란 논쟁이 일어난다. 즉 불교 수용을 주장했던 당대의 최대 권력자 소가 씨 일족과 배불파인 모노노베物部 씨 세력 사이에 커다란 쟁란이 일어나, 수용파인 소가노 우마코蘇我馬子는 587년에 모노노베 씨 일족을 축출한다. 이 사건은 단순히 불교를 둘러싼 종교적인 다툼만이 아니라, 친백제계인 소가 씨 세력과 보수세력인 모노노베 씨 세력과의 사이에 일어난 권력투쟁이었다고 할 수 있다.

배불파를 무너뜨린 소가노 우마코는 바로 백제에 사신을 보내어 승려와 불교사원 건축 등의 기술자 파견을 요청한다. 그리하여 다음 해인 588년에 백제의 승려 영조, 혜총 등이 기술자들을 데리고 일본으로 건너간다. 이들이 일본에서 처음으로 건축한 절은 아스카飛鳥에 세워진 호코지法興寺로서, 일본열도 최초의 본격적인 불교사원이었다. 이 절은 710년 헤이죠쿄平城京 천도가 이뤄지면서 718년에 도읍지인 나라로 옮겨져 강고지元興寺라는 이름으로 바뀌게 된다. 호코지라는 명칭이나 강고지라는 명칭이나 모두 최초로 불법仏法이 일어난 절이라는 의미이다.

이 시기에 백제에서 일본으로 건너간 기술자 중의 한 사람인 금강중광金剛重光의 후손은 지금까지도 오사카 덴노지天王寺 구에서 금강조金剛組(공고구미)라는 건축회사를 이어가고 있다. 백제 사람 금강중광의 39대 후손이 현재 운영하고 있는 이 회사는 지금도 불교사찰 등의 고건축 설계와 시공을 전문으로 하고 있다. 무려 1,400여 년 동안이나 자자손손 이어지고 있으니, 일본은 물론이고 세계에서 가장

나라 이카루가쵸에 있는 호류지

오래 된 건축회사일지도 모르겠다.

쇼토쿠 태자는 593년에 지금의 오사카인 나니와難波에 시텐노지四天王寺라는 절의 건립 공사를 시작하며, 607년에는 아스카에 호류지法隆寺를 창건한다. 이후에도 백제뿐만이 아니라 신라와 고구려에서도 승려들이 일본에 건너가 불교를 전파하고, 또한 역서暦書, 천문, 종이 제조법, 먹 제조법을 전수하는 등 6세기 말에서 7세기 초에 걸쳐 한반도로부터 많은 승려와 학자가 일본으로 건너간다. 이처럼 일본의 불교 전래기인 아스카 시대에 불교건축이나 불상 주조 등에 관여한 기술자는 대부분 한반도에서 건너간 도래인들이었다. 그렇기 때문에 이 시대에 창건된 일본의 불교사원은 건축양식이나 가람 배치에 있어서 우리나라 절과의 유사성이 두드러지게 나타난다.

4) 견당사 파견과 중국문화 수입

중국대륙 문물의 일본 전래에 가장 큰 역할을 한 것은 견당사遣唐使 제도였다. 견당사란 고대 일본인들이 중국의 선진 정치제도와 문물을 직접 도입하기 위한 목적으로 당나라에 파견한 사절단으로, 쇼토쿠 태자가 7세기 초에 수나라로 파견한 견수사遣随使의 뒤를 잇는 것이었다.

견당사는 아스카시대인 630년에 야마토 조정에서 이누가미노 미타스키犬上御田鍬를 사절의 책임자인 대사大使로 임명하고 당나라 수도인 장안長安으로 파견한 것이 최초이다. 이누가미노 미타스키는

614년 마지막 견수사 사절로 수나라에 파견되었던 인물이기도 하다. 이후 헤이안시대인 894년에 귀족이자 학자였던 스가와라노 미치자네菅原道真의 건의에 의해 폐지될 때까지 견당사 제도는 약 260년 동안 유지된다. 894년에 견당사 사절의 대사에 임명된 그가 견당사 폐지를 주장한 이유는 당나라의 사회적 혼란과 국력 쇠퇴였다. 그러나 제도가 폐지된 것은 894년이었지만, 실제로 견당사가 마지막으로 당나라에 파견된 것은 이보다 50여 년 앞선 838년이었다.

견당사의 파견은 백촌강의 전투로 인한 일본과 당나라의 관계 악화 때문에 일시적으로 중단되기도 하였으나, 630년부터 200여 년 동안 15회에 걸쳐서 실시된다. 파견 횟수에 대해서는 대사를 임명하기는 하였으나 실제로는 파견하지 않은 경우 등이 있어서 주장이 엇갈리기도 하지만 15회 파견이 통설이다. 견당사의 규모는 시기에 따라서 달랐다. 제도가 시작된 7세기 경에는 200명 정도였으나, 8세기로 들어와서는 대개 500명 내외의 인원이 파견되었으며, 가장 많을 때는 650여 명의 대규모인 적도 있었다. 이에 따라 이들이 이용하는 선박의 수도 처음에는 2척이었으나, 나라시대 이후에는 4척으로 편성되는 것이 기본이었다.

견당사선의 항로는 현재의 오사카항을 출발하여 세토나이카이瀬戸内海를 경유하여 대마도에 도착한 후, 한반도의 서해 연안을 따라서 중국의 산동반도에 이르는 북로北路가 가장 선호되었다. 북로 외에 동중국해를 횡단하여 양자강 하류지역에 상륙하는 남로南路와 오키나와 부근의 남서제도를 경유하여 동중국해를 횡단하는 남도로南島路도 있었지만, 북로가 가장 안전한 항로였기 때문이다. 그러나 나당연합군에 의해 멸망한 백제 부흥을 돕기 위해 663년 야마토 조정에서 군사를 한반도에 파견하여 백촌강의 전투를 치른 이후에는 신라와 외교관계가 단절되어 더 이상 북로를 통과하지 못하게 된다.

조선 기술이나 항해술이 발달하지 못했던 당시로서는 견당사선의 항해에는 많은 위험이 수반되었다. 풍랑으로 인하여 배가 난파되거나 표류하는 경우도 드물지 않았기 때문에, 견당사 사절에 임명되는 것은 개인적으로는 영예로운 일일지라도, 한편으로는 목숨을 걸어야 하는 위험한 일이기도 하였다. 653년에 2차 견당사로 파견된 사절은 도중에 배가 난파되어 241명 중 5명만 살아서 귀국하기도 하였다. 또한 753년에 중국에서 귀국길에 오른 후지와라노 기요카와藤原清河와 아베노 나카마로阿倍仲麻呂는 폭풍을 만나 베트남에 표착하게 된다. 간신히 당나라로 돌아간 이들은 결국 일본으로 돌아가지 못하고 망향의 그리움 속에 당나라에서 생을 마감한다는 일화는 유명하다.

사절단의 신분에 따른 구성은 조정의 고위 귀족, 학자, 불교계의 학승, 유학생, 기술자, 통역관 등으로 이뤄졌다. 견당사의 뜻은 당나라(唐)로 파견(遣)하는 사절(使)이라는 의미이다. 그렇지만 이들은 단기간의 방문을 마치고 일본으로 귀국하는 것이 아니라, 보통 2년 정도 당나라에 장기 체류하면서 선진 학문과 기술 등을 익혀서 본국으로 돌아간다. 요즈음으로 치자면 장기 국비유학인 셈이다.

7세기 전반부터 9세기 전반까지 200여 년 동안 지속된 고대 일본의 견당사 제도는 아스카시대, 나라시대는 물론이고 헤이안시대 초기까지 정치, 사회, 문화의 발전에 커다란 역할을 하였다. 특히 아스카시대에 야마토 조정은 귀국한 견당사를 통하여 당나라의 율령제도에 대한 정보를 접하게 된다. 이에 따라 조정에서는 소가 씨 등 유력 호족의 영향력에서 벗어나 천황에 의한 중앙집권적 통치체제를 확립하려는 움직임이 활발해지고, 이는 곧 정치적 대개혁인 다이카의 개신으로 이어지게 된다.

5) 다이카大化의 개신

정치뿐만이 아니라 문화면에 있어서도 커다란 업적을 남기고, 고대 국가의 기틀을 다진 쇼토쿠 태자는 622년에 세상을 떠난다. 약 30년에 걸친 섭정이 끝난 것이다. 그가 죽은 후 소가 씨 일족은 강력한 실권을 장악하여 정치를 좌지우지하였다. 소가노 우마코의 아들인 소가노 에미시蘇我蝦夷는 천황의 고유한 직무인 기우제 의식을 자신이 나서서 치렀으며, 대신大臣의 관직을 아들인 소가노 이루카蘇我入鹿에게 멋대로 세습하기도 한다. 뿐만 아니라 643년 소가노 이루카는 왕위 계승을 둘러싼 세력 다툼 과정에서 쇼토쿠 태자의 아들 야마시로노 오에노오山背大兄王를 공격하여 일족을 죽음으로 내몰기까지 한다.

소가 씨 일족의 이러한 전횡은 왕족이나 여러 귀족들의 강한 반감을 사게 된다. 이에 죠메이舒明 천황의 왕자 나카노오에中大兄는 나카토미노 가마타리中臣鎌足 등의 귀족 세력과 함께 소가노 우마코로부터 소가노 에미시, 소가노 이루카로 이어지던 소가 씨 일족을 축출하고, 당唐나라의 율령제律令制를 참고하여 중앙집권국가를 건설하는 개혁을 단행한다. 나카노오에 왕자의 주도로 645년에 일어난 이러한 일련의 정치개혁을 다이카大化의 개신改新이라 한다.

다이카 개신의 핵심 내용은 공지공민제公地公民制였다. 다이카 개신이 일어난 다음 해인 646년에 조정에서는 4개조로 이뤄진 개신의 조서를 공표한다. 그 제1조가 바로 공지공민제에 관한 내용이었다. 공지공민제란 이제까지 지배 계층이 사적으로 소유하고 있던 모든 토지와 백성을 몰수하여 국가에 귀속시키는 토지제도 개혁이었다. 다이카의 개신 이전에는 왕족이나 호족들은 토지를 사적으로 소유하고 있었는데, 이러한 땅을 둔창屯倉, 전장田莊이라 하였다. 또한 왕족이나 호족들은 명대名代, 부곡部曲이라 불리던 백성들을 개인적으로 지배하기도 하였다. 그러나 다이카의 개신에 의해 지배 계층이 토지와 백성을 사적으로 소유하는 것이 금지된다. 즉 이제까지 특권 계층에게 허용되었던 사지사민제私地私民制가 공지공민제라는 제도로 전환된 것이다.

이 제도에 의해 나라에 귀속된 토지는 6세 이상의 백성들에게 일률적으로 분배된다. 이처럼 나라에서 토지를 수용하여 백성들에게 다시 부여하는 법을 반전수수법班田收授法이라 하며, 당시 중국에서 시행되고 있던 균전제均田制의 영향을 받은 것이다. 반전수수법에 근거하여 지급된 토지를 반전이라 하였으며, 사람 수(口)에 따라 나누어(分) 지급하는 밭(田)이라는 의미로 구분전口分田이라고도 하였다. 사람 수에 따라 토지를 배분하기 위해서는 먼저 집집마다 식구食口가 몇 명인지 정확하게 파악할 필요가 있었다. 이에 따라 이 시기에 일본에서는 처음으로 호적이 만들어지게 된다. 구분전을 지급받은 백성들은 토지에서 얻은 수확의 일부를 나라에 세금으로 바쳐야 했다. 반전수수법은 아스카시대부터 헤이안시대 전기인 10세기 초까지 실시된다.

반전수수법은 아스카시대부터 실시된 율령제의 근간을 이루는 것 중의 하나로서, 701년에 일본에서 제정된 율령인 대보율령大宝律令에 의해 더욱 확실하게 시행된다. 다이카의 개신은 고대국가에 있어서 통치권을 수도로 집중시키는 중앙집권국가의 시발점이 된다. 이때부터 일본에서는 연호年号를 사용하기 시작하였는데, 최초의 연호가 바로 다이카이다.

6) 연호年号 사용의 시작

연도를 세는 방법인 기년법紀年法에는 국가나 민족에 따라서 종교적인 기원이나 정치적인 기원 등을 기준으로 하는 다양한 방법이 있다. 그 중에서도 오늘날 세계에서 가장 널리 사용되는 기년법은 예수의 탄생을 기준으로 하는 서기西紀이다. 그러나 일본에서는 서기와 함께 자신들의 독자적인 연호年号(넹고)를 사용하고 있다. 연호는 다른 말로는 원호元号(겡고)라고도 하며, 공식적인 문서 등 공공 영역의 연도 표기는 물론이고 일본인의 일상생활에 있어서도 현재 널리 사용되고 있다.

연호는 기원전 2세기 경 중국 전한前漢시대 때부터 사용되기 시작하여, 한국, 일본, 베트남 등 주로 아시아 국가에서 이를 받아들인다. 그러나 발상지인 중국에서도 1911년의 신해혁명을 계기로 연호가 폐지되어 더 이상 사용되지 않고 있다. 이에 반해 아스카 시대인 645년부터 다이카大化라는 연호를 사용하기 시작한 일본에서는 약 1,400년이 지난 현재까지도 연호가 널리 통용되고 있다.

새로운 연호의 시작은 새로운 천황의 즉위를 의미한다. 따라서 왕위를 계승할 때 새롭게 제정된 연호는 퇴위 때까지 사용되는 것이 역사적인 관례이다. 그러나 천재지변이 일어나거나 역병이 창궐하는 등 사회불안 요소가 발생하였을 때에는 나라의 기운을 새롭게 하고, 민심을 수습하기 위하여 재임 중에 연호를 변경하는 경우도 있었다. 이후 1868년 메이지明治시대부터는 한 대에 한 연호만을 사용하는 일세일원一世一元 제도가 정착한다.

2019년 4월 30일 일본 천황 아키히토明仁는 고령으로 인한 공무 수행의 어려움을 이유로 퇴위한다. 생존 중인 천황이 왕위에서 물러나는 것은 에도江戸시대인 1817년의 고카쿠光格 천황 이후 202년만의 일이다. 퇴위 다음 날인 5월 1일에는 아들이 왕위를 계승한다. 이로써 아키히토 즉위 이후 31년째 사용되어 오던 연호 헤이세이平成는 2019년 4월 30일로 끝나고, 5월 1일부터는 레이와令和라는 연호가 새롭게 사용되기 시작한다. 레이와는 645년에 최초로 사용되

2019년 5월 1일부터 사용되는 새 연호 '레이와'를 공표하는 당시의 관방장관

기 시작한 다이카 이래 248번째 연호이다. 이에 따라 서기 2019년은 1월 1일부터 4월 30일까지는 헤이세이 31년에 해당하고, 5월 1일부터 12월 31일까지는 레이와 1년 즉 레이와 원년元年에 해당한다.

연호는 다이쇼大正, 쇼와昭和, 헤이세이平成 등과 같이 두 글자의 한자어로 구성되며, 출전은 모두 사서오경四書五経 등 중국의 옛 문헌이다. 그러나 새로운 연호 레이와는 중국 고전에서 인용했던 이제까지의 관례를 깨고, 8세기에 편찬된 일본의 고대시가집 『만엽집万葉集(망요슈)』의 표현을 인용하여 명명된 것이다. 이는 『고사기』 『일본서기』 및 『만엽집』 등 일본의 고전에서 21세기의 새로운 연호가 인용되기를 염원한 보수우익 정권의 지지층과 자민당 정권의 정치적 의도가 반영된 결과라 할 수 있다.

7) 중앙집권국가의 형성과 율령제律令制

율령이란 중국에서 시작되어 한국, 일본 등 고대 아시아 국가에서 시행된 법체계이다. 중국에서 율령이라는 표현이 나타나는 것은 기원전인 진秦나라 때부터이다. 그러나 율령이 완성되는 것은 수隋, 당唐 시대에 이르러서이며, 일본의 율령이 직접적으로 영향을 받은 것도 이 시기이다. 율律이란 오늘날의 형법에 해당하며, 령令은 주로 행정법에 해당하는 것이다. 정치, 경제, 사회 등 모든 것을 규제하는 법체계인 율령에 의거하여 천황을 절대적인 정점에 두고 귀족 계급이 중앙집권적으로 통치, 지배했던 체제를 율령제라고 한다.

고대 일본의 율령제는 701년에 완성된 대보율령大宝律令에 의하여 그 형태가 갖추어진다. 이에 앞서 덴지天智 천황 때인 668년에 근강령近江令이 제정되며, 681년 덴무天武 천황 때에는 조칙을 내려 비조정어원령飛鳥浄御原令 제정을 추진한다. 그러나 몬무文武 천황 때 완성된 대보율령이 일본 역사상 최초로 율律과 령令을 갖춘 본격적인 율령이었으며, 이로써 고대 일본은 율령국가로서의 면모를 갖추게 된다.

대보율령은 당唐나라의 율령을 받아들인 것이다. 특히 오늘날의 형법에 해당하는 율律은 당나라의 율을 거의 그대로 도입한 것이었다. 이에 비해 국가의 조직과 이를 운용하는 기본규정을 정한 령令은 당시 일본사회의 실정을 반영하여 제정된다. 이에 의하면 당시의 통치기구는 천황을 정점에 두고 2관8성二官八省으로 구성된 중앙집권적인 조직이었다.

2관은 조정의 제사를 담당하는 신기관神祇官과 입법, 사법, 행정의 최고기관인 태정관太政官으로 이뤄져 있었으며, 태정관의 최고관리는 태정대신太政大臣이었다. 8성은 중무성中務省, 식부성式部省, 치부성治部省, 민부성民部省, 대장성大蔵省, 형부성刑部省, 궁내성宮内省, 병부성兵部省으로 구성되어 있었다. 또한 지방행정 조직은 국国, 군郡, 리里의 단위로 구분되었다. 국의 책임자를 국사国司라 하였으며, 조정에서 파견되는 국사에게는 막강한 권한이 부여되었다. 군의 책임자는 군사郡司라 하며, 지방 호족들이 그 직책을 담당하였다.

이후 나라시대인 718년경에는 대보율령 제정 작업의 책임자였던 후지와라노 후히토藤原不比等 등이 대보율령의 미비점을 보완하여 양노율령養老律令을 제정하는 작업에 들어간다. 그러나 양로율령이 실제로 시행된 것은 757년이었다. 대보율령은 원문 일부만이 8세기 말경에 편찬된 『일본서기日本書紀』의 속편 『속일본기続日本紀』나 9세기 중엽에 편찬된 양노율령의 주석서 『영집해令集解』 등의 문헌에 전해지고 있다. 따라서 대보율령을 대부분 계승하고 있는 양로율령을 바탕으로 하여 복원이 시도되고 있기도 한다.

7세기경 고대 일본에 도입된 율령제는 8세기에 전성기를 맞이한 후 10세기경까지 유지된다. 그러나 율령국가 체제가 붕괴된 후에도 형식적, 한정적이기는 하지만 메이지明治시대 초기까지 긴 세월동안 영향력을 발휘한다. 7세기 때 율령제에 의해 제정된 대신大臣, 성省 등의 관직명이나 관청명은 오늘날까지 이어져 그대로 사용되고 있다.

8) 일본日本이라는 국호 사용

'일본'이라는 이름은 중국을 기준으로 했을 때, 지리적으로 해가 뜨는 곳인 동쪽에 위치한 곳이기 때문에 붙여진 호칭이다. 고대 한국이나 중국의 문헌에서는 일본을 왜倭, 왜국倭国으로 호칭하였으며, 일본인이나 일본의 왕을 왜인倭人, 왜왕倭王으로 기록하였다. 외국의 문헌만이 아니라 고대 일본의 문헌에서도 자신들을 왜국으로 호칭하고 있었다.

'일본'이라는 국호가 언제부터 사용되기 시작했는가를 명확하게 제시해 주는 문헌자료는 전해지지 않는다. 다만 『일본서기』에 왜국이라는 표기가 덴무天武 천황 3년인 674년 이후에는 등장하지 않는다는 점 등 여러 자료를 근거로 생각할 때, 율령제가 도입된 7세기 후반부터 8세기 사이에 정착된 것으로 추정할 수 있다. 이러한 추정은 우리의 문헌자료를 통해서도 확인할 수 있다. 『삼국사기三国史記』 신라본기에는 "왜국이 국호를 고치어 일본이라 하고, 자언自言하되 (그 나라가) 해 나오는 곳에 가까운 까닭으로 그와 같이 이름 지은 것이라 한다."[6]라는 문무왕 10년의 기록이 전해지고 있다. 문무왕 10년은 670년에 해당하므로, 국호 변경 시기가 일본의 문헌자료와 비슷하다는 것을 알 수 있다.

668년 덴지天智 천황은 일본 최초의 율령인 근강령近江令을 제정한다. 그리고 임신壬申의 난에서 승리하여 막강한 권력을 장악한 그의 동생 덴무天武 천황은 천황중심 통치체제를 더욱 가속화하기 위해 7세기 후반에 비조정어원령飛鳥浄御原令, 그리고 대보율령大宝律令 제정을 추진한다. 7세기 후반의 이러한 정치적 상황을 계기로 하여 '일본'이라는 국호가 새롭게 정착하게 됐을 것으로 추정된다.

실제로 701년에 완성된 대보율령에는 이미 '일본천황日本天皇'이라는 표현이 사용되고 있다. 이로써 '일본'이라는 국호가 정식으로 사용된 것이 7세기 후반 덴무 천황 때부터라고 추측할 수 있다. 국호가 왜국에서 일본으로 변경되면서 천황이라는 호칭도 사용되기 시작한다. 천황이라는 호칭이 사용되기 이전의 고대 일본에서는 왕王 또는 대왕大王이라는 호칭이 사용되었다.

---

6) 이병도 역주, 『삼국사기』, 을유문화사, 1996, p.105.

9) 왜군의 백제 파병과 백촌강白村江 전투

한반도에서는 6세기 후반부터 고구려, 백제, 신라 사이에 격렬한 싸움이 일어난다. 백제는 김유신이 이끄는 5만 신라군과 소정방이 이끄는 13만 당나라 대군으로 구성된 나당연합군에 의해 660년에 멸망한다. 『일본서기』의 기록에 의하면, 백제 멸망 후 부흥군을 지휘하면서 나당연합군에 대항하고 있던 장수 귀실복신鬼室福神은 일본에 사신을 보내 원군을 요청한다. 귀실복신은 우리의 『삼국사기』에는 복신福神으로 기록되어 있다. 백제가 멸망한 후에 망국의 왕이 된 의자왕은 당나라로 끌려간다. 이에 따라 백제 부흥운동의 구심점을 잃게 된 복신은 원군 요청과 함께 당시 일본에 머무르고 있던 백제 왕자 부여풍扶余豊의 귀국을 요청하기로 한다.

일본 조정에서는 한반도와의 교류 거점이었던 백제의 요청에 신속하게 대응한다. 당시의 사이메이斉明 천황은 같은 해 12월에 군사를 이끌고 규슈九州지방으로 향한다. 그렇지만 사이메이 천황이 세상을 뜨게 되어, 661년에 일본에 체류하고 있던 백제 의자왕의 아들 부여풍장扶余豊璋 왕자에게 5,000명의 군사를, 663년에는 27,000명의 왜군을 보내어 백제의 부흥을 돕는다. 『일본서기』 사이메이조에는 당시의 상황이 다음과 같이 기록되어 있다.

> 겨울 10월에 백제 좌평佐平 귀실복신은 좌평 귀지貴智를 파견하여 당나라 포로 백여 명을 바쳤다. 이들은 지금 미노 지방의 후와, 가타아가타 두 군에 사는 당나라 사람들이다. 또한, 원군 파견을 요청하고, 아울

러 왕자 여풍장余豊璋을 요청하였다. (중략) 사이메이 천황은 조칙을 내려, "원군을 요청하는 것은 예로부터 듣는 바이며, 위급함을 돕고 끊어진 것을 잇는 일은 고래전적古来典籍에 명기되어 있다. 지금 백제국이 멸망하여 의지할 곳도 고告할 곳도 없이 곤궁하여 우리나라에 의지하여 왔노라. 창을 베개로 삼고 쓸개를 맛보는 고생을 하면서 어떻게든 도와주도록 멀리서 와서 요청하고 있다. 그 뜻을 어찌하여 모른 체 할 수 있으리오. 장군들에게 각각 명을 내려 함께 전진시키시오. 구름처럼 모이고 벼락처럼 움직여 모두 신라 땅에 집결해서, 적을 쓰러뜨려 백제의 궁박함을 완화시키시오. 각 관청은 여풍장 왕자를 위해 충분한 준비를 하고, 예를 다하여 보내시오." (중략) 천황은 복신福信의 요청에 따라서 규슈로 행차하시어, 원군을 파견하려고 생각하시어 우선 이곳으로 오셔서 여러 종류의 군사 장비를 준비하시었다.[7]

그러나 일본의 원군은 금강 하구에서 신라와 당나라의 나당 연합군에게 참패한다. 이 사건을 일본의 역사에서는 백촌강白村江의 전투라 부른다. 왜군의 백제 파병과 백촌강의 전투에 관한 기록은 우리의 문헌에서도 찾아볼 수 있다. 『삼국사기』 백제본기에는 "부여풍은 사신을 고구려와 왜국에 보내서 군사를 청하여 당병을 막았는데, (중략) (나당연합군이) 백강구白江口에서 왜인을 만나 네 번 싸워 모두 이기고 배 사백 척을 불태우니, 연기와 불꽃이 하늘을 붉게 하고 해수도 빨갰다."[8] 라는 기록 등이 전해진다. 이 기록을 통해서 일본에서 귀국한 왕자 부여풍의 원군 요청 및 파병된 왜군의 패전을 확인

7) 주3)의 책, pp.346–347.

8) 주5)의 책, p.430.

할 수 있다. 왕자 부여풍은 한국과 일본의 문헌에 부여풍, 부여풍장, 여풍장 등의 이름으로 기록되어 있다.

백촌강의 전투에서 참패한 일본은 나당연합군이 반격해 올 것을 크게 우려한다. 이에 따라 한반도 왕래의 길목이었던 규슈 북부지역에 병력을 집결시키고 성을 쌓는 등 본격적으로 전쟁 준비에 돌입한다. 특히 규슈 북부의 해안 경비를 위해서 멀리 떨어진 관동關東 지방[9]에서 많은 병사들을 징집하는데, 이러한 병사들을 사키모리防人라 불렀다. 또한 나당연합군 침공 시의 신속한 연락체계를 구축하기 위해 대마도, 이키 섬, 규슈 북부 해안지역 등에는 봉화대를 설치하기도 한다. 그리고 태재부太宰府 북쪽에는 대야성大野城, 남쪽에는 고안성高安城, 금전성金田城 등 백제의 축성 기술을 이용한 산성山城을 쌓아서 나당연합군의 공격에 대비한 이중삼중의 방어체계를 갖춘다. 하지만 백촌강의 패전 이후 나당연합군의 일본 공격은 없었다.

백촌강 전투 이후 신라와 일본의 교류관계는 붕괴되고, 이제까지 서로 파견하던 사절도 중단되었다. 그러나 나당연합군에 의한 삼국통일 후 신라와 당나라 사이에는 균열이 발생하여 서로 대립하게 된다. 멸망한 백제에 대한 지배권 및 고구려 공격을 둘러싼 충돌 때문이었다. 그리하여 신라는 668년에 일본으로 사절을 파견한다. 당나라와 일전을 불사할지도 모르는 상황 속에서, 당나라와 일본의 동맹관계 결성을 우려한 외교적 대처인 것이다. 일본 측으로서도 백촌강 전투 후의 방위 체계를 정비하고, 율령국가 건설을 위한 문화 수용

9) 혼슈本州의 동부지역으로, 범위는 수도인 도쿄 및 그 주변 6개 현이다. 일본어 발음으로는 간토關東

의 필요성도 있었으므로 이를 받아들인다. 이로써 백촌강 전투로 인하여 붕괴된 양국의 외교 관계는 서로의 필요에 의해 일단 다시 복원된 것이다. 일본은 그동안 당나라에 파견해 오던 견당사를 백촌강 전투 후 30여 년간 중단했으나, 차츰 당나라와도 우호 관계 복원을 진행한다.

10) 하쿠호白鳳문화

6세기 말에서 8세기 초 710년까지의 아스카시대 문화를 아스카문화라 칭한다. 그렇지만 7세기 중반부터 8세기 초까지의 아스카시대 후반부에 해당하는 약 60여 년 동안의 문화는 하쿠호라는 별도의 이름으로 부른다. 정확하게는 다이카의 개신이 일어난 645년부터 나라로 천도한 710년까지의 기간으로서, 덴무天武, 지토持統 천황을 중심으로 꽃핀 문화이다. 하쿠호란 이름은 조정에서 공식적으로 제정한 것이 아니라 덴무 천황 때 사적으로 사용된 연호이다.

아스카시대는 외래문화를 왕성하게 수용한 시기였다. 그 중에서도 아스카문화는 한반도, 특히 백제의 영향을 크게 받아 형성된 문화이다. 이에 비해 말기의 하쿠호문화는 주로 618년에 건국한 당나라 초기 문화의 영향을 강하게 받아서 이뤄진 문화이다. 특히 견당사는 당나라 문화의 일본 도입에 커다란 역할을 한다.

하쿠호문화 때의 도읍지는 후지와라쿄藤原京였다. 일본열도 최초의 중국식 도성都城이었던 후지와라쿄는 당나라 수도 장안을 모방하여 조성되었다. 하쿠호문화의 시기에 근강령近江令, 비조정어원령飛鳥浄御原令, 대보율령大宝律令 등의 율령이 제정되어 율령국가의 기틀이 형성되기도 한다. 이에 따라 국호도 이제까지의 왜에서 일본으로 바뀌고, 왕이나 대왕이라는 호칭 대신에 천황이라는 용어도 사용되기 시작한 것이다.

하쿠호문화는 불교를 기조로 하는 문화였다. 이제까지 왕족이나 호족 중심의 사적인 신앙이었던 초기의 불교가 국가적인 종교로 공인됨으로써, 나라에서 창건하는 불교 사찰이 늘어나고 불교 미술도 크게 발전하는 시기이다. 대표적인 것으로는 야쿠시지薬師寺의 동탑東塔이나 삼존상三尊像, 호류지法隆寺의 금당벽화 등을 들 수 있다. 또한 고대 일본의 대표적인 역사서인『고사기』『일본서기』의 편찬 작업이 시작된 것도 바로 하쿠호문화 때이다.

3. 나라奈良시대

아스카시대 말기 하쿠호문화의 도읍지는 후지와라쿄였다. 그러나 당시의 몬무文武 천황이 24세의 젊은 나이로 707년에 세상을 떠나자, 그의 어머니가 왕위에 올라 겐메이元明 천황이 된다. 새로 즉위한 겐메이 천황은 710년에 수도를 후지와라쿄에서 헤이죠쿄平城京로 옮긴다. 헤이죠쿄는 현재의 나라奈良이다. 710년부터 헤이죠쿄를 떠나 현재의 쿄토京都인 헤이안쿄平安京로 수도를 옮기는 794년까지를 나라시대라 부른다.

실제로 헤이죠쿄를 떠난 것은 이보다 10년 전인 784년으로, 헤이안쿄 부근인 나가오카쿄長岡京로 천도한다. 그러나 여러 정치적인 상황에 의해 불과 10년 만에 다시 헤이안쿄平安京로 수도를 옮기게 된다. 따라서 나라시대는 넓게 보면 710년부터 794년까지의 84년간이며, 좁게 보면 784년까지의 74년간에 해당한다. 784년에 나가오카쿄로 수도를 옮기기 전에도 쇼무聖武 천황 때인 740년에 구니쿄恭仁京, 744년에 나니와쿄難波京 등으로 일시적인 천도가 이뤄진 적도 있었지만, 일반적으로 이 기간도 모두 나라시대에 포함시킨다. 나라시대는 율령국가의 완성기이며, 불교를 중심으로 문화, 예술이 융성하였다. 이 시기를 일본문화사에 있어서는 덴표天平시대라 부르기도 한다.

1) 헤이죠쿄平城京 천도

아스카시대의 마지막 도읍지는 나라 분지의 남쪽에 위치한 후지와라쿄藤原京였다. 이곳은 좁고 교통이 불편한데다 율령체제가 발전함에 따라 전국을 통치하기에 편리한 새로운 수도가 필요하게 된다. 또한 이 무렵에 전염병이 창궐하고 거듭되는 흉작으로 인한 민심을 새롭게 수습할 필요성이 있었으며, 천황으로서는 호족들의 정치적 영향력이 강한 현재의 수도에서 벗어나고자 하는 마음도 강했다. 수도 후지와라쿄 주위에는 강력한 호족인 소가蘇我, 아베阿倍, 오토모大伴 씨 등의 일족이 포진하고 있었다. 이에 비해 헤이죠쿄 주위에는 가스가春日 씨 정도의 호족만 있었기 때문에 천황이 호족들의 간섭에서 벗어나 새로운 정치를 펼치기에 좋은 상황인 것이다.

이리하여 707년에 즉위한 겐메이元明 천황은 다음 해인 708년에 천도를 명한다. 새로운 도읍지는 후지와라쿄에서 북쪽으로 20Km 정도 떨어진 곳이었다. 그리하여 새로운 도읍이 미처 완성되기도 전인 710년에 천도遷都를 단행한다. 그곳이 바로 헤이죠쿄平城京(평성경)로, 현재의 나라 시 서쪽 지역에 해당하는 곳이다.

헤이죠쿄는 당시 당나라의 수도였던 장안長安을 모방하여 만든 도성都城이었다. 규모는 동서 약 4.2Km, 남북 약 4.7Km로, 최초로 장안을 모방하여 건설한 아스카시대의 수도 후지와라쿄보다 더욱 커졌다. 헤이죠쿄의 북쪽 중앙부에는 궁궐인 헤이죠큐平城宮가 자리잡고 있었으며, 이곳에는 왕실의 주거 공간과 여러 관청들이 배치되었다. 또한 헤이죠쿄에는 동서와 남북으로 곧게 뻗은 대로大路가 나 있었으며, 대로와 대로 사이에는 소로小路가 나 있어서, 마치 바둑판 같은 모양을 이루고 있었다. 동서로 뚫린 대로를 조条라고 하며, 남북으로 이어지는 대로를 방坊이라 하였다. 이처럼 좌우 대칭을 이루고 동서남북으로 도로가 바둑판처럼 이어진 도시계획 시스템을 조방제条坊制라 한다.

특히 헤이죠쿄를 좌우로 양분하는 중앙의 대로는 주작대로朱雀大路라 하는데, 그 폭이 74미터에 이르는 넓은 도로였다. 헤이죠쿄는 주작대로를 중심으로 하여 좌경左京과 우경右京으로 구분되며, 동쪽인 좌경 윗부분에는 외경外京이 돌출해 있었다. 헤이죠쿄로 천도한 지 70여 년 후인 784년에 수도는 다시 나가오카쿄長岡京로 옮겨지며, 10년 뒤인 794년에는 다시 현재의 교토인 헤이안쿄平安京로 바뀐다. 그 후 헤이죠쿄는 황폐해져 당시의 궁궐이나 시가지 등은 오늘날에는 전해지지 않는다. 1950년대 후반부터 헤이죠쿄에 대한 발굴조사가 진행되어, 현재의 나라 시내에 있는 헤이죠쿄 터에는 당시의 모습이 일부 복원되어 있다.

2) 덴표天平문화와 불교

아스카시대에 백제로부터 일본에 전래된 불교는 나라시대로 들어와 더욱 융성해진다. 특히 불교를 바탕으로 하는 문화가 최전성기에 이르렀던 시기는 724년부터 749년까지 재위했던 쇼무聖武 천황 때였다. 문화적으로 융성했던 당시의 연호가 덴표天平였으므로, 나라시대의 문화를 덴표문화라 부르기도 한다.

나라시대에는 남도육종南都六宗이라 불리는 여섯 개의 불교 종파가 형성되어 경전 연구도 활발히 이뤄진다. 남도란 헤이죠쿄 즉 현재의 나라 시를 가리키며, 육종이란 법상종法相宗, 화엄종華厳宗, 율종律宗, 삼론종三論宗, 구사종倶舍宗, 성실종成実宗을 말한다. 또한 이 시기에는 불력으로 나라를 수호하고 안정시킬 수 있다고 믿는 진호국가鎮護国家의 사상이 널리 퍼져 있었다. 그래서 통치자들은 불교를 국가의 안태나 사회 불안을 제거하는 현세적인 목적으로 이용하였으며, 불교는 나라의 보호를 받아서 발전하는 호국불교였다. 따라서 불교는 자연스럽게 정치권력과 밀접한 관계를 맺을 수밖에 없었다.

승려가 중생구제를 위해 백성들에게 직접 포교활동을 하는 것도 금지되어 있었으며, 나라의 허가 없이는 출가할 수도 없었다. 오직 불력으로 왕실의 번영을 기원하고 나라의 안녕을 지키는 것이 이 시대 불교의 가장 큰 존재 의미였던 것이다. 그러나 이러한 상황 속에서도 나라의 법도를 깨고 민중 속에서 불법을 설파하면서 불교를 퍼뜨리는 교키行基같은 승려도 나타난다. 그는 농민을 위해서 교량이나 용수로를 건설하고, 사회적 약자들을 위한 보호시설을 세우는 등의 사회사업을 전개하면서 민간에 불법을 전파한다. 이로 인하여 교키는 조정으로부터 탄압을 받기도 하였지만 민중의 압도적인 지지를 받았으며, 나중에는 쇼무 천황에 의해 대승정大僧正이라는 승려의 최고 지위에 임명되기도 한다.

쇼무 천황은 재위 25년 동안 빈번한 기근과 역병 등에 의한 사회불안에 시달린다. 또한 왕실과 막강한 귀족인 후지와라藤原 일족 사이에는 권력 암투가 발생하기도 한다. 이러한 상황 속에서 그가 의지한 것은 불교였다. 그리하여 그는 불교의 힘을 빌어 국가 평안을 기원하고자 전국 각 지방에 불교 사찰 건립을 명하는 국분사国分寺 건립 조서를 741년에 내린다. 이에 따라 전국 60여 지방에 비구승 사찰인 국분승사国分僧寺 및 비구니 사찰인 국분니사国分尼寺가 세워진다. 이후 율령제의 쇠퇴와 함께 지방의 국분사에 대한 국가 차원의 정책적, 재정적 지원도 감소해 간다. 그러나 국분사 제도는 중앙의 왕족이나 호족들의 신앙이었던 불교가 각 지방으로 확산되어 가는 데에 큰 역할을 한다. 오늘날 일본 각지의 행정지명이나 불교사찰 중에는 국분사라는 이름이 많은데, 이들은 대부분 덴표문화 때에 건립되었던 국분사와 관련이 있는 곳들이다.

쇼무 천황은 또한 743년에 대불大仏 건립 조서를 내려서, 나라시대 대표 사찰의 하나인 도다이지東大寺를 창건하고 약 16m에 이르는 대불大仏을 안치한다. 이 대불은 노사나불盧舍那仏로 752년 4월에 치러진 대불의 개안공양開眼供養 법회에는 1만 수천 명에 이르는 사람들이 참석하였으며, 신라에서도 대규모의 인원을 축하사절단으로 파견한다. 이 행사는 덴표문화의 화려한 개화를 의미하는 것이었지만 동시에 국가재정을 바닥내

도다이지 대불 - 스님들의 불상 청소 광경을 통해 규모를 짐작할 수 있다

고 백성들의 생활을 피폐시키는 결과를 낳기도 한다.

불교문화가 융성했던 나라시대에는 미술, 조각, 건축 등에 있어서도 불교와 관련된 것이 대부분이었다. 대표적인 건축은 불교사찰인 도쇼다이지唐招提寺의 금당, 도다이지의 법화당, 도다이지의 쇼소인正倉院 등을 들 수 있다. 특히 쇼소인은 나라 시대 최고의 사찰인 도다이지의 비품을 보관하는 창고로, 목재를 짜맞춰서 쌓아올린 아제쿠라校倉 건축 양식으로도 유명하다. 이곳에는 고대 일본, 한국, 중국의 미술이나 공예품 약 9천 점이 소장되어 있으며, 쇼무 천황의 애장품들도 사후 이곳에 기증되어 소장되어 있다. 또한 752년에 치러진 도다이지 대불의 개안공양開眼供養 행사 때 사용된 비품도 이곳에 보관되어 있다. 소장품의 상당수는 국보로 지정되어 있으며, 견당사가 가지고 귀국한 당나라, 인도, 페르시아 등의 미술공예품도 많이 포함되어 있다. 일본에서는 이것들을 쇼소인 보물이라 부르며, 유네스코 세계유산으로 지정되어 있기도 한다.

3) 나라시대의 교육제도와 학문

고대 일본의 교육제도에 대한 최초의 성문화된 규정은 아스카飛鳥시대의 몬무文武 천황 때인 701년에 제정된 대보율령大宝律令이다. 대보율령은 당唐나라의 율령을 참고하여 성립된 일본 최초의 본격적인 율령이다. 아스카시대 이후 고대 일본은 율령국가를 지향해 간다. 그리고 이러한 율령국가 체제를 유지해 갈 인재 양성을 위한 교육기관이 필요하게 된다. 특히 나라시대는 당나라로부터 율령제가 도입되어 국가 통치 제도로서 가장 활발하게 운용된 시기이도 했다. 그리하여 이 대보율령의 내용 중 오늘날의 교육법령에 해당하는 학령学令의 규정에 의거하여 대학大学과 국학国学이 설치된다.

대학은 수도 헤이조쿄平城京에 설치된 최고의 교육기관으로서, 당나라의 국자감国子監을 모방한 것이었다. 이곳에서는 귀족 자제들을 대상으로 하여 중앙의 관리 양성교육을 실시했다. 이에 비해 국학은 지방에 설치된 교육기관이었다. 교육 대상은 지방 관리 및 지방 호족들의 자제였으며, 지방 관청의 관리를 양성하는 것이 목적이었다.

율령국가에 있어서 정치의 지도이념은 유학儒学을 근간으로 하고 있었으므로, 대학과 국학에는 유학의 경서経書를 비롯한 여섯 개의 교육과정이 있었다. 그 내용을 보자면 중국의 문장文章이나 역사를 가르치는 기전도紀伝道, 유학 경전을 가르치는 명경도明経道, 법률을 가르치는 명법도明法道, 산술을 가르치는 산도算道, 중국식 한자 발음을 가르치는 음도音道, 한자 쓰기를 가르치는 서도書道 등이다. 또한 이 시대에는 대학과 국학 외에도 의약医薬, 음양陰陽, 천문天文, 역暦, 아악雅楽 등의 전문적인 기술자를 양성하는 교육기관도 있었으며, 불교 사원도 교육기관의 역할을 담당하기도 하였다. 불교 사원에서는 주로 승려 양성 교육이 실시되었지만, 일부 사원에서는 서민들에게 교육 기회를 제공하기도 하였다. 당시의 교육기관은 지배 계층을 위한 것이었으므로 서민들을 위한 교육기관은 아직 존재하지 않았기 때문이다.

대학에 입학할 수 있는 사람은 5위 이상의 귀족 자제나 특별히 허락된 8위 이상의 자제였다. 또한 국학에는 지방장관인 군사郡司의 자제들이 입학할 수 있었다. 조정에서 학문을 장려하고, 학자를 우대하였기 때문에 나라시대에는 학문이 급속히 발달한다. 특히 한문학은 이 시기의 귀족이나 관리의 기본적인 교양으로 중시되었다.

4) 역사서의 편찬

『고사기古事記(고지키)』『일본서기日本書紀(니혼쇼키)』

아스카시대 말기가 되면 천황 중심의 율령국가가 확립됨으로써, 국가의식이 높아져 국사国史나 지지地誌에 대한 편찬 기운이 높아진다. 국사 편찬 사업은 아스카시대 말기의 덴무天武 천황 재위 때 계획되었지만, 그 성과는 나라시대에 나타난다.

먼저 나라시대 초기인 712년에 현존하는 일본의 문헌 중 가장 오래된『고사기』가 편찬된다. 672년 왕위 계승을 둘러싸고 일어난 임신壬申(진신)의 난에서 승리하고 왕위에 오른 덴무는 전해오는 왕실의 계보나 관련 설화 등이 사실과 다른 부분이 많으므로, 이를 바로잡아서 후대에 전하도록 지시한다. 이때부터 시작된『고사기』편찬 작업은 아스카시대의 다음인 나라시대에 결실을 맺게 되는 것이다.

『고사기』는 히에다노 아레稗田阿礼라는 사람이 암송한 내용을 오노 야스마로太安万侶가 필록筆録한 것으로 상권·중권·하권의 전 3권으로 구성되어 있다. 표기체계는 서문은 한문체이지만, 본문은 한자의 음과 훈을 이용하여 일본어를 표기하는 변체한문으로 기록되어 있다. 내용을 보자면, 상권은 신神의 시대인 신대神代에 해당하는 부분으로, 대부분 신화, 전설 등의 이야기로 이뤄져 있다. 이후 역사시대로 들어가 중권은 초대 천황 진무神武부터 15대 오진応神까지, 그리고 하권은 16대 닌토쿠仁徳부터 33대 스이코推古 때까지의 역사가 서술되어 있다. 그렇지만 중권과 하권에 역사적 사실만 기록되어 있는 것은 아니다. 여기에도 많은 신화, 전설, 고대시가 등이 풍부하게 포함되어 있어서, 이를 통해 고대 일본인의 정신세계를 살펴볼 수 있다.

『고사기』에 기록된 대표적인 신화로는 천지개벽, 일본열도 탄생 , 천손강림 등을 들 수 있다. 이러한 신화 중에서도 가장 역점이 주어진 것은 지상세계를 통치하는 천황가 혈통의 근원을 설명하고자 하는 천손강림天孫降臨 신화이다. 이 신화는 『고사기』만이 아니라 『일본서기』에도 기록되어 있는데, 천신天神 아마테라스 오카미天照大神의 자손이 지상세계 통치를 위해 천상으로부터 내려온다는 이야기이다.

기기신화記紀神話로 통칭되는 『고사기』와 『일븐서기』의 신화에서는 고천원高天原(다카마노하라)이라는 곳이 천상세계로 설정되어 있다. 고천원에는 많은 천신들이 살고 있으며, 그 중에서도 천상세계를 지배하는 가장 지고한 신은 아마테라스 오카미이다. 이 신의 손자인 니니기노 미코토迩迩芸命는 명을 받고 지상세계인 아시하라노 나카쓰쿠니葦原中国로 내려온다. 아마테라스 오카미는 이때 먼 길을 떠나는 손자에게 삼종三種의 신기神器를 가지고 가도록 주며, 여러 신들에게 지상세계까지 수행하도록 한다. 삼종의 신기란 거울鏡, 검劍, 옥玉의 세 가지 신령스러운 도구를 말하며, 오늘날에도 일본 왕실에서는 천황의 권위를 상징하는 물건으로 인식되고 있다. 특히 왕위를 계승하는 즉위식에서 가장 먼저 행해지는 의식은 바로 이 삼종의 신기를 다음 왕에게 전달하는 행사이다.

땅으로 내려온 니니기노 미코토는 지상신 오쿠니누시노 카미大国主神가 지배하고 있던 아시하라노 나카쓰쿠니 즉, 지상세계를 양보받아 통치하게 된다. 그가 천상에서 지상으로 강림한 장소는 쓰쿠시筑紫 지방의 다카치호高千穂 산봉우리로, 현재의 규슈 미야자키宮崎현이 이에 해당한다. 또한 니니기노 미코토는 지상세계의 여신과 혼인하며 자손들을 낳는데, 그의 증손자가 초대 천황인 진무神武이다. 따라서 진무는 천상세계의 신 중에서도 가장 고귀한 아마테라스 오카미의 혈통을 이어받게 되는 것이다. 더 나아가 진무뿐만이 아니라 그의 후손인 역대 천황들에게도 당연히 신성한 아마테라스 오카미의 혈통이 흐르고 있다는 것이 이 신화의 주된 내용이다.

기기신화의 내용에 의하면 진무는 기원전 660년에 즉위하여 76년 동안 통치하였다고 한다. 그러나 진무가 실재하지 않은 신화적 인물이라는 것은 1945년에 2차 세계대전에서 일본이 패전한 이후부터는 상식에 해당한다. 1900년대 전반기에 주로 활동한 역사학자 쓰다 소키치津田左右吉(1873~1961)는 문헌비판을 통해서, 진무 천황은 『고사기』나 『일본서기』에 있어서 왕실의 일본 통치에 대한 정당성을 부여할 의도로 편찬된 일본신화의 일부로 이해해야 한다고 주장하기도 했다. 이러한 주장으로 그는 왕실을 모독한 출판법 위반죄로 실형을 받았으며, 와세다대학 교수직에서도 해임되었다. 군국주의 시대인 1940년대 초반에 있었던 사건이다.

몇 대 천황까지가 신화상의 인물이고 몇 대부터 역사적으로 존재했던 인물로 인정할 것인가에 대해서는 아직 명확한 결론이 없다. 10대, 15대, 26대 등의 학설이 주장되고 있으나 일반적으로 15대 오진応神 천황 때부터 역사적으로 실재했던 인물로 보는 견해가 일본 역사학계의 통설이다.

『고사기』에 이어서 720년에는 『일본서기日本書紀』가 편찬된다. 문학적인 요소가 풍부한 『고사기』는 국내용으로 편찬된 역사서라 할 수 있다. 이에 비해 『일본서기』는 중국의 정사正史인 사기史記, 한서漢書 등을 의식하여 이른바 일본적인 정사를 편찬하고자 했던 통치자의 의도가 작용한 것으로 추측되고 있다. 따라서 『일본서기』는 서술 방법에 있어서도 편년체編年体로 기술되었으며, 문체 또한 『고사기』와는 달리 순수한 한문체로 이뤄져 있다. 『일본서기』 편찬에는 덴무의 왕자인 도네리舎人 친왕을 중심으로 오노 야스마로 등 다수의 학자가 편찬에 참여하였다. 전 30권으로 구성된 『일본서기』의 권1과 권2는 『고사기』 상권처럼 신화적인 부분이다. 그리고 권3부터 권30까지는 초대 천황 진무부터 41대 지토持統 때까지의 사항이 서술되어 있다.

고대 일본의 대표적인 문헌인 『고사기』와 『일본서기』에는 역사적인 사실의 기록만이 아니라 신화, 전설 등이 풍부하게 실려져 있어서, 문학적으로도 중요한 가치를 지니고 있다. 그러나 무엇보다도 이러한 신화, 전설 등을 통하여 왕실의 신성한 혈통을 강조하여 절대적인 존엄성과 지상세계 통치의 당연함을 나타내고자 하는 정치적 의도가 『고사기』와 『일본서기』의 가장 커다란 편찬 목적이라 할 수 있다.

5) 시가집의 편찬 – 『만엽집万葉集(망요슈)』

『만엽집』은 일본에서 최초로 편찬된 고대 와카和歌 시집이다. 와카란 5음과 7음을 기본 리듬으로 하는 일본의 전통적인 정형시를 의미하며, 중국에서 전래된 한시漢詩와 대립되는 개념으로 사용되는 용어이다. 와카 이전의 시인 고대가요에서는 집단적인 의식이나 정서가 주로 표현되었다. 그러나 시간이 흐르면서 사람들 사이에서 개인으로서의 의식이나 자각이 싹트기 시작한다. 이러한 개인의 감정, 사상을 표현하고자 하는 변화가 와카의 형성에도 영향을 미치게 된다. 또한 이 시기가 일본의 고대문학이 구승口承문학에서 기재記載문학으로 이행하는 단계였다는 점도 깊은 관련이 있다. 이에 따라 시의 표현도 세련되고, 5음과 7음을 기조로 하는 새로운 형식의 시인 와카가 성립되는 것이다.

전 20권으로 이뤄진 『만엽집』은 4,500여 수에 달하는 방대한 고대 일본의 와카로 구성되어 있다. 수록된 와카의 지은이는 왕족으로부터 귀족, 승려, 하급관리, 일반 백성 및 병사에 이르기까지 다양한 계층으로 이뤄져 있다. 편찬 시기는 명확하게 밝혀져 있지는 않지만, 일반적으로 759년 이후로 추측되고 있다. 『만엽집』이 편찬된 시기는 나라시대일지라도 여기에 수록된 시들은 그 이전인 아스카시대로부터 나라시대 후반까지 지어진 작품들이다. 즉 8세기 후반에 그때까지 전해오는 와카를 한데 묶어 시집으로 편찬하였는데, 그것이 바로 덴표문화를 대표하는 고대 일본의 와카집 『만엽집』인 것이다. 편찬 작업에 주도적으로 참여한 사람은 나라시대의 귀족이자 시인인 오토모노 야카모치大伴家持이다.

『만엽집』이라는 이름의 뜻은 '만(万) 개의 말(言)의 잎(葉)을 모은(集) 것'이라는 등의 여러 주장이 있으나, 만엽万葉의 엽葉을 고대일본어에서 발음이 같은 세世의 의미로 해석하여 만세万世까지 오래도록 전해질 시가집으로 해석하는 것이 일반적이다.

『만엽집』은 일본의 전통시인 와카를 집대성한 것인데도 불구하고, 시기적으로 아직은 일본 고유 문자인 가나仮名가 발명되기 이전이었으므로, 모두 중국의 한자로 표기할 수밖에 없었다. 이에 따라 일본어의 발음을 문자로 적기 위해, 한자의 음이나 훈을 빌려 표기해야만 했다. 이러한 표기법이 『만엽집』에서 많이 사용되었기 때문에, 음과 훈을 차용하여 일본어의 발음을 나타낸 한자를 망요가나万葉仮名라고 한다. 일본의 망요가나는 신라시대 때 주로 향가鄕歌 표기에 사용된 향찰鄕札이나 이두吏読와도 유사하다.

『만엽집』에 수록된 시는 내용에 따라서 상문相聞, 만가挽歌, 잡가雑歌의 세 종류로 분류된다. 상문이란 서로 소식을 주고받으며 안부를 묻는다는 뜻으로, 남녀, 부모자식, 형제 사이에 자신의 마음을 담은 시를 증답하는 것을 의미한다. 만엽집의 상문 중에는 이 중에서도 특히 남녀 사이에 주고받은 연가가 가장 많은 비중을 차지하고 있다. 상문에 해당하는 『만엽집』의 와카 한 수를 감상하기로 하자.

> 君待登 (きみまつと) 吾戀居者 (わがこひをれば) 我屋戸之 (わがやどの)
> 簾動之 (すだれうごかし) 秋風吹 (あきのかぜふく)[10)]

---

10) 佐竹昭広 外,『万葉集 本文篇』, 塙書房, 1987, p.73.

이 시는 아스카시대의 왕족이자 시인인 누카타노 오키미額田王라는 여성이 사랑하는 덴지天智 천황을 애타게 기다리면서 읊은 와카이다. 우리말로 옮기자면 '그대 그리워 기다리고 있는데, 우리 집 발을 흔들며 가을 바람만 부네' 정도의 내용이다. 집안의 입구에 걸려 있는 발이 흔들릴 때마다 님이 오시는가 하고 반갑게 맞이하려 했지만, 그저 스쳐가는 가을바람이었다는 지은이의 애절한 심경이 잘 나타난 시이다. 한자로 쓰여진 부분이 망요가나로 표기된 원문이며, 괄호 안은 그것을 오늘날의 히라가나로 적은 것이다. 이 와카의 상구上句는 5음·7음·5음으로 이뤄져 있으며 하구下句는 7음·7음으로 이뤄져 있어서, 일본의 와카가 5음과 7음을 바탕으로 하는 정형시임을 알 수 있다. 특히 이처럼 모두 5구체 31음의 형식으로 표현된 와카를 단가短歌라 한다.

5,000여 수가 실려 있는 『만엽집』 와카의 형식에는 단가 외에도 장가長歌, 선두가旋頭歌, 불족석가仏足石歌가 있지만, 단가가 4,200여 수로 전체의 93% 정도를 차지하고 있다. 단가는 오늘날에도 활발하게 지어지고 있으며, 세계에서 가장 짧은 17음의 정형시로 알려져 있는 일본의 하이쿠俳句는 이 단가의 하구 7음·7음을 생략하고 상구인 5음·7음·5음만을 읊은 것이다.

만가는 인간의 죽음을 애도하는 시이다. 문자 그대로라면 세상을 떠난 사람을 운구할 때 읊는 노래이지만, 『만엽집』에서는 사랑하는 사람이 운명을 달리했을 때의 슬픈 심경을 노래하는 경우가 많았다. 잡가는 상문이나 만가 이외의 잡다한 내용을 지니는 시를 가리키며, 작자의 일상생활 속에서 지어진 시뿐만이 아니라, 왕실의 공식적인 행사 때에 읊어진 시들도 여기에 포함된다.

『만엽집』 편찬 시기보다 훨씬 뒤인 가마쿠라鎌倉시대(1185~1333)에 출간된 『신고금화가집新古今和歌集』의 서문에는 "만엽집은 시의 근원이다."[11]라고 하여, 후대에 편찬되는 시집들은 『만엽집』을 본보기로 삼을 것을 강조하고 있다. 이러한 점만 보더라도 『만엽집』이 일본문학에서 차지하는 위상을 충분히 짐작할 수 있는 것이다. 따라서 『만엽집』은 전문가들의 연구 대상으로서만 가치를 지니는 박제화 된 고전문학이 아니라, 오늘날까지 평범한 일본인들이 친숙하게 여기는 대표적인 고전 작품 중의 하나라 할 수 있다. 그렇기 때문에 『만엽집』의 본고장인 나라 지방의 아스카무라明日香村나 요시노吉野 등에는 1,200여 년의 시간이 흐른 오늘날까지도 작품의 정서에 직접 접하고자 하는 많은 사람들의 발길이 끊이지 않고 있다.

특히 2019년 5월 1일부터 일본에서 새로 사용되기 시작된 연호인 레이와令和는 바로 『만엽집』에서 인용된 것이다. 아스카시대인 645년에 최초로 사용된 다이카大化부터 2019년 4월 30일까지 사용된 헤이세이平成에 이르기까지 일본의 연호는 모두 중국의 문헌에서 인용한 것이었다. 그러나 일본인들이 연호를 사용한 지 약 1,400년 가까이 되어서 처음으로 자신들의 고전 문헌에서 인용한 연호가 바로 레이와인 것이다. 이를 보더라도 일본 문화에서 『만엽집』이 차지하는 위상을 충분히 짐작할 수 있다.

---

11) 峯村文人 校注 · 訳, 『新古今和歌集』, 小学館, 1999, p.20

6) 장원莊園의 등장과 공지공민제의 붕괴

나라시대에는 율령제에 의해 6년마다 한 번씩 호적이 새로 만들어졌다. 조정에서는 그 호적을 근거로 하여 6세 이상의 모든 백성들에게 농사를 지을 수 있는 토지를 제공하였다. 이러한 땅을 구분전口分田이라 한다. 구분전을 할당 받은 백성은 그 땅에서 생산된 수확의 일부를 국가에 세금으로 바친다. 이 구분전은 제공 받은 농민이 죽으면 나라에서 도로 회수한다. 이러한 토지제도를 반전수수법班田授受法이라 하며, 아스카시대인 645년에 일어난 다이카의 개신 이후 실시된 것이다.

그런데 나라시대가 되면 점차 인구가 증가함에 따라 백성들에게 배분할 구분전이 부족해지는 상황이 발생한다. 이에 조정에서는 743년에 간전영년사재법墾田永年私財法이라는 새로운 법을 만들어 개간을 장려하였다. 이 법은 개인이 개간을 하여 만든 전답은 영구적으로 사유재산으로 인정한다는 내용이었다. 이에 따라 지방에서는 경제력을 가진 호족이나 유력 농민들이 개간을 하여 새로운 농지를 넓혀 간다. 개발영주開発領主라 불린 이들은 확장된 농지를 바탕으로 세력을 키워 나간다. 성장한 개발영주는 중앙에서 파견된 지방장관인 고쿠시国司의 토지에 대한 간섭이나 과도한 세금을 피하기 위해 권력을 가진 귀족이나 유명 불교 사찰, 신사 등에 농지를 기증한다.

그 결과 중앙의 귀족, 불교 사찰, 신사 등이 소유한 사유지는 그 규모가 더욱 확장된다. 이러한 사유지를 관리하기 위해 설치된 사무소나 창고를 장莊이라 불렀다. 그리고 그들이 소유한 사유지를 장원

莊園이라 부르게 된다. 중국에서는 당나라 때부터, 유럽에서는 8세기 경부터 이뤄진 토지 소유 형태인 장원은 일본에서는 이처럼 나라시대 후반에 등장한다. 헤이안시대(794~1185) 중기에 크게 증가한 장원은 중세 가마쿠라시대(1185~1333) 때부터 점점 쇠퇴해진다. 공지공민제는 율령제의 근간을 이루는 토지제도였다. 따라서 이 제도가 무너진다는 것은 바로 율령제가 흔들리기 시작함을 의미하는 것이기도 하였다.

4. 헤이안平安시대

오늘날의 교토京都인 헤이안쿄平安京로 천도가 이뤄진 794년부터 가마쿠라鎌倉에 무가의 통치기관인 막부가 설치된 1185년까지의 약 4세기 동안을 헤이안시대라 한다. 우리나라의 역사로 치자면 대략 통일신라 후반부와 고려시대 전반부에 해당하는 시기이다. 헤이안 시대의 끝을 1185년이 아니라 가마쿠라에 막부를 개설한 미나모토노 요리토모源頼朝가 쇼군에 임명된 1192년까지로 구분하는 견해도 있으나, 막부가 설치된 시기로 보는 것이 일반적이다.

일본의 고대를 세분할 경우에는 통상적으로 상대上代와 중고中古로 분류하는데, 고대의 후반부에 해당하는 헤이안시대는 이 중 중고 시대에 해당한다. 헤이안이라는 시대명은 수도 이름이 헤이안쿄平安京였던 데에서 명명된 것이다. 헤이안시대 초기의 문화는 당나라의 영향이 강했다. 문학에서는 아직 한문학이나 한시가 주류를 이뤘으며, 종교적으로는 천태종天台宗, 진언종真言宗 등의 중국 불교가 전래되어 널리 퍼진다. 그러나 헤이안시대 중기가 되면 국풍国風문화의 풍조가 고조되어 중국문화의 영향은 차츰 약화되어 간다. 국풍문화란 일본풍 문화를 말한다.

헤이안시대의 가장 괄목할만한 문화적 성과는 일본의 고유 문자인 가나仮名의 발명이다. 자신들의 말을 손쉽게 글로 표기할 수 있는 도구가 등장함으로써, 사람들은 자신의 생각이나 감정을 시, 수필, 일기문학, 모노가타리 등 다양한 형태의 문학 장르로 표현하게 된다. 가나의 발명은 섭관제도라는 당시의 정치 제도와 맞물려 헤이안 시대가 여류문학의 황금기가 되는 계기가 되기도 한다.

헤이안시대 초기의 정치 시스템은 중앙집권적 율령제에 의해 통치의 주체가 천황이었다. 그러나 9세기 중엽부터는 섭관제도에 의해 귀족정치가 시작되어 11세기 후반까지 지속된다. 이후 11세기 말부터는 부왕이 세자에게 양위한 후에도 상황上皇의 자리에 앉아서 실권을 장악하고 직접 정무를 맡는 원정院政이 약 1세기 동안 실시된다. 헤이안시대 말기인 12세기 후반이 되면 일본 역사상 최초로 무인 세력이 권력을 장악하며, 이후 본격적인 무인 통치시대인 중세 가마쿠라시대로 이어지게 된다.

1) 헤이안쿄平安京 천도

781년에 즉위한 간무桓武 천황은 784년 수도를 나라奈良 헤이죠쿄平城京에서 나가오카쿄長岡京로 옮긴다. 간무의 어머니 다카노노 니가사高野新笠는 백제계 도래인의 딸이며, 그녀의 부친은 백제 25대 무령왕武寧王의 자손이라는 기록이 헤이안시대 초기인 797년에 편찬된 고대 일본의 문헌『속일본기續日本紀』에 전해지고 있다.

현재 일본 천황의 아버지인 헤이세이平成 천황은 재위 중인 2010년 헤이죠쿄 천도 1,300주년 기념식에서 "헤이죠쿄는 조상의 땅으로서 깊은 인연을 느낍니다. 간무 천황의 생모는『속일본기』기록에 의하면 백제 무령왕을 시조로 하는 도래인의 자손입니다. 우리나라에는 나라시대 이전부터 백제를 비롯한 많은 나라로부터 도래인이 이주하여 문화나 기술 발전에 크게 기여해 왔습니다. 불교가 최초로 전래된 것은 백제로부터였으며, 오늘날에도 우리나라 사람들에게 읽혀지고 있는『논어』도 백제의 도래인이 가지고 온 것이었습니다." 라고 축사를 하여, 일본의 고대문화 발전에 백제 등 여러 나라 도래인이 기여했음을 강조하였다. 그러나 이보다도 대단히 이례적인 것은 자신의 혈통에 백제인의 피가 흐르고 있음을 암시하는 발언의 내용이었다. 직계 조상인 간무의 생모가 백제계 여인이라는 것은 자신에게도 백제인의 피가 흐르고 있다는 것을 인정한 것이기 때문이다. 그의 이러한 발언은 왕실의 만세일계万世一系 순수 혈통을 철저한 신념으로 삼고 있는 일본의 보수우익들에게 커다란 충격을 주었다.

간무의 헤이안쿄 천도 이유는 나라 헤이죠쿄의 과도한 불교 세력으로부터 탈피하고, 정치에 많은 영향력을 행사하는 호족 세력과 단절함으로써 통치에 새로운 기운을 불어넣기 위해서였다. 한편으로 당시의 수도 나라는 내륙 깊숙이 위치에 있어서 교통이 불편하였다. 이에 비해 새로운 수도 나가오카쿄는 수륙교통이 편리한 곳이라는 점도 천도 원인 중의 하나로 생각할 수 있다.

나가오카쿄 천도는 784년 5월에 결정되어 같은 해 11월에 단행되는 촉박한 일정이었다. 따라서 새로운 도읍지를 완전히 조성한 후에 옮겨갈 충분한 시간적 여유가 없었다. 그리하여 우선 천도를 단행하고 나서 수도 건설공사를 계속하여 진행할 수밖에 없게 된다. 이러한 과정에서 이듬해인 785년에 공사의 총책임자였던 후지와라노 다네쓰구藤原種継가 암살되는 사건이 발생한다.

조정에서 사건을 조사한 결과, 간무 천황의 동생이자 왕세제이기도 한 사와라早良 친왕이 여기에 직접 연루된 것으로 나타난다. 이에 간무 천황은 사와라 친왕에게 유배형을 내린다. 그러나 사와라 친왕은 유배지인 아와지淡路 섬으로 가는 도중에 자신의 결백과 억울함을 주장하며 단식을 하여 세상을 떠난다.

그 후부터 왕실에서는 왕비와 천황의 어머니가 병사하고 새로 책봉된 태자가 중병에 걸리는 등 불길한 일이 끊이지 않는다. 그뿐만이 아니라 나라에는 천연두 같은 역병이 퍼지고 홍수 등 천재지변이 이어진다. 그리고 이러한 재앙의 원인은 비명에 세상을 떠난 사와라 친왕의 원령 때문이라는 이야기가 나돌게 된다. 이에 조정에서는 부랴부랴 아와지로 관리와 불교 승려를 파견하여 원혼을 달래는 진혼의식을 치르고, 죽은 사와라 친왕에게 스도崇道 천황이라는 시호를 내린다. 따라서 스도 천황은 실제로는 즉위한 적이 없으며, 왕실의 계보에도 없는 이름뿐인 천황에 지나지 않는 것이다.

간무 천황은 여러 방법으로 사와라 친왕의 원혼을 위로하기는 하였으나, 나가오카쿄를 계속 도읍지로 삼는 것이 마음에 걸린다. 그리하여 천도한 지 불과 10년만인 794년에 인근에 있는 지금의 교토京都로 다시 수도를 옮기는데, 이곳이 바로 헤이안쿄平安京이다. 말하자면 헤이안쿄 천도는 원령의 재앙이 두려워서 이뤄진 것이었다. 수도가 조성되기 이전 헤이안쿄의 지명은 야마시로山城 지방이었다. 헤이안쿄平安京(평안경)라는 이름에는 문자 그대로 나라가 평안平安하기를 기원하는 염원이 담겨 있는 것이다.

헤이안쿄 역시 나라시대(710~794)의 수도였던 헤이죠쿄平城京와 마

헤이안쿄 모형

찬가지로 당나라의 수도인 장안長安을 모델로 하였다. 가로 4.6Km 세로 5.3Km의 장방형의 형태인 헤이안쿄는 동서남북으로 대로大路가 바둑판처럼 뻗어 있는 조방제条坊制를 취하였다. 한 가운데에 도로 폭은 약 82m가 되며 남북으로 4km 정도 곧게 뻗은 주작대로朱雀大路를 중심으로 하여 좌우로 우경右京과 좌경左京으로 구분되었는데, 우경은 저습지였기 때문에 크게 발전하지 못하고, 오른쪽 지역인 좌경에 주택이 밀집되었다.

헤이안시대 이전에는 수차례의 천도가 있었다. 그러나 헤이안쿄 천도가 이뤄진 794년부터 메이지유신이 일어난 이듬해인 1869년에 도쿄東京로 수도를 옮길 때까지 헤이안쿄는 약 1,100년이나 되는 오랜 세월 동안 수도로서의 자리를 지키게 된다.

오늘날 일본을 대표하는 전통 도시인 교토에는 한 해 5,000만 명이 넘는 국내외 관광객이 방문한다. 도시 전체가 거대한 박물관이라고도 할 수 있는 교토 일대에는 2020년 현재 17개의 불교 사찰, 신사, 성곽 등이 유네스코 세계 문화유산으로 지정되어 있다. 또한 일본 각지에는 자기 고장도 교토와 유사한 분위기를 가지고 있다고 하여 쇼쿄토小京都를 표방하는 지자체가 많이 있다. 무로마치室町시대(1392~1467) 이후 각 지방을 다스리는 영주 다이묘大名가 수도 교토를 모델로 하여 도시개발을 하였기 때문에 전국에 유사한 정취를 지닌 도시가 산재하게 된 것이다. 그러나 지자체에서 일방적으로 쇼교토를 표방하면 되는 것이 아니라, 전국교토회의全国京都会議라는 단체의 심사를 통과해야 한다. 심사에 통과하여 쇼교토를 표방하려면, 교토를 닮은 자연 경관, 교토와의 역사적인 인연 관계, 전통산업이나 전통예능 보유 등의 조건을 충족시켜야 한다. 현재 일본 전국에는 약 50개의 쇼교토로 인정받은 도시가 있으며, 해당 지자체는 이를 자기 고장의 관광 홍보에 활용하고 있다.

2) 귀족정치와 섭관제도

헤이안시대 초기의 정치제도는 율령제에 의한 중앙집권적 통치시스템이었다. 이에 따라 통치 권력은 천황에게 집중되어 있었다. 특히 794년 헤이안쿄 천도를 단행한 간무 천황은 나라시대(710~794) 중반부터 율령제의 근간을 이루는 토지제도인 공지공민제가 붕괴되기 시작함으로써 쇠퇴해 가는 율령제 정치의 재건을 위해 노력한다. 그러나 9세기 후반부터 섭관摂関정치가 시작되며, 통치의 주체세력이 천황에서 후지와라藤原 씨 일족 중심의 귀족 세력으로 바뀌게 된다.

후지와라 씨는 아스카시대의 다이카개신의 중심 인물인 나카토미노 가마타리의 후손이다. 그들은 나라시대 말기의 정치적 혼란 속에서 다른 대항 세력들을 제압하고 권력을 장악한다. 그리고 간무 천황을 도와서 헤이안쿄 천도를 한 후에도 당대의 유력 귀족 세력들을 배척하고, 왕실과 혼인관계를 맺어가면서 권력을 강화해 간다.

후지와라 씨의 정치적 기반을 뒷받침해 준 것은 헤이안시대에 시작된 섭관제도라는 정치 체제였다. 섭관이란 섭정摂政과 관백関白의 앞 글자를 합친 말이다. 섭정은 천황의 나이가 어리거나 병약하여 정무를 돌볼 수 없는 경우, 그를 대신해서 정무를 돌보는 일 또는 그 직책을 말한다. 관백은 천황이 성인이 된 뒤에도 실권을 행사하면서 국정을 보좌하는 직책을 말한다. 관백은 어린 천황을 대신해서 섭정을 했던 사람이 이어서 그 자리를 맡는 것이 일반적이었다. 섭정과 관백의 직책은 모두 천황의 외척이 차지하였는데, 대표적인 가문이 바로 당시 막강한 권력을 쥐고 있던 후지와라 씨였다. 이처럼 섭정과 관백의 지위를 독점하였기 때문에 후지와라 가문을 섭관가摂関家라고도 한다.

일찍이 아스카시대인 6세기 말에 여왕인 스이코推古 천황을 대신해서 조카인 쇼토쿠聖徳 태자가 섭정으로서 국정을 맡은 적이 있다. 그러나 왕족이 아니라 신하 신분인 사람이 천황을 대신하여 국정을 맡는 이른바 인신人臣 섭정은 헤이안시대에 처음으로 나타난다. 최초의 섭정은 당대의 최대 권세가 후지와라노 요시후사藤原良房(804~872)였다. 그는 858년에 9세의 어린 나이로 즉위한 외손자 세이와清和 천황을 대신하여 역사상 최초의 인신 섭정을 맡은 것이다.

세이와 천황은 부왕인 몬토쿠文徳 천황의 넷째 왕자로, 위로는 이복형이 세 명이나 있었다. 그렇지만 막강한 권력을 지닌 외조부 후지와라노 요시후사의 후원으로 생후 8개월 때 세자에 책봉되고, 9세 때 왕위에 오를 수 있었다. 장자에게 왕위가 계승되는 일반적인 관례도 무시되었던 것이다. 이후 천황의 외척인 후지와라 씨 집안에서 세습하여 섭정과 관백의 직책을 맡아 실권을 장악하는 섭관정치는 11세기 말까지 지속된다. 특히 후지와라노 미치나가藤原道長(966~1027) 같은 사람은 네 딸을 궁중으로 시집보냈다. 그리하여 태어난 외손자 중 무려 세 명이나 왕위에 올라, 약 30년 동안 권세를 부리면서 섭관정치의 전성기를 구가하기도 하였다.

후지와라 씨 일족이 대대로 섭정이나 관백의 자리에 앉아 실권을 휘두르려면 우선 자신들의 딸을 왕실로 출가시켜야 한다. 그러기 위해서 딸들을 최고의 교양과 학식을 갖춘 재원으로 길러낸다. 그러나 그렇게 교육시킨 딸을 천황에게 시집보냈다고 해서 모든 일이 성사되는 것은 아니다. 그 다음에는 왕비가 된 딸에게서 아들이 태어나야만 하는 것이다.

후지와라노 미치나가의 아들로서 아버지와 함께 섭관정치 권력의 정점에 올랐던 요리미치賴通는 자신의 딸을 왕비로 만들었음에도 불구하고, 그 딸이 아들을 낳지 못하였다. 이에 따라 후지와라노 요리미치는 천황의 외척이라는 위치를 상실하게 되고, 섭관가로 군림했던 후지와라 가문의 권세는 귀족들의 치열한 권력 다툼 속에서 기울어 가게 된다. 후지와라 가문의 외척 신분 상실은 헤이안시대의 정치제도가 섭관정치에서 원정院政이라는 새로운 시스템으로 이행하는 계기 중의 하나가 된다.

3) 섭관정치에서 원정院政으로

1068년에 즉위한 고산죠後三条 천황의 생모는 섭관가로서 막강한 권력을 휘두르던 후지와라 씨 집안과는 직접적인 관계가 없는 가문 출신이었다. 우다宇多천황 이후 170년 만에 후지와라 가문과 외척관계가 아닌 천황이 등장한 것이다. 이 때문에 고산죠 천황은 왕위에 오르는 과정에서부터 아직 막강한 권력을 장악하고 있던 당시의 관백 후지와라노 요리미치藤原頼通(992~1074)에게 배척을 당하기도 하였다. 그렇지만 즉위 후에는 섭관가 후지와라 씨의 간섭을 받을 필요가 없게 되었으며, 나라의 정치는 당연히 고산죠 천황 자신이 직접 정무를 돌보는 친정親政으로 바뀌어 갔다. 더 나아가 그는 섭관가의 권력독점을 타파하는 정책을 시행하였다. 이로써 오랜 세월 동안 이어져 왔던 섭관정치는 이제 힘을 잃어 갈 수밖에 없는 상황이 된다.

그가 펼친 일련의 개혁정책 중 대표적인 것은 1069년에 실시한 장원荘園 정리령이었다. 장원은 섭관가 등 유력 귀족이나 불교 사찰 등이 사적으로 소유하며 관리하는 토지이다. 이러한 장원의 불법적인 운영에 대한 엄격한 단속으로 인하여 섭관가의 경제적 기반은 큰 타격을 받게 되며, 이와는 반대로 형해화된 율령제에 의해 빈궁해진 왕실의 재정적 기반은 강화되어 간다. 고산죠 천황의 친정체제에 의한 개혁정책에 대해 당대의 유력한 섭관가 후지와라노 요리미치는 더 이상 외척관계에 있지 않았기 때문에 적극적으로 대항하거나 영향력을 행사할 수 없는 처지가 되었다.

고산죠 천황은 즉위 4년째인 1072년에 태자에게 양위하고 태상천황太上天皇 즉 상황上皇이 된다. 섭관정치가 부활하는 것을 방지하기 위해 불과 4년 만에 세자에게 왕위를 물려주고 새로운 정치제도인 원정院政을 시도했다는 해석이 일반적이다. 그렇지만 최근에는 원정 실시를 위한 목적이 아니라 건강상의 이유 때문에 조기에 양위했다는 주장도 이뤄지고 있다. 실제로 그가 양위한 다음 해인 1073년에 세상을 떠난 것으로 봐서 설득력이 있는 견해라 생각된다. 어떻든 고산죠 천황의 시대는 헤이안시대의 정치제도가 섭관정치에서 새로운 시스템인 원정으로 이행되는 과도기였다 할 수 있는 것이다.

원정이란 생존해 있는 부왕이 세자에게 양위한 후 상황上皇이 되어 실권을 장악하고 직접 정무를 맡는 정치제도를 말한다. 경우에 따라서는 천황의 부왕만이 아니라 조부가 직접 통치에 관여한 적도 있었다. 원院이란 상황 또는 상황이 기거하는 궁궐을 의미한다. 상황은 자신이 기거하는 원에 일종의 사적 통치기구인 원청院庁을 설치하고 직접 통치했기 때문에, 이러한 정치제도를 원정이라 하였다.

이처럼 11세기 말 고산죠 천황 때를 전환점으로 하여 오랜 기간 동안 후지와라 가문을 중심으로 하는 헤이안시대의 귀족정치인 섭관제도는 종언을 맞이하고, 그 뒤를 원정院政이 이어받는다. 원정은 고산죠 천황의 아들인 시라카와白河 천황 때부터 본격적으로 실시된다. 그는 14년간 재위한 후 34세의 젊은 나이인 1086년에 여덟 살의 세자 호리카와堀河에게 양위한 뒤 상황이 되어 실질적으로 나라를 통치한다. 이후 원정은 무인정권이 태동하기 시작하는 헤이안시대 말기까지 약 1세기 동안 지속된다.

4) 가나仮名 문자의 발명

헤이안시대에 가나가 발명되기 전까지 일본인들은 자신들의 말을 고유한 문자로 적을 방법이 없었다. 나라시대에 망요가나万葉仮名라는 문자가 사용되기는 했지만, 이것은 한자의 음과 훈을 빌려서 일본어의 발음을 표기한 것이었다. 따라서 해박한 한자 지식을 갖춘 지배계층들만 망요가나를 이용하여 문자생활을 영위할 수 있었다. 그러나 일반 백성들은 말은 하지만, 글로써 다른 사람과 의사소통할 방법이 없었다. 즉 음성언어는 있었지만 문자언어를 이용하여 자신의 생각을 표현하는 것은 불가능했던 것이다.

그러던 것이 헤이안시대 초기인 9~10세기경이 되면 일본의 고유한 문자인 가나가 발명된다. 가나는 한자로 가명仮名이라 쓰고, 일본어로는 가나로 읽는다. 가仮는 '거짓, 임시'라는 뜻이며, 명名은 '이름, 글자' 등의 의미를 지닌다. 따라서 가나라는 명칭의 뜻은 '거짓된 글자, 임시의 글자'가 된다. 이 명칭은 당시 한자를 '참된 글자'라는 의미의 마나真名라 부른 것과 대비되는 것으로, 자신들의 문자를 스스로 폄훼하여 붙인 이름이라는 것을 알 수 있다.

이러한 인식에는 외래 문자인 한자를 사용한 어려운 한문으로도 자유로운 의사소통이 가능했던 귀족사회의 가나 문자에 대한 평가가 담겨 있는 것이다. 당시 문자생활을 영위할 수 있다는 것은 남성 귀족사회의 커다란 문화적 특권 중의 하나였다. 그런데 사용하기 쉬운 문자가 발명되어, 피지배 계층인 일반 백성들까지도 자신들의 생각을 문자로 손쉽게 표현할 수 있게 된다는 것은 지배 계층에게 있어서 그리 반가운 일은 아니었을 것이다.

표음문자인 가나는 あ(아) い(이) う(우) え(에) お(오)와 같이 글자체가 곡선적인 히라가나平仮名와 ア(아) イ(이) ウ(우) エ(에) オ(오)와 같이 직선적인 가타카나片仮名의 두 종류가 있으며, 모두 중국의 한자를 바탕으로 하여 만들어졌다. 히라가나는 한자의 초서체草書体를 더욱 간략화한 것으로, 지금은 46자가 사용되고 있다. 오늘날 일본의 모든 책이나 신문, 잡지 등에서 일본어 문장의 표기는 대부분 히라가나와 한자로 이뤄진다. 가타카나는 한자의 편偏이나 방旁 등 일부를 간략화 하여 만들어졌다. 히라가나와 마찬가지로 가타카나도 현재 46자가 사용되고 있으며, 외래어나 외국어, 외국의 인명이나 지명 등의 표기에 주로 사용되고 있다.

가나의 발명자와 정확한 발명 시기에 관해서는 자세하게 알려지지 않고 있다. 다만 가타카나는 당시의 불교 승려들이 한문으로 된 불교 경전을 간편하게 훈독하기 위해 고안했다는 것이 일반적인 통설이다. 한글 창제의 시기와 인물이 1443년, 집현전 학사와 세종대왕이라고 명확하게 전해지고 있는 것과는 대조적이다.

10세기에 들어서 가나는 급속하게 보급되지만, 초창기에는 한문적인 교양을 중시하는 남성사회로부터 여성들의 문자라는 의미의 온나데女手라는 이름으로 비하당하기도 한다. 한글 창제 당시에 양반들이 훈민정음을 상스러운 글자라는 의미의 언문諺文으로 불렀던 것과 유사한 과정을 거쳤음을 알 수 있다. 그렇지만 가나의 보급은 일기, 수필, 모노가타리物語 등 이 시기의 일본문학 발전에 있어서 유력한 기반이 된다. 특히 가나의 발명과 보급으로 인하여 헤이안시대에 여류작가들의 문학활동이 꽃을 피우는 결과를 가져오기도 한다.

5) 가나 문학의 융성

쉽고 편리한 표현 수단인 가나 문자가 발명됨으로써 헤이안시대 사람들은 전통시 와카和歌는 물론이고, 나라시대 때까지는 없었던 다양한 장르의 산문으로 자신들의 생각과 감정을 표현할 수 있게 된다. 이 시대에 가나 문학이 융성한 것은 고유한 문자 발명 때문만은 아니었다. 헤이안시대 후반부터 당나라 문화의 영향이 차츰 약화되고, 그때까지 수입한 외래문화의 국풍화를 지향하는 경향이 나타난 것 또한 가나 문학 융성의 배경이라 할 수 있다.

고유 문자가 없던 나라시대에는 표기방법은 한자의 음과 훈을 이용하는 망요가나일지라도, 왕실의 공식 행사 등에서 와카가 활발하게 지어졌다. 그러나 8세기 말 나라시대에서 헤이안시대로 접어든 이후부터 9세기 중엽까지 전통시 와카는 공적인 자리에서 사라지고, 중국의 한시漢詩가 주류를 이룬다. 이 때문에 헤이안시대 초기의 이 기간은 일본문학사에서 국풍암흑시대로 불리기도 한다. 그러던 것이 9세기 후반부터 히라가나의 발명 및 보급과 함께 왕실이나 귀족들의 공적인 행사에서 가나로 지어진 와카가 다시 부흥하게 된다.

이러한 분위기 속에서 『고금화가집古今和歌集(고킨와카슈)』이라는 최초의 칙찬 와카 시집이 편찬됨으로써, 가나로 지어진 와카의 지위는 확고해진다. 칙찬勅撰이란 왕명에 의해 편찬되었다는 의미이다.

칙찬 시집의 편찬은 가나로 지어진 와카가 더 이상 사적인 영역에서만 머무르지 않고, 궁궐의 행사 등 공공 영역에서도 지어짐으로써 한시와 동등한 위상이 부여되었다는 의미를 지닌다. 다이고醍醐 천황의 명에 의해 905년에 성립된 이 시집에는 『만엽집』 편찬 이후부터 당시까지 약 150년 동안에 지어진 1,100여 수의 와카가 실려 있다.

산문 영역에서는 모노가타리物語, 수필, 일기문학 등 나라시대(710~794)에는 없었던 새로운 문학 장르가 이 시대에 등장한다. 모노가타리는 오늘날의 문학 장르 중 소설에 해당하며, 일반명사로 사용될 때는 '이야기'라는 의미를 지닌다. 모노가타리의 효시는 9세기 말에 성립된 작자미상의 『다케토리 모노가타리竹取物語』이다.

11세기 초에 성립된 『겐지 모노가타리源氏物語』의 17번째 '에아와세絵合' 장에 '모노가타리의 조상인 다케토리竹取'[12]라는 기록이 있는 것으로 봐서, 이미 헤이안시대 때부터 『다케토리 모노가타리』가 일본 최초의 모노가타리 작품으로 인식되고 있었음을 알 수 있다. 『다케토리 모노가타리』는 전래되는 설화 등 옛 전승을 바탕으로 하는 전기伝奇성이 강한 작품이다. 그렇지만 입에서 입으로 구전되어 스토리가 형성되어 가는 신화, 전설, 민담 등의 구전문학과는 다르다. 즉 이 작품은 누구인지 전해지지는 않지만 특정한 작가가 자신의 의도에 의해 구성한 창작물인 것이다.

죽세품을 만들어 생계를 꾸려가는 노부부는 어느 날 대나무밭에서 세 치 정도밖에 안 되는 조그마한 여자아이를 발견한다. 자식이

12) 阿部秋生, 秋山虔 外 校注 · 訳, 『源氏物語 2』, 小学館, 1996, p.380.

없는 그들은 이를 자신들의 처지를 딱하게 여겨 하늘이 점지해 주신 아이라고 생각한다. 노부부는 아이를 집으로 데려와 가구야히메라는 이름을 붙이고 애지중지 기른다. 가구야히메가 발견된 대나무밭에서는 많은 황금이 나와 노부부는 부자가 된다. 집으로 데려온 지 약 세 달이 지나자 절세미인으로 성장한 가구야히메는 수도 교토의 귀족들과 천황으로부터 구혼을 받는다. 그러나 가구야히메는 그들의 구혼에 난제를 과하여 모두 물리친다. 그 후 자신의 출생이 달나라라는 것을 알게 된 가구야히메는 보름달이 뜨는 8월 15일 밤, 만류하는 노부부에게 슬픈 이별을 고하고 달나라로 돌아간다는 줄거리이다.

11세기 초에는 모노가타리의 최고 걸작으로 평가받는 『겐지 모노가타리源氏物語』가 성립된다. 작자는 무라사키 시키부紫式部라는 여류작가로, 섭관정치의 전성기를 구가했던 후지와라노 미치나가의 딸인 이치죠一条 천황의 중궁 쇼시彰子를 모신 궁녀였다. 준수한 용모와 재능을 지닌 작품 속의 주인공 히카루 겐지光源氏는 후궁 기리쓰보桐壷와 천황 사이에서 태어난 왕자였으나, 왕족의 신분을 버리고 원源씨(겐지)라는 성을 하사받는다.

54장으로 구성된 『겐지 모노가타리』의 중심을 이루는 내용은 세 살 때 병약한 어머니를 여의고 외롭게 성장한 주인공 히카루 겐지의 많은 여성과의 사랑 편력, 부귀영화, 인간적인 고뇌, 그리고 말년과 죽음으로 이어지는 과정에 대한 묘사이다. 그러나 이 작품은 주인공 히카루 겐지의 죽음과 함께 대단원의 막을 내리는 것이 아니라, 아들 가오루薫와 손자 니오우미야匂宮로까지 이어진다. 히카루 겐지의 부모로부터 손자에 이르는 4대 70년에 걸친 이야기가 전개되는 것이다. 또한 『겐지 모노가타리』에는 히카루 겐지라는 한 인간의 사랑과 고뇌만이 아니라, 헤이안시대 왕실과 귀족사회의 부귀영화와 몰락, 권력투쟁 등이 잘 묘사되어 있다. 작품의 전체 분량은 200자 원고지로 환산하면 약 4,800매에 달하는 방대한 양이다. 등장인물도 약 430명에 이를 정도여서 장편소설이라기보다는 대하소설로 분류하는 것이 적절할 것이다.

『겐지 모노가타리』 54장 중 첫 번째 장은 주인공 히카루 겐지의 생모인 기리쓰보 고이更衣에 대한 이야기로부터 시작된다. 고이는 출신 성분에 따른 후궁의 지위를 나타내는 말이다. 주구中宮 아래 신분의 후궁이 뇨고女御이며, 그 아래 단계 후궁의 호칭이 바로 고이이다. 제1장 기리쓰보의 서두 부분을 보기로 하자.

어느 천황이 다스리던 시대였던가, 많은 뇨고女御나 고이更衣가 천황을 모시고 있었는데, 고귀한 가문 출신은 아니지만 각별하게 천황의 총애를 받는 기리쓰보桐壺라는 이름의 고이가 있었다. 처음부터 자신이야말로 천황의 총애를 차지할 것으로 자부하고 있던 뇨고들은 기리쓰보 고이를 눈꼴사납게 생각하여 업신여기거나 증오하였다. 더구나 기리쓰보 고이와 비슷하거나 더 낮은 신분의 고이들은 뇨고들보다도 더욱 분한 마음을 가라앉힐 길이 없었다. 기리쓰보 고이는 천황을 모시는 나날 속에서 그러한 후궁들의 마음을 심란하게 하여, 질투와 원한을 산것이 쌓이고 쌓인 탓인지, 심하게 병약해진데다 어딘지 모르게 마음이 불안하여 친정에 내려가 지내는 날이 많아졌다. 천황은 그런 기리쓰보 고이를 더욱 애처롭게 여겨서 사랑하는 마음이 깊어져 가기만 할 따름으로, 주위 사람들의 비난 따위는 전혀 아랑곳 하지 않고 세상에 화젯거리가

> 될 정도로 행동하였다. 조정의 고관들도 천황의 지나친 모습에 고개를 돌릴 만큼 기리쓰보 고이를 총애하였다.[13)]

『겐지 모노가타리』는 헤이안시대 가나 문학만이 아니라 시대를 초월하여 일본문학을 대표하는 최고 걸작으로 평가받고 있다. 일본의 문학연구자 중에는 이제까지 일본문학사에서 『겐지 모노가타리』를 능가하는 작품은 없었으며, 앞으로도 당분간 탄생하기 어려울 것이라고까지 단언하는 사람도 있다. 일본의 현대 작가 중에는 노벨문학상을 수상한 소설가가 두 명이나 배출되었음에도 불구하고 이러한 평가가 내려지는 것을 보면, 『겐지 모노가타리』가 일본문학에서 차지하는 비중을 미루어 짐작할 수 있는 것이다. 일본 문학의 최고봉, 고전문학 중의 고전이라는 『겐지 모노가타리』에 대한 평가는 수 백 명의 인물이 등장하는 70여 년 동안의 방대한 이야기라는 점뿐만이 아니라, 작품 속에 나타난 빼어난 소설적 허구 표현, 능숙한 심리묘사, 정교한 이야기 구성 등에 의한 것이기도 하다.

지은이의 생각이나 감정을 형식에 구애받지 않고 자유롭게 표현하는 문학 장르가 수필이다. 헤이안시대에 등장한 일본 최초의 수필문학 작품은 11세기 초에 성립된 『마쿠라노 소시枕草子』이다. 이 작품의 지은이인 세이쇼나곤清少納言 또한 여류작가로서, 이치죠一条천황의 중궁 데이시定子를 모시던 귀족 출신의 궁녀였다. 작자는 궁녀 생활 중의 경험이나 감상 등을 300여 편의 가나 문장으로 남겼다. 특히 세이쇼나곤의 자연과 인간에 대한 예리한 관찰과 생동감 넘치

13) 阿部秋生, 秋山虔 外 校注 · 訳, 『源氏物語 1』, 小学館, 1994, p.17.

는 감각적 표현은 이 작품의 문학적 가치를 높여 주고 있다. 일본문학사에서『마쿠라노 소시』는『겐지 모노가타리』와 함께 헤이안시대 여류문학의 쌍벽을 이루는 작품으로 평가되고 있다. 300여 편에 이르는『마쿠라노 소시』의 수필 중 사계절의 아름다움을 묘사한 한 작품을 감상해 보기로 하자.

봄날은 동틀 녘이 아름답다. 점점 훤해지는 산등성이는 약간 붉은 빛을 띠고, 보랏빛을 머금은 구름이 옆으로 길게 뻗어 있는 모습이 정취가 있다.

여름날은 밤이 아름답다. 달이 떠 있을 때는 말할 것도 없다. 어두운 밤 역시 많은 반딧불이가 어지럽게 나는 모습이 좋다. 또한 그저 한두 마리가 희미하게 빛나며 날아가는 것도 정취가 있다. 비가 내릴 때도 분위기가 있다.

가을날은 황혼녘이 아름답다. 석양빛이 산 능선에 걸쳐있을 무렵, 둥지로 돌아가는 까마귀 두세 마리, 서너 마리가 서둘러 날아가는 풍경 마저도 마음을 저민다. 게다가 열을 지어 날아가는 기러기 등이 아주 작아져가는 모습은 더욱 정취가 있다. 해가 완전히 저문 뒤 들려오는 바람소리, 벌레 소리 역시 말할 수 없는 운치가 있다.

겨울날에는 이른 아침이 아름답다. 눈 내리는 아침 풍경은 말할 것도 없다. 서리가 새하얗게 내리거나, 또는 그렇지 않더라도 아주 추운 아침에 서둘러 불을 지펴서, 숯불을 들고 집안을 오가는 모습도 겨울 아침에 어울린다. 낮이 되어 추위도 점점 누그러지면, 화롯불도 하얀 재가 많아져서 정취가 없어진다.[14)]

---

14) 松尾聡, 永井和子 校注·訳,『枕草子』, 小学館, 1999, pp.25~26.

이 수필은『마쿠라노 소시』의 가장 앞부분에 실려 있는 작품으로, 일본의 교과서에도 자주 소개되는 등 널리 알려져 있다. 지금으로부터 천여 년 전에 다른 나라의 한 여성이 사계절의 아름다움을 서정적으로 묘사한 글이지만, 21세기를 살아가고 있는 한국인도 충분히 공감할 수 있는 정서라는 생각이 든다.

헤이안시대에 새롭게 나타난 산문의 장르 중에는 가나로 쓰여진 일기문학도 있다. 일기문학이 성립되기 이전에도 일기는 물론 존재했었다. 관청에서 공적인 업무나 행사 등을 기록으로 남겨 두기 위해 작성한 일기가 그것이다. 이 경우의 일기는 당연히 한문으로 표기된 기록이었다. 공공기관만이 아니라 문자생활을 영위하는 귀족 계층의 개인들도 일상생활 속의 인상적인 일이나 이에 대한 소회 등을 일기에 기록하였다. 남성들의 일기는 한문일기였으며, 여성들의 일기는 가나를 사용하는 것이 일반적이었다. 그러나 사실 기록이라는 실용적인 목적을 지닌 이러한 일기들과는 궤를 달리하여, 주로 작자의 심경을 묘사하는 문학으로서의 가나 일기가 바로 헤이안시대에 처음으로 등장하는 것이다.

일기문학 작품의 효시는 935년 기노 쓰라유키紀貫之가 지은『도사 닉키土佐日記』이다. 도사는 오늘날의 고치高知 현에 해당하는 지역이다. 이곳의 지방장관으로 부임한 작자가 임기를 마치고 수도 교토로 귀경하기까지의 55일간의 여정을 날짜에 따라 써 내려간 기행문적인 일기문학이『도사 닉키』이다. 기노 쓰라유키는 이 작품에서 그때까지 사실의 기록 중심이었던 일기의 형식을 뛰어넘어 인간과 사회에 대한 시선, 도사에서 세상을 떠난 딸에 대한 마음, 귀경길 항해의 두려움 등 자신의 감정이나 상념을 가나문으로 잘 표현하였다. 기노 쓰라유키가 일기 속에서 자신을 여성 작자로 가장하여 표현하고 있다는 점도 『도사 닉키』의 커다란 특징 중의 하나이다. 기노 쓰라유키가 『도사 닉키』를 통하여 일기문학이라는 새로운 영역을 개척한 이후에는 『가게로 닉키蜻蛉日記』 『이즈미시키부 닉키和泉式部日記』 『무라사키시키부 닉키紫式部日記』 『사라시나 닉키更級日記』 등 유명한 가나 일기문학이 그 뒤를 잇는다. 특히 이들 일기문학의 작자는 모두 여성이었으며, 이를 통해서도 헤이안시대 여류문학의 비중을 짐작할 수 있다.

6) 여류 문인의 활약

헤이안시대의 문학에 가장 큰 영향을 끼친 것은 고유 문자인 가나의 발명과 보급이었다. 이제는 어려운 한자가 아니더라도, 자신들의 생각이나 감정을 손쉽게 표현할 수 있는 도구인 가나가 생겼기 때문이다. 가나는 발명 초기에 온나데女手, 온나모지女文字 등으로 불렸을 정도로 여성들 사이에서 널리 보급되었다. 이에 따라 자연스럽게 귀족 여성들 중에서 개성적인 가나 문장으로 문학적 재능을 발휘하는 문인들이 나타나게 된다.

그러나 헤이안시대에 여류 작가들이 두각을 나타낸 원인을 편리한 표현수단인 가나가 발명되었다는 문화적 요인으로만 볼 수는 없다. 또 다른 배경으로는 섭관제도라는 당시의 정치제도를 들 수 있다. 세도가 가문인 후지와라 씨 일족은 왕실과 외척관계를 맺고 섭정, 관백의 지위를 차지하여 최고 권력자로서의 실권을 휘두르기 위해 딸들을 왕실로 출가시킨다. 이때 자신들의 딸만 혼자 궁궐로 들여보내는 것이 아니라, 가까이서 딸들을 보살필 궁녀를 선발하여 함께 동행시킨다. 이러한 여성들은 대부분 교양과 학식을 갖춘 중류 귀족 출신의 재원이었다. 궁궐로 들어간 이들은 궐내에서 보고 들은 것에 상상력을 더하여 다양한 형태의 문학작품을 창작한다. 후지와라노 미치나가를 정점으로 하는 섭관제도의 전성기는 헤이안시대 중기에 해당한다. 따라서 이 시기는 여류작가의 활동이 가장 왕성한 때이기도 하였다.

헤이안시대의 여류작가들은 모노가타리, 수필, 일기문학, 와카 등 모든 장르에 걸쳐서 오늘날까지 고전으로 읽히고 있는 뛰어난 작품들을 남긴다. 그렇기 때문에 일본문학사에서 헤이안시대는 여류문학의 황금기로 평가되고 있다. 단순히 작가의 수나 작품의 양으로만 비교할 경우, 당연히 헤이안시대가 근대나 현대를 능가할 수 없을 것이다. 그럼에도 불구하고 이 시대를 여류문학의 황금기로 인정하는 것은 일본문학사에서 높은 가치를 지닌 문학적 성과가 헤이안시대 여성들에 의해 이뤄졌기 때문이다.

헤이안시대의 대표적인 여류작가로는 불후의 고전문학 『겐지 모노가타리源氏物語』나 『무라사키시키부 닉키紫式部日記』를 지은 무라사키 시키부紫式部, 『마쿠라노 소시枕草子』의 작자인 세이쇼나곤清少納言, 『이즈미시키부 닉키和泉式部日記』를 남긴 이즈미 시키부和泉式部日記 등을 들 수 있다.

7) 국풍国風문화의 형성

나라시대나 헤이안시대 초기에는 당나라 문화의 영향이 강하였다. 그러나 헤이안시대 후반기인 10세기에서 12세기 초가 되면 오랜 세월 동안 흡수해 온 당나라 문화의 색채가 차츰 약해지고, 일본의 독자적인 문화 양상이 나타나기 시작한다. 이러한 현상의 주요 원인으로는 아스카飛鳥시대인 630년부터 시작된 견당사제도가 당나라의 쇠퇴로 인하여 894년에 폐지되면서 대륙문화의 영향이 급격히 줄어든 점 등을 들 수 있다.

그리하여 교토의 귀족들은 이제까지 수입된 중국문화에 대한 소화와 융합을 통하여 일본의 풍토와 정서에 맞는 문화를 만들어 간다. 그동안 수입했던 중국식 당풍唐風문화에 대해 이러한 자신들의 문화를 국풍国風문화라 부른다. 한마디로 국풍문화는 당나라풍에서 일본풍으로 변용된 문화인 것이다. 그러므로 국풍문화 형성이 이제까지 주류였던 중국문화에 대한 부정이나 단절을 의미하는 것은 아니었다. 국풍문화를 주도적으로 이끌어간 주체는 후지와라 씨 일족을 비롯한 헤이안쿄 즉 교토의 귀족층이었다. 게다가 국풍문화의 번성 시기와 후지와라 씨 일족이 권력을 장악한 섭관정치 기간이 거의 동일하였으므로, 국풍문화를 후지와라문화로 부르기도 한다.

국풍문화의 영향은 종교, 미술, 문학, 풍속 등 다방면에 걸쳐서 나타난다. 종교에 있어서는 토착신앙인 신도와 외래 종교인 불교가 융합되는 신불습합神仏習合이 더욱 진행되며, 귀족들의 주택에는 일본적인 건축양식인 신덴즈쿠리寝殿造가 나타난다. 미술에서는 일본적인 회화인 야마토에大和絵가 발달하며, 그림과 이야기가 함께 묘사되는 두루마리 그림 에마키모노絵巻物도 활발해 진다. 또한 일본의 문자인 가나가 널리 보급됨으로써, 헤이안시대 초기에 융성했던 한시를 대신해서 일본 전통시 와카가 활발하게 지어지며, 이에 따라 905년에는 최초로 칙명에 의해 『고킨와카슈古今和歌集』라는 시집이 편찬되기도 한다. 그리고 수필, 일기문학, 모노가타리物語 등 이전에 없던 새로운 산문문학의 형태가 등장하여, 귀족 계층을 중심으로 자신들의 생각이나 감정을 가나로 표현한다.

8) 헤이안시대의 신앙

헤이안시대의 주된 종교는 불교였다. 이 시대의 불교를 대표하는 양대 종파는 헤이안시대 초기 당나라에서 공부하고 귀국한 두 사람의 유학승 사이초最澄(767~822)와 구카이空海(774~835)에 의해 전래된 천태종天台宗과 진언종真言宗이다. 천태종은 사이초가 806년에 교토 근교에 있는 산인 히에잔比叡山의 엔랴쿠지延暦寺라는 절을 거점으로 하여 개종開宗한다. 그 후로 엔랴쿠지는 일본의 유명한 승려를 다수 배출하여 일본 불교의 본산으로 불리게 된다. 이곳에서 수행한 명승으로는 일본 천태종의 기초를 다진 엔닌円仁(794~864), 정토종浄土宗의 개조開祖인 호넨法然(1133~1212), 정토진종浄土真宗의 개조인 신란親鸞(1173~1263), 임제종臨済宗의 개조인 에이사이栄西(1141~1215), 조동종曹洞宗의 개조인 도겐道元(1200~1253), 일련종日蓮宗의 개조인 니치렌

日蓮(1222~1282) 등 일본 불교사에 이름을 남긴 저명한 승려들이다. 이들은 천태종의 본산인 엔랴쿠지에서 수행을 하였으며, 후일 일본 불교의 새로운 종파를 열어 간다.

진언종은 사이초와 함께 헤이안시대의 불교를 발전시킨 명승 구카이空海가 806년 당나라로부터 귀국하면서 시작되었으며, 현재의 와카야마和歌山 현에 있는 고야산高野山 공고부지金剛峯寺라는 절을 중심으로 확립된다. 고야산의 공고부지는 히에잔의 엔랴지와 함께 헤이안시대 불교의 중심을 이루는 절이었다. 구카이는 사후에 당시의 다이고醍醐 천황으로부터 고보 다이시弘法大師라는 시호를 받는다. 오늘날까지도 일본에서는 다이시大師라고 하면 바로 고보 다이시 즉 구카이를 가리키는 대명사로 사용되고 있을 정도이다.

헤이안시대의 불교는 이처럼 뛰어난 명승들에 의해 발전하지만, 아직 일반 백성들 가까이서 그들의 어려움을 구제하는 본래의 역할과는 거리가 있었으며, 왕실이나 귀족 계층과 밀접한 관계를 유지하면서 융성한다. 이 시대의 지배 계층은 불교의 힘을 빌려서 재난이나 질병으로부터 자신들의 안전을 도모하고자 하였던 것이다. 또한 지배 계층의 일상생활은 불교만이 아니라 중국에서 전래된 음양도陰陽道에 의해 많은 영향을 받기도 하였다. 따라서 귀족들은 음양사陰陽師의 점괘를 절대적으로 신뢰하였다. 어떠한 일을 할 때도 재앙을 피하기 위해 음양도에 따라 길흉을 점쳤으며, 외출할 때도 길을 나서는 방위의 길흉을 따지기도 하였다. 만약 불길한 일이 일어나면 일상적인 행동을 자제하고 근신하면서 부정을 타지 않도록 조심하였는데, 이를 모노이미物忌라고 한다.

헤이안시대 후반에는 말법末法사상이 널리 퍼지면서 사람들은 현세現世의 불안감에 대한 해답을 불교에서 구하고자 하였다. 말법사상이란 석가모니가 열반한 후 2,000년이 지나면 사람들의 신앙심이 옅어지면서 세상은 어지러워지고 전염병, 기근 등의 천재지변이 일어난다는 주장이다. 당시 사람들은 1052년을 석가모니 입적 후 2천년에 해당하는 해로 간주하여, 이때부터 말법의 세상이 시작된다고 믿었다. 그리하여 나무아미타불南無阿弥陀仏을 지성스럽게 염불하면 서방 정토浄土에 있는 아미타불阿弥陀仏의 자비에 의해 다음 세상에서는 극락왕생極楽往生하게 된다는 정토신앙이 사람들 사이에서 확산되었던 것이다.

정토신앙 자체는 이미 아스카시대(6세기 말~710)부터 있었지만, 이처럼 융성해진 것은 이 시기에 유행한 말법사상 때문이었다. 특히 10세기 중엽의 승려 구야空也는 염불을 바탕으로 하는 정토신앙이 당시 사회에 본격적으로 퍼지는 데에 지대한 영향을 끼치기도 하였다. 사후의 극락정토에 대한 염원을 담은 정토신앙은 귀족들만이 아니라 헤이안쿄나 주변의 일반 백성들에게도 차츰 퍼져나간다. 그렇지만 일본에서 불교가 전국적으로 서민층에게까지 널리 보급되는 것은 헤이안시대 다음인 중세의 가마쿠라鎌倉시대 때부터이다.

한편으로 헤이안시대에는 불교와 일본 재래의 신기신앙神祇信仰의 융합이 이뤄지는 신불습합神仏習合의 경향이 본격적으로 나타난다. 신기신앙이란 외래종교인 불교가 전래되기 이전인 원시시대부터 일본에 있었던 자연발생적인 민간신앙으로, 일반적으로는 신도神道라는 명칭으로 불린다. 신도는 자연신이나 조상신이 주된 숭배 대상이었으며, 세상의 모든 사물에는 영혼이 깃들어 있다는 애니미즘 Animism의 성격을 지니기도 한다. 이 시대의 신불습합은 일본 신도의 특정한 신과 부처를 연결시켜서, 신도 신의 본래의 모습은 부처이지만, 일본에서는 부처의 모습을 감추고 신의 형상으로 나타났다고 하는 본지수적설本地垂迹説을 바탕으로 하여 이뤄졌다.

9) 헤이안시대 말기의 무사시대 서막

헤이안시대 중기부터 지방 호족들은 개간에 힘을 써서 사유지를 확장하면서 토지에 대한 권리를 강화한다. 토지를 개발한 지방 영주를 지토地頭라 부른다. 지토 중에는 토지에 대한 세금을 회피하기 위하여, 면세 특권을 지닌 세도가, 불교 사찰, 신사神社 등의 사유지인 장원荘園에 자신의 땅을 기증하고, 자신은 그 장원을 관리하는 장관荘官이 되어 세력을 떨치는 자도 있었다.

더 나아가 지방 각지의 호족들은 무예를 기르기 시작하였으며, 서로 경쟁하는 무사집단으로 발전해 간다. 무사집단의 우두머리는 대부분 지방장관인 국사国司(고쿠시)에 임명되어 수도 교토에서 임지로 내려간 후 현지에 그대로 터를 잡은 귀족들의 자손이었다. 그 중에서도 헤이안시대 말기의 대표적인 두 무사집단은 다이라平 씨와 미나모토源 씨 가문의 일족이었다. 다이라 씨는 주로 서일본 지역을 세력의 근거지로 삼고 있었으며, 미나모토 씨는 동일본 지역 중심으로 지배권을 확장하고 있었다.

수도 교토의 귀족들은 이러한 지방 호족들의 무예에 주목하여, 자신들의 신변 호위나 저택의 경비 등에 이를 이용하였으며, 조정에서도 지방의 무사들을 궁궐의 경비 등에 활용한다. 그러나 지방에서 발생한 무사단의 영향력이 사회적으로 부각되기 시작한 주된 계기는 헤이안시대 말기에 중앙에서 일어난 여러 정쟁이 이들의 힘에 의해 평정되면서부터이다.

당시의 여러 난 중에서도 무사단의 중요성이 실증된 것은 12세기 중반 수도 교토에서 권력투쟁으로 발생한 호겐保元의 난과 헤이지平治의 난이었다. 이 중에서도 무사 세력의 위상이 본격적으로 상승한 계기가 된 것은 호겐의 난이었다. 1156년에 일어난 이 난은 당시의 고시라카와後白河 천황과 스토쿠崇德 상황上皇 사이의 왕위 계승을 둘러싼 권력 다툼 때문에 일어났으며, 양측이 각각 미나모토源 씨와 다이라平 씨의 무사 세력을 정쟁에 끌어들여 이용한다. 두 세력은 당시 중앙 정계에까지 진출하여 신망을 모았던 무사집단이었다.

헤이안시대 말기와 가마쿠라시대 초기의 승려 지엔慈円(1155~1225)이 1220년에 지은 역사서 『구칸쇼愚管抄』에는 "이 난이 일어난 뒤로 무사의 세상이 된다"는 내용이 기록되어 있다. 호겐의 난에 대해 언급한 이 기록을 통해서 이제 정치도 무력을 가지고 하지 않으면 안 되는 시대가 되었다는 저자의 인식을 엿볼 수 있는 것이다.

호겐의 난 이후 미나모토 씨와 다이라 씨의 세력 투쟁이 격화되어 1159년에는 헤이지의 난으로 발전한다. 이 난에서 다이라 씨의 수장인 다이라노 기요모리平清盛(1118~1181)는 미나모토 세력의 우두머리인 미나모토노 요시토모源義朝(1123~1160)를 물리친다. 이로써 다이라 씨 세력은 가장 강력한 무사집단으로 대두된다.

이후 다이라노 기요모리는 무사 출신 최초로 조정의 최고 지위인 태정대신太政大臣에 오르며, 천황의 외조부가 되어 권력의 정점을 차지한다. 이로써 헤이안시대 말기인 이 시기에 일본 역사상 처음으로 무인정권이 성립되는 것이다. 그렇지만 20여 년 동안 하늘 높은 줄 모르고 승승장구하던 다이라 씨 일족의 권력과 부귀영화는 1185년에 미나모토 씨에 의해 막을 내리게 된다. 1180년부터 1185년까지 이어진 미나모토 씨와 다이라 씨의 권력싸움인 원평합전源平合戦에서 다이라 씨의 권력을 무너뜨리고 새로운 실권자로 등장한 것은 미나모토노 요리토모源頼朝(1147~1199)라는 무사였다.

10) 평씨平氏(헤이시) 정권과 원평합전源平合戦

헤이안시대 말기인 12세기 후반은 일본사회가 고대에서 중세로 전환해 가는 격동의 시기였다. 1159년에 일어난 헤이지平治의 난에서 경쟁 상대인 미나모토노 요시토모源義朝를 무너뜨리고 중앙 정계의 가장 강력한 무사세력으로 등장한 다이라노 기요모리平清盛는 정치권력을 장악한다. 1167년에는 무사로서 태정대신太政大臣에까지 오른 그는 교토 귀족들의 통치조직 속에서 자신의 권력을 강화해 간다. 그의 일족 또한 조정의 많은 요직을 독점하여 정치적 영향력을 강화하고, 수많은 장원을 차지하여 경제적으로도 막대한 부를 축적하면서 평씨平氏(헤이시=다이라 씨) 정권을 형성해 간다.

이에 수도 교토의 귀족 계층은 물론이고 지방 무사들 사이에서도 기요모리의 독단적인 정치와 일족의 급격한 세력 팽창에 대한 불만의 목소리가 높아진다. 그 결과 이들에 반대하는 무사들이 결집하여 평씨 정권에 대항하는 등 내란이 빈발하게 된다. 그 중에서도 가장 강력한 무사는 이즈伊豆에서 평씨 정권 타도의 기치를 들고일어난 미나모토노 요리토모源頼朝였다. 그는 헤이지의 난에서 다이라노 기요모리에게 패한 미나모토노 요시토모源義朝의 아들이었다. 헤이지의 난으로 일족이 멸망한 후 간토関東 지방의 이즈伊豆로 유배를 간 요리토모는 그곳에서 현지의 유력한 호족인 호죠 도키마사北条時政의 지원을 받아 재기에 성공한다. 요리토모는 짧은 시간 동안에 간토 지방 남부를 제압하여 가마쿠라鎌倉를 본거지로 삼고 당시 최고 실권자인 평씨 정권에 도전한 것이다. 가마쿠라는 후일 그가 일본 최초의 무인 통치기관인 막부幕府를 설치하는 곳이기도 하다.

미나모토노 요리토모가 다이라 씨 세력, 즉 평씨 정권을 상대로 한 싸움은 1180년부터 1185년까지 5년에 걸쳐 이어지는데, 일본 역사에서 이를 원평합전源平合戦(겐페이 갓센)이라 부른다. 합전合戦(갓센)이란 전투, 싸움이란 뜻이므로, 원씨源氏 즉 미나모토 씨와 평씨平氏 사이의 전쟁이라는 의미가 되는 것이다. 미나모토 씨 군사의 공격으로 열세에 몰린 다이라 씨 일족은 혼슈 서쪽 끝인 단노우라壇の浦까지 쫓겨 간다. 그러나 더 이상 물러설 곳이 없는 다이라 씨 일족은 이곳에서 바다에 투신하여 생을 마감한다. 이때에 다이라노 기요모리의 외손자이자 당시의 천황이었던 안토쿠安徳도 일곱 살의 어린 나이에 외할머니의 품에 안긴 채 함께 바다에 입수하여 짧은 생을 마친다.

안토쿠는 당대의 최고 권력자인 외조부 다이라노 기요모리의 정치력에 의해 생후 한 달 만에 세자에 책봉되었으며, 1180년 만 두 살도 되지 않은 나이에 왕위에 오른다. 당연히 실권은 후견인인 외조부 기요모리가 휘둘렀다.

다이라 씨 일족이 최후를 맞이한 단노우라는 현재의 야마구치山口현 시모노세키下関 시이며, 혼슈의 가장 서쪽에 위치해 있다. 1185년의 단노우라 전투를 끝으로 미나모토 씨가 원평합전에서 승리함으로써, 헤이안시대 말기인 1160년대에 다이라노 기요모리에 의해 시작된 평씨 정권은 20여 년 만에 끝나게 된다. 이와 함께 헤이안시대도 막이 내리고, 일본 역사에서 무사들이 본격적으로 통치권력을 장악하는 중세 가마쿠라시대로 넘어가게 되는 것이다.

5. 고대 일본인의 의식주

1) 고대의 의생활衣生活

고대 초기의 일본인이 어떠한 옷을 입고 생활했는가에 대해서는 기록이 없기 때문에 정확한 모습은 알기는 어렵다. 그렇지만『고사기古事記』『일본서기日本書紀』등 고대 문헌 속에 등장하는 인물의 복장 묘사에 관한 기록을 통하여 고대인의 의생활을 추정할 수 있다. 이에 의하면 당시 사람들은 하의下衣로 허리부분에 폭이 넓은 한 장의 삼베로 된 천을 감았으며, 상의上衣로는 머리 부분에 구멍을 뚫은 한 장의 천을 뒤집어쓰고 허리를 삼베 끈으로 묶었을 것으로 추측된다. 그 후 상의는 기다란 원통 모양의 소매가 달린 형태로 변화하며, 그 소매를 끈으로 죄어서 조절하였다. 또한 하의는 헐렁한 바지 모양의 하카마袴를 입고 무릎 부분에서 끈으로 조였다. 두발의 모양은 양쪽 옆으로 묶는 형태로서 미즈라라고 하였으며, 그 외에 목걸이와 허리띠 등으로 몸을 치장하기도 하였다.

이 시기 여성들의 복장 또한 앞에서 말한 문헌이나 하니와埴輪 등의 유물을 통해서 추정되고 있을 따름이다. 하니와는 고대 일본인들이 흙으로 사람이나 동물의 형상을 빚어서 고분에 장식했던 장식물이다. 이러한 자료나 유물에 의하면 당시의 여성들은 줄무늬의 천을 허리에 감고, 그 위에 상의에 해당하는 천을 걸치며 위, 아래 두 군데를 끈으로 묶었다 한다. 또한 천으로 된 띠를 앞에서 묶고, 폭이 넓은 멜빵 같은 것을 걸친 모습이었으리라 추정되고 있다. 얼굴은 빨간 흙으로 화장하고, 귀걸이와 목걸이로 장식하였을 것으로 추정된다.

그 후 6세기경이 되면 한반도 및 중국과의 교류가 활발해져 여러 가지 새로운 문물이 일본열도에 전래된다. 이에 따라 이 시대의 복장에 있어서도 획기적인 제도가 확립된다. 즉 관위십이계冠位十二階 제도의 실시에 따라 관리들의 지위에 맞춰서 머리에 쓰는 관冠이나 복장의 색깔이 정해지게 된다. 당시의 관은 두건頭巾이라고도 하였으며, 자루 모양으로 만든 면이나 명주에 테두리를 붙이고 머리에 쓴 것이 그 시초이다.

이처럼 관위제도는 머리에 쓰는 관이나 복장의 색깔로 지위를 나타내는 것으로서, 보라색이 최고위였으며 파랑, 빨강, 노랑, 흰색, 검정의 순서에 따라 착용자의 지위를 표시하였다. 보라색 관은 덕관德冠이라 하여 금장식이 되어 있었으며, 인관仁冠이라고도 불리는 파랑색 관에는 표범 장식이 되어 있어서 지배계급의 존엄을 나타내고자 했다. 그러나 7세기 후반 덴무天武 천황 때에 명주에 옻칠을 발라 빳빳하게 하여 만든 관을 신분에 관계없이 쓰게 된다. 이러한 관은 이후 에보시烏帽子라는 형태로 발전해 가며, 아스카飛鳥시대, 나라奈良시대의 복장에 있어서 빼놓을 수 없는 것이 된다.

또한 의복은 예복礼服, 조복朝服, 제복制服의 세 종류로 정해지며, 지위에 따라 디자인, 옷감, 무늬 등에 차이가 있었다. 예복은 천황의 즉위 의식을 비롯하여 조정의 신년하례 등의 공식적인 의식이 있을 때 5위位 이상의 고관에게만 허용되었던 복장이었다. 조복은 관리가 조정에 근무하러 나갈 때 입는 평상시의 예복이다. 이 시기에는 당나

헤이안시대 여성의 예복 주니히토에

라 문물에 대한 모방이 주류를 이루었지만, 그 후 차츰 변화하여 헤이안平安시대 말기에는 일본 고유의 복장으로 정착하게 된다. 제복은 관리가 아닌 사람이 조정의 공적인 업무를 수행할 때에 입는 복장을 가리킨다.

헤이안시대가 되면 조정의 의례 형식도 서서 행하는 입례立礼에서 자리에 앉아서 진행하는 좌례座礼로 바뀌어 간다. 복장에 있어서도 남녀 모두 소매의 폭이 넓어지며, 소매 길이나 기장도 커지고 우아하게 변화하여, 일본의 독특한 복장의 기본 형태가 확립되어 간다. 그것이 바로 남성의 소쿠타이束帯이며, 여성의 주니히토에十二単이다. 소쿠타이는 원래 나라시대에 조복으로 착용되었으나 헤이안시대에는 주된 예복 차림이 되는 것이다. 남성의 이러한 소쿠타이에 해당하는 여성의 예복 정장이 주니히토에이다. 이것은 신덴즈쿠리寝殿造 주택에서 생활하는 귀족 여성의 우아한 복장으로서, 햐쿠닌잇슈百人一首 등의 고대시가에 주로 등장하는 여성의 모습이기도 하다.

2) 고대의 식생활食生活

고분古墳시대에는 활발하게 이뤄진 한반도 및 대륙과의 교류로 인하여 일본에 불교, 유교 등이 전래된다. 고분시대에 일본 최초로 고대국가의 형태를 갖춘 야마토大和조정은 한반도 문화의 수입만이 아니라, 수나라나 당나라로부터도 견수사遣隋使, 견당사遣唐使 등의 제도를 통하여 선진 문화를 받아들였다. 이러한 문화가 고대 일본의 정치, 경제, 문화 등 모든 영역에 걸쳐 큰 영향을 미쳤다는 것은 주지의 사실이다. 이로 인하여 나라奈良시대가 되면 수도인 헤이죠쿄平城京를 중심으로 교통의 발달, 불교문화의 융성, 산업의 발달 등이 두드러지게 나타나며, 그 결과 귀족계급은 더욱 부유해지며 사치스러운 당나라 풍의 생활을 즐기게 된다. 나라시대의 이러한 귀족계급 사회의 확립은 식문화에도 영향이 나타난다.

당시의 귀족계급은 호화로운 당나라풍 음식을 받아들였을 뿐만 아니라 쌀을 상시로 먹을 수 있었다. 이에 비해 서민계층은 쌀을 자유롭게 먹을 수 없었기 때문에 주로 잡곡을 주식으로 하고 있었다. 이처럼 이 시대에는 귀족과 서민 사이의 식문화에 확연한 차이가 나타난 것이 특징 중의 하나라 할 수 있다.

6세기 전반에 일본에 전래된 불교는 지배계층 사이에서 점차 퍼지게 된다. 특히 나라시대에는 불교문화가 절정에 이를 뿐만이 아니라, 정치와도 관계가 밀접해져 불교의 가르침은 백성들의 일상생활을 규정하기까지에 이르렀다. 그뿐만 아니라 이러한 불교의 영향은 당시의 식생활에 있어서도 나타나게 된다. 그것은 다름 아닌 살생을 금하는 불교의 가르침으로 인하여 죠몽繩文시대부터 이어져 온 일본인의 육식 습관에 변화가 생긴 것이다. 이로 인하여 겐쇼元正(715~724 재위) 천황, 쇼무聖武(724~749 재위) 천황, 고켄孝謙(749~758 재위) 천황 등 나라시대의 여러 천황들은 육식을 금지하는 금령禁令을 내리기도 한다.

그러나, 오랜 옛날부터 육식에 익숙해져 온 서민들에게 있어서 이러한 금령은 별 효과가 없었다. 왜냐하면 화려하게 꽃을 피운 나라시대의 불교는 일반 서민들과는 거리가 먼 귀족 계층의 신앙에 지나지 않았기 때문이었다. 따라서, 조, 수수 등 잡곡을 주식으로 하고 있었던 서민들은 필요에 따라 산이나 들판의 짐승을 수렵하여 육식을 계속한다. 이러한 연유로 육식을 금기시하는 풍습은 상류 귀족계급 사이에서 서서히 시작되었던 것이다.

그 후, 육식을 금기시하는 귀족들의 식생활의 결함을 보충하는 식품이 등장하는데, 그것이 바로 우유 및 이를 가공한 유제품이었다. 일본에서 최초로 우유를 채유한 것은 아스카飛鳥시대의 고토쿠孝德(644~654 재위) 천황 때의 일이었다. 『신센쇼지로쿠新撰姓氏録(신찬성씨록)』라는 문헌의 기록에 의하면, 고토쿠 천황 재위 때에 중국에서 도래한 선나善那라는 사람이 우유를 짜서 천황에게 바치자 천황이 크게 치하했다는 내용이 전해지고 있다. 이 기록으로 볼 때 우유나 유제품 제조기술은 일본 고유의 것이 아니라 중국으로부터 전래되었다는 사실을 알 수 있다.

이후 아스카시대 말기와 나라시대의 조정에서는 젖소의 사육과 번식에 힘을 기울이며, 나라에서 관리하는 목장을 만들기도 한다. 이렇게 사육된 젖소로부터 상당한 양의 우유를 생산할 수 있었으며, 왕실에서 하루에 마셨던 우유의 양은 오늘날 일본인 한사람이 매일 마시는 우유의 평균량보다도 많았을 것으로 추정되고 있다. 우유를 마실 수 있는 특권은 왕실뿐만이 아니라 점차로 귀족계층, 더 나아가서는 지방의 부유층에게까지 퍼진다. 이처럼 우유를 섭취함으로써 불교의 가르침에 따라 육식을 금기시 했던 귀족 계층은 영양을 보충할 수 있었던 것이다.

고대 일본인이 가까이 했던 식품 중의 하나로 발효식품을 들 수 있다. 당시의 발효식품은 크게 두 가지로 나눌 스 있는데 장류와 주류가 그것이다. 장류는 곡물, 야채, 생선, 육류 등을 발효시켜 소금을 첨가한 것이다. 곡물을 발효시킨 것은 오늘날의 간장이나 된장의 시초라 할 수 있으며, 야채를 발효시킨 것은 일본식 김치에 해당하는 쓰케모노漬物의 원형이라 할 수 있다. 또한 생선이나 육류를 발효시킨 것은 젓갈이나 생선초밥 즉 스시의 시초라 할 수 있다.

고대 일본사회에는 쌀을 주식으로만 사용한 것이 아니라, 발효시켜 술을 담그는 풍습이 일찍부터 있었다. 그렇지만 초창기의 술은 찹쌀을 사용하여 하룻밤 정도만 발효시킨 것으로서 오늘날의 감주甘酒(아마자케)와 유사한 것이었다.

또한 이 시기의 술은 인간의 흥을 돋구어 주고 애환을 달래 주는 기호식품만이 아니라, 신에게 제사지낼 경우나 경축행사가 있을 때에 사용하는 의식용 식품이기도 하였다. 이처럼 초기의 술은 주로 종교적인 의례나 행사 때에 주로 사용되었는데, 한반도로부터 도래한 기술자에 의해 성분이 높은 술이 만들어지게 된다. 당시의 술은 쌀만을 재료로 한 것이 아니라 조, 수수 등의 잡곡을 원료로 하여 빚기도 하였는데, 이러한 잡곡주는 주로 서민층이 즐겨 마셨다.

헤이안平安시대 초기에는 여전히 중국문화의 수입이 왕성하였으나, 중 · 후반으로 접어들면 후지와라藤原 씨를 중심으로 한 귀족문화가 절정에 달하며, 화려하고 우아한 일본풍 문화가 전개되어 자리를 잡는다. 이러한 경향은 음식문화에도 영향을 끼치게 되는데, 이제까지 내려오던 음식문화를 바탕으로 하여 이 시기에 일본요리의 기본이 형성된다.

나라시대에 이어서 살생금지 사상은 더욱 널리 퍼지게 되며, 그 결과 귀족계층의 식탁에서 동물성 식품, 특히 들짐승이나 산짐승을 재료로 한 음식은 사라지며, 이 풍습은 먼 뒷날까지 이어지게 된다. 또한 불교사원의 생활양식이 귀족계층에게까지 영향을 미쳐 이 시기에는 의식적儀式的 식사예법이 나타났으며, 이것은 후세의 무사계층이나 서민들의 식생활의 모범이 되기도 한다. 그러나 이 시기에도 지방에 사는 대부분의 서민들은 아직 불교사상에 의한 살생금기의 계율을 알지 못하였다. 따라서 들이나 산에 뛰어다니는 짐승들은 여전히 그들에게 동물성 단백질을 공급해 주는 뛰어난 식품으로 이용되었다.

3) 고대의 주거생활

각지의 고분시대 유적지에서 발굴된 고상식 건물형태의 하니와埴輪를 통해서, 야요이시대에 이어 이 시대에도 고상식 주거가 많이 있었음을 알 수 있다. 하니와란 점토를 재료로 하여 만든 각종 사물이나 동물, 사람 등의 인형으로서, 고분의 정상이나 주변에 세운 장식물이었다. 그렇지만, 이 시대에 고상식 주거에서 생활했던 사람들은 주로 지배계층이었으며, 일반 서민들은 여전히 수혈식 주거나 평지 주거에서 살았던 것으로 추측되고 있다.

도다이지東大寺의 쇼소인正倉院에 전해지는 사료 등에 의해 나라시대 관리들은 평지 주거에서 생활하였을 것으로 추측되고 있다.

헤이안시대 상류계층의 주거 양식은 신덴즈쿠리寢殿造이다. 신덴즈쿠리란 주택의 중심부에 모야母屋 또는 신덴寢殿이라 불리는 본채를 배치시키고, 좌우대칭을 이루도록 양옆과 북쪽에 히사시庇라 불리는 별채를 배치한 구조를 말한다. 신덴과 히사시는 서로 복도를 통하여 연결되어 있으며, 신덴은 벽과 문으로 이뤄진 폐쇄적인 부분과 기둥과 기둥 사이에 아무 것도 없는 개방적인 부분으로 나뉘어진다. 폐쇄적인 공간은 침실로서, 누리고메塗籠 또는 요루노오토도夜御殿라 불리며, 개방적인 부분은 낮 동안의 생활공간이다.

당시 사람들이 신덴에서 생활하는 모습은 헤안시대의 일기문학이나 모노가타리物語문학 등의 작품에 자주 등장한다. 특히 규모가 큰 신덴즈쿠리 주택에는 집안의 남쪽에 연못과 정원이 만들어져 외부로부터 물을 끌어들이거나, 집안에 샘을 파서 물을 채우기도 하였다. 헤이안시대 후기가 되면, 신덴의 좌우에 히사시를 배치하여 대칭을 이루었던 구조에서 어느 한쪽을 생략하여 좌우대칭 구조가 허물어지는 형태도 등장하기 시작한다.

이 시대에는 상류계층의 생활공간에 다타미를 까는 것이 일반

적이었다. 그 후 중세에는 작은 방의 경우에는 공간 전체에 다타미를 깔지만, 넓은 방의 경우에는 가운데 부분을 비워 두고 방 둘레에만 다타미를 까는 이른바 오이마와시지키追回し敷き가 나타난다. 또한 중세 후반인 무로마치室町시대가 되면, 점차로 슈덴主殿 등 주요한 공간에는 전체적으로 다타미를 깔며, 신분에 따른 상하관계를 나타내기 위해 다타미 1~2장을 그 위에 더 깔아서 다른 부분보다 높게 하기도 하였다.

헤이안시대 귀족의 주택 양식 신덴즈쿠리 모형

III

중세中世의 문화

일본의 중세는 가마쿠라鎌倉시대(1185~1333), 남북조南北朝(난보쿠쵸)시대(1336~1392), 무로마치室町시대(1392~1467), 전국戦国(센고쿠)시대(1467~1573), 아즈치모모야마安土桃山시대(1573~1603)로 분류된다. 아즈치모모야마시대를 근세로 넣는 경우도 있으나, 시대의 성격상 중세로 분류하는 것이 더 적절하다.

1. 가마쿠라鎌倉시대

헤이안시대 말기의 두 유력 무사집단의 패권 다툼인 원평합전에서 승리한 미나모토노 요리토모가 자신의 세력 근거지인 가마쿠라에 막부를 설치한 1185년부터 막부가 멸망한 1333년까지의 약 150년 동안을 가마쿠라시대라 부른다. 일본사의 시대구분에 의하면 이때부터를 중세中世로 분류한다. 이제까지 세상을 움직이는 주인공은 귀족 계급이었다. 그러나 중세부터 그 주역은 무사 계급으로 바뀌게 된다. 무사라는 뜻의 일본어 '사무라이'의 어원은 '윗사람을 곁에서 모신다'는 의미를 지닌 '사부라우'의 명사형 '사부라이'가 '사무라이'로 변한 것이다. 한자 표기는 시侍(모실 시)로 적고 '사무라이'로 읽는다. 무사들이 모시는 윗사람이란 당연히 교토의 귀족 계층이었다. 그런데 중세부터 대변혁이 일어난 것이다.

우리나라에서도 역사적으로 문신들에 비해 무신들은 천대를 받았다. 그런데 고려시대 때인 1170년 이의방, 정중부를 비롯한 무신들이 실권을 장악하는 무신정권이 들어선다. 우연하게도 일본에서 무사계급이 통치권을 장악하는 시기와 거의 동일하다. 다만 고려시대의 무신정권은 이후 약 100년 만에 붕괴되지만, 일본의 무인통치는 가마쿠라시대부터 19세기 후반 메이지유신이 일어날 때까지 무려 700년 가까이 이어진다.

가마쿠라시대의 출발 시기에 대해서는 미나모토노 요리토모가 쇼군에 임명된 1192년으로 보는 견해도 있다. 그러나 막부가 설치된

1185년부터 그에 의한 무인통치가 실질적으로 이뤄졌기 때문에 이때로 보는 것이 더 적절하다. 가마쿠라라는 시대 명칭은 막부가 설치된 도시의 지명에서 유래되었다. 그 지명은 현재까지 그대로 사용되고 있으며, 간토関東 지방의 가나가와神奈川 현 가마쿠라鎌倉 시가 이에 해당한다.

가마쿠라시대에는 일본 역사상 최초로 무인들의 통치기관인 막부가 설치되고 쇼군将軍(장군)이라는 실권자가 등장함으로써, 본격적인 무인정치가 제도화 된다. 이 시대에 처음으로 등장한 막부 및 쇼군은 일시적으로 중단된 적은 있지만, 이후 19세기 후반 메이지유신이 일어날 때까지 700년 가까이 지속된다. 섬나라인 일본은 지리적 특성상 가마쿠라시대 이전까지 외침을 받은 적이 없었다. 그러나 이 시대에 처음으로 원元나라의 침략을 받으며, 이는 1333년 가마쿠라 막부가 멸망하는 계기가 되기도 한다.

6세기 초 백제에서 전래되어 아스카, 나라, 헤이안시대를 거치는 동안 지배 계층의 전유물이었던 불교는 가마쿠라시대로 들어와 백성들 사이에서도 확산되기 시작한다. 사회불안과 말법사상이 널리 퍼지면서 새로운 불교가 서민들에게 수용된 것이다.

이 시대의 문예는 전란이 빈번한 시대상이 반영되어 군키모노가타리軍記物語라는 모노가타리의 새로운 영역이 확립되기도 한다. 군키모노가타리는 전란을 소재로 하는 모노가타리 문학이다. 그렇지만 이 시대의 군키모노가타리는 단순한 전쟁 이야기가 아니라, 계속되는 전란 속에서 인간이 느끼는 무상無常을 주제로 하고 있다는 특징을 지닌다. 또한 혼란스러운 시대 상황 속에서 현실사회를 떠나 자연을 벗 삼아 생활하는 은둔자들은 수필문학을 통해 난세를 관찰하는 뛰어난 작품을 남기기도 한다. 은자隱者문학으로 불리는 이러한 수필작품에서 작자가 나타내고자 한 것 또한 인간 세상의 부귀영화와 권력은 부질없는 것이라는 불교적인 무상관이었다.

1) 무인정권의 막부幕府 설치와 쇼군將軍의 등장

헤이안시대에서 가마쿠라시대로의 전환은 단순히 고대古代에서 중세로 바뀌는 것 이상의 커다란 의미를 지닌다. 가마쿠라시대의 출발은 그 이전의 천황 중심 귀족정치에서 본격적인 무인武人정치로 통치시스템이 변환되는 대변혁이었기 때문이다. 무인정권은 헤이안시대 말기인 1160년대에 다이라노 기요모리平清盛에 의해 일본 역사상 최초로 막이 오른다. 그렇지만 다이라노 기요모리는 교토 귀족들의 통치기구인 조정에서 최고 지위인 태정대신太政大臣에 올라 막강한 권력을 휘둘렀으며, 천황의 외조부로서 실권을 장악하는 등 무사 신분임에도 불구하고 귀족화 하는 경향이 있었다.

그러나 원평합전源平合戦에서 승리하여 새롭게 권력을 장악한 미나모토노 요리토모源頼朝는, 1185년에 수도 교토에서 동쪽으로 멀리 떨어진 가마쿠라에 무인정권의 통치기관인 막부幕府(바쿠후)를 별도로 설치하고, 독자적인 무가정권의 기반을 굳힌다. 그리고 7년 후인 1192년에는 막부의 최고 실권자인 쇼군將軍에 임명되어 명실상부한 무인통치 시대를 본격적으로 열어간다.

막부의 고전적 의미는 출정 중인 장수가 전쟁을 지휘하는 군막軍幕을 뜻하는 것이지만, 일본에서는 무인정권의 통치기관 명칭으로 사용되었다. 쇼군은 세이다이쇼군征夷大将軍(정이대장군)의 약칭이다. 오랑캐를 정벌하는 대장군이라는 의미의 세이다이쇼군이라는 직함의 기록상 초견은 나라시대(710~794)이다. 당시 조정에서는 도호쿠東北 지방의 변경 지역을 침범한 무리들을 에미시蝦夷라 하여 오랑캐로 취급하였다. 이들을 정벌하기 위해 조정에서는 군사를 파견하였는데, 지휘하는 장수를 세이다이쇼군이라 불렀다. 이러한 세이다이쇼군이 가마쿠라시대에는 무인정권의 최고통치자를 의미하게 되었으며, 그 최초가 바로 미나모토노 요리토모인 것이다.

미나모토노 요리토모가 정치, 경제, 문화의 중심지인 수도 교토에서 동쪽으로 멀리 떨어진 변방을 무인통치의 본거지로 삼은 것은 조정과는 거리를 두고 무인정권의 독자성을 내세우기 위한 의도도 있었지만, 더 큰 이유는 가마쿠라를 비롯한 간토関東 지방에 그의 세력 기반이 있었기 때문이었다. 미나모토노 요리토모는 헤이안시대 말기인 1159년에 일어난 헤이지平治의 난에서 다이라노 기요모리에게 패한 미나모토노 요시토모源義朝의 아들이다. 그는 일족이 멸망한 후 간토 지방 이즈伊豆로 유배되지만, 그곳에서 유력한 호족 호죠 도키마사北条時政의 지원을 받게 된다. 그리고 도키마사의 딸 마사코政子와 결혼까지 하면서 호죠 씨 세력의 도움으로 재기의 힘을 키워온 것이다.

이러한 연유로 미나모토노 요리토모가 천하를 제패한 가마쿠라시대 초기에 막부의 통치권이 미치는 지역은 주로 동일본東日本 지방 중심으로 한정되어 있었다. 이와는 달리 수도 교토를 비롯한 긴키近畿 지방과 서일본西日本 지방은 여전히 조정의 지배하에 놓여 있었다. 즉, 가마쿠라시대 초기에는 귀족정권과 무인정권이 일본을 양분하여 각각 통치권을 행사하는 이중적인 지배체제가 존재했다 할 수 있는 것이다.

그러나 1221년에 발생한 죠큐承久의 난을 계기로 가마쿠라 막부는 서일본 지방까지 지배력을 확대함으로써 전국적인 통치권을 확보하게 된다. 죠큐의 난이란 당시의 고토바後鳥羽 상황上皇이 막부를 타도하고 조정의 통치권을 회복하기 위해 가마쿠라 막부를 상대로 하여 수도 교토에서 군사를 일으킨 사건이다. 이에 가마쿠라 막부는 19만 명의 대군을 이끌고 상경하여 난을 진압하고 고토바 상황을 오키隠岐 섬으로 유배시킨다. 죠큐의 난 승리를 계기로 막부는 조정에 대한 감시를 강화하였으며, 그때까지만 해도 조정의 영향력이 강했던 서일본 지방까지 자신들의 직접적인 지배하에 두게 된다. 이로써 조정의 실권은 완전히 실추되고, 세상은 명실상부하게 무인통치의 시대로 변하게 된다.

미나모토노 요리토모(1147~1199)에서 시작된 가마쿠라 막부의 쇼군은 그가 세상을 떠난 후 아들 요리이에頼家가 2대 쇼군 자리를 세습한다. 그러나 절대권력자 요리토모가 사라지자 실권을 장악한 사람은 그의 장인이자 2대 쇼군의 외조부인 호죠 도키마사(1138~1215)였다. 도키마사는 자신의 권력 강화를 위해 2대 쇼군 요리이에를 몰아낸다. 그리고 요리이에의 친동생으로 열두 살 된 미나모토노 사네토모源実朝를 3대 쇼군 자리에 앉히고, 자신은 싯켄執権이라는 관직에 올라 가마쿠라 막부의 실제적인 권력을 독점한다. 그렇지만 3대 쇼군이 1219년에 암살됨으로써, 미나모토源 씨 가문의 가마쿠라 막부 쇼군은 3대에서 종지부를 찍게 된다. 이후 가마쿠라막부에서는 교토의 섭관가 귀족이나 왕족을 쇼군으로 맞이한다. 그러나 이들은 이름뿐인 통치자에 지나지 않았으며, 실제적인 권력은 1333년 가마쿠라 막부 멸망 때까지 호조北条 씨 가문에서 대를 이어 장악한다.

가마쿠라시대에 최초로 시작된 막부 및 쇼군 제도는 아즈치모모야마 시대 등 일시적으로 폐지된 시기도 있었지만, 이때부터 에도江戸 막부가 멸망하고 메이지유신이 일어나는 19세기 후반까지 약 700년 가까이 지속된다.

2) 무가武家사회의 문화 기조

가마쿠라시대부터 세상을 움직이는 주역은 무사로 바뀐다. 그러나 무사들의 문화적 소양은 일반적으로 낮았기 때문에 독자적인 문화를 창출하는 수준에는 아직 달하지 못하였다. 따라서 가마쿠라시대 초기에는 여전히 교토의 귀족들이 문화 활동의 주체적인 역할을 맡을 수밖에 없었다. 이후 시간이 흐름에 따라 차츰 무가의 문화가 귀족문화를 흡수하여 이를 독자적으로 전개해 가게 된다.

무사문화의 기조는 주종主従도덕이었다. 가마쿠라 막부의 최고 권력자인 쇼군과 무사들의 관계는 이를 바탕으로 하여 성립되어 있었다. 쇼군의 휘하에 속해 있는 무사들을 고케닌御家人이라 하였다. 가마쿠라 막부 초대 쇼군 미나모토 요리토모의 고케닌은 대부분 동일본 지방을 세력 근거지로 하는 무사들이었다. 이들은 쇼군으로부터 각 지방에 영지를 부여받았으며, 그 지역의 군사적, 행정적 지휘권을 갖는 슈고守護라든가 장원莊園의 관리 책임을 맡는 지토地頭라는 벼슬자리에 임명된다. 영지와 관직을 받은 고케닌은 그 대신 쇼군의 명령에는 절대복종해야 했으며, 전쟁이 일어나면 쇼군을 위해 목숨을 바쳐 충성해야 하는 의무가 있었다.

즉 쇼군은 고케닌에게 영지와 관직을 부여하고, 고케닌은 쇼군에게 복종과 충성의 의무를 지니는 계약적인 주종관계가 가마쿠라시대에 형성되는 것이다. 이와 같은 주종관계를 바탕으로 하는 사회제도가 바로 봉건제도이다. 따라서 일본에서는 일반적으로 이 시기부터 시작되어 1867년 에도江戸 막부가 멸망할 때까지 지속되는 무인통치시대를 봉건시대로 구분한다.

봉건적인 무사 사회에서는 주종관계의 질서를 깨뜨리는 죄가 가장 무거웠다. 무사들이 자신들에게 부여된 영지를 지키고, 주종도덕을 실천해 가는 데 있어서 무武는 매우 중요시되는 요소였다. 그래서 무사계급은 유년시절부터 궁술弓術이나 마술馬術 등 무예의 수련에 힘을 기울여야 했다.

3) 새로운 불교의 유행

전란이 끊임없이 이어지는 혼란스러운 사회 분위기 속에서 가마쿠라시대 사람들은 정신적인 위안과 희망을 종교에서 구하였다. 그리고 그 종교는 6세기 초반에 백제에서 최초로 전래된 이래 긴 세월 동안 일본의 주류사회에 큰 영향을 끼쳐 온 불교였다. 특히 가마쿠라시대는 서민들에 대한 불교의 포교가 처음으로 이뤄지기 시작한 시기이다. 이에 따라 불교는 종래의 왕실이나 귀족 등 지배 계층 중심의 신앙에서 탈피하여, 백성들의 삶 속으로 퍼지기 시작한다. 또한 이 시대의 불교는 아스카시대, 나라시대, 헤이안시대에 융성한 기존 불교를 계승하는 데에 그치지 않고, 시대적인 상황에 부응하여 새로운 종파가 발생하기도 한다.

헤이안시대(794~1185) 말기에 정토종浄土宗을 개종開宗한 호넨法然의 제자 신란親鸞은 스승의 가르침을 발전시켜 정토진종浄土真宗을 새롭게 개종하여 널리 확산시킨다. 그는 단 한 번이라도 마음에서 우러나는 염불을 한다면 인간은 반드시 구원 받을 수 있으며, 악인일지라도 자신의 죄를 자각한다면 아미타불阿弥陀仏에 의해 구원된다고 설파한다.

가마쿠라시대 중기인 13세기 후반의 승려 잇펜一遍은 시종時宗을 개종한다. 그는 전국을 돌면서 염불만 열심히 하면 누구든지 극락왕생 할 수 있다고 포교한다. 특히 잇펜은 춤을 추면서 염불하기를 권장하는 오도리 넨부쓰踊念仏 포교로도 유명하였다. 그의 포교는 가난하고 글도 읽지 못하는 서민이나 하급 무사들로부터 큰 호응을 받는다. 니치렌日蓮은 13세기 중엽에 일련종日蓮宗을 개종한다. 일련종에서는 불교의 여러 경전 중에서도 법화경法華経을 중시하여, 나무묘법연화경南無妙法蓮華経이라는 주문을 소리 내어 외치면 모든 사람들이 행복해진다고 설파한다. 나무묘법연화경은 법화경의 가르침에 귀의한다는 의미이다.

또한 이 시대에는 중국 송宋나라 유학을 다녀온 승려들에 의해 선종禅宗이 일본에 전래되기도 한다. 선종은 좌선을 통한 수행으로 깨달음의 경지에 다다를 수 있다고 하는 불교 종파이다. 선종에서는 염불을 통해 인간이 구원 받는 것은 타력他力에 의한 것이지만, 좌선 수행으로 깨달음의 경지에 이르는 것은 자력自力에 의한 구원이라는 점을 강조한다. 선종에 속하는 종파로는 에이사이栄西가 개종한 임제종臨済宗과 도겐道元에 의해 개종된 조동종曹洞宗이 있었다. 선종은 엄격한 수행법이 무사계급에게 선호되어 가마쿠라 막부로부터 보호를 받기도 하였다.

가마쿠라시대의 이러한 새로운 불교 종파 중 정토진종, 시종, 일련종 등은 기존의 불교를 계승, 발전시킨 것이다. 이를 개종한 승려들도 모두 천태종天台宗의 본산인 히에잔比叡山 엔랴쿠지延暦寺에서 수행을 쌓은 승려들이다. 이에 비해 임제종과 조동종은 이 시기에 중국에서 새롭게 수입된 종파였다.

이 시대에 나타난 새로운 경향의 불교를 가마쿠라 신불교新仏教라 하며, 앞에서 언급한 정토종부터 조동종까지의 여섯 개 종파를 총칭하여 가마쿠라 육불교로 부르기도 한다. 이들 새로운 종파는 이전의 구불교에 비하여 엄격한 계율이나 학문적 수행을 요구하지 않았으며, 신앙심만 있으면 재가在家 생활을 하면서도 극락왕생 할 수 있다는 공통점이 있었다. 이처럼 교리가 단순하여 이해하기 쉬울 뿐만이 아니라 실행하기도 간편했으므로, 가마쿠라 신불교는 구불교 세력의 강력한 반발에도 불구하고 신흥 무사계급은 물론이고 일반 백성들 사이에서도 쉽게 수용되어, 민중의 생활에 깊이 스며들 수 있었다.

4) 몽골의 일본 침략

일본열도는 사면이 바다로 둘러싸인 지리적 특성 때문에 가마쿠라시대 이전까지 한 번도 외침을 받은 적이 없었다. 그러나 가마쿠라시대 때 1274년과 1281년 두 번에 걸쳐서 사상 처음으로 몽골 즉 원元나라의 침략을 받아 전쟁을 치르게 된다.

몽골고원 북부지역 출신의 테무진(1162~1227)은 1206년 유목부족을 통일하고 몽고제국을 세워 칸에 즉위하며, 위대한 지배자라는 의미의 징기스칸으로으로 불린다. 징기스칸과 그의 후계자들은 중국대륙의 서하西夏, 금金나라 등을 멸망시키고 서쪽으로 진출하여 중앙아시아를 정복하며, 유럽의 여러 나라까지 세력을 확장하여 동서양에 걸친 대제국을 건설한다.

몽골은 1231년부터 고려에도 침략군을 파견하기 시작하였으며, 이후 약 30년 동안 여러 차례에 걸쳐 침략을 반복한다. 이에 고려에서는 1232년 수도를 강화도로 천도하고, 당시 실권을 장악하고 있던 최씨 무인정권 중심으로 저항을 이어갔으며, 한편으로는 불력仏力으로 몽골 침입을 물리치기 위해 팔만대장경을 만들기도 한다. 그러나 1270년 고려 24대 원종元宗이 당시 몽골의 칸 쿠빌라이에게 항복함으로써 강화가 성립되고 수도는 다시 개경開京으로 환도한다. 이에 배중손 장군이 이끄는 삼별초三別抄 부대는 항복에 반발하여 대몽항쟁을 이어간다. 삼별초는 항쟁 본거지를 강화도에서 진도로 옮긴 후 다시 제주도로 이동하면서 몽골 침략에 대한 저항을 이어가지만, 1273년 고려와 몽골의 연합군에 의해 진압된다. 이로써 몽골의 침략 시작 40여 년 만에 이에 대항하는 세력이 고려에서 사라진 것이다.

쿠빌라이(1215~1294)는 징기스칸의 손자이다. 1260년에 5대 칸이 되었으며, 1271년에는 국호를 원元으로 바꾸고 세조世祖에 즉위한다. 고려를 자신들의 영향력 하에 넣은 그는 더 나아가 일본 정복을 위하여 1268년 일본에 국서를 보내어 조공을 요구한다. 그러나 가마쿠라 막부의 실권자인 싯켄 호죠 도키무네北条時宗(1251~1284)는 이를 거절한다.

이에 원세조 쿠빌라이는 1274년에 약 3만 병력으로 일본 공격을 결행한다. 이 병력에는 강제로 징발된 고려 병사 약 1만 명도 포함되어 있었다. 병사만이 아니었다. 초원지대 출신인 원나라 군사들로서는 일본을 상대로 하는 해전海戦에 취약할 수밖에 없었다. 그리하여 원나라는 먼저 고려인 약 3만 명을 동원하여 900척 정도에 이르는 배를 만들게 하고, 노를 젓는 인력까지도 많은 고려인을 동원시킨다. 원나라와 일본의 전쟁에 휘말려 정작 곤경에 처한 것은 고려였던 것이다. 이렇게 하여 오늘날의 마산인 합포合浦를 출발한 고려와 원나라의 여몽연합군은 대마도와 이키 섬을 거쳐 규슈九州 지방의 하카타博多에 상륙한다. 하카타는 현재의 후쿠오카福岡이다.

당시의 일본군은 무사의 일대일 기마전법을 전투의 기본으로 하고 있었으므로, 원나라 병사들의 집단전법 공격에 의해 열세에 몰린다. 게다가 원나라의 첨단 무기는 일본 병사들의 전의를 상실케 했다. 그런데 일본군의 야간 기습을 두려워한 원나라 군사들이 일단 자신들의 배로 돌아간 후 밤이 되자 폭풍이 불기 시작한다. 이에 원나라 배들은 대부분 침몰하였으며, 살아남은 배들은 서둘러 철수한다. 1274년의 원나라 1차 침공을 일본 역사에서는 당시의 연호를 따서 문영文永의 역役(붕에이노 에키)이라 한다. 역이란 전쟁이라는 의미이다.

고려를 침공한 쿠빌라이가 멀리 떨어진 섬나라 일본까지 표적으로 삼은 이유는 원나라를 둘러싼 국제정세에 있었다. 당시 원나라는 중국 대륙에서 남송南宋과 전쟁을 치르고 있었다. 유라시아를 정복한 막강한 군사력을 보유한 원나라에게도 남송과의 싸움은 만만치가 않았다. 그리하여 쿠빌라이는 남송과 교류관계에 있는 주변 국가들을 지배함으로써, 남송을 외교적으로 고립시키고자 한 것이다.

가마쿠라시대에 일본은 남송과 활발한 무역을 하고 있었다. 더구나 일본의 화산지대에서 생산되는 풍부한 유황은 남송으로 수출되는 주요 품목이었으며, 남송에서는 이를 화약 제조의 원료로 사용하고 있었다. 원나라의 군사가 남송과의 전쟁에서 가장 고전을 면치 못하는 것이 바로 이 화약을 사용한 포병의 공격이었다. 이 때문에 원나라로서는 어떻게든 일본을 자신들의 지배하에 두어, 남송과의 관계를 단절시킬 필요성이 있었던 것이다.

1차 정벌에 실패한 쿠빌라이는 바로 다음 해인 1275년에 다시 두세충杜世忠을 일본에 사신으로 보내 조공을 요구한다. 그러나 막부의 싯켄 도키무네는 사신을 참수형에 처하는 강력한 대응을 한다. 그리고는 원나라의 재침공에 대비하여 규슈 지방의 방어를 굳건히 하도록 슈고, 지토 등의 고케닌들에게 명을 내린다. 이에 원세조 쿠빌라이는 충렬왕 6년 때인 1280년 고려에 정동행성征東行省이라는 기관까지 설치하고 본격적으로 재침공 준비를 한다. 정동행성은 말하자면 일본정벌사령부 정도에 해당하는 침략 추진 관청인 것이다.

그리하여 쿠빌라이는 1281년에 14만여 명의 대병력으로 다시 일본 침공을 감행한다. 1차 침공 때와 달리 이번에는 두 방향에서 공격에 나선다. 하나는 고려 합포에서 출발하는 4만여 명의 여몽연합군으로, 이를 동로군東路軍이라 하였다. 이번에도 고려의 병사들이 강제로 징발되고, 배를 건조하는 노역에 동원되었음은 말할 나위도 없다. 다른 하나는 1279년 원나라에게 멸망한 남송의 닝보寧波에서 출발하는 약 10만 명에 이르는 대군으로, 이 군사들은 강남군江南軍이라 하였다.

그런데 기적 같은 일이 다시 일어난다. 예정보다 늦게 하카타에 도착한 강남군이 바로 상륙하지 않고 배에 머무르면서 전투 준비를 하고 있던 중에 또다시 폭풍이 불기 시작한 것이다. 이로 인해 원나라 군사는 많은 배가 침몰하여 큰 타격을 입고 철수한다. 1281년의 2차 침략을 일본 역사에서는 홍안弘安의 역役(고안노 에키)이라 부른다.

2차 일본 정벌에서도 실패한 후 원나라 군사들은 본국으로 철수하였지만 쿠빌라이는 이후에도 일본 침공을 단념하지 않고 정동행성을 유지시킨다. 이후 세월이 흐르면서 정동행성은 일본 정벌이라는 본래의 기능은 사라지고, 고려에서 원나라로 파견하는 하정사賀正使 관련 의례 업무를 담당하거나, 고려에 온 원나라의 사신들이 묵는 숙소로 사용되기도 하였다.

두 번에 걸친 원나라 군사의 침공을 일본의 역사에서는 원구元寇라고도 부른다. 당시 일본에서는 원구로부터 두 차례나 나라를 지킬 수 있었던 것은 신神이 도와준 바람風 덕택이었다 하여, 그 폭풍을 신풍神風이라 명명한다. 이 신풍의 일본어 발음이 가미카제이며, 2차 세계대전 때의 일본군 자살특공대 이름인 가미카제는 바로 여기에서 유래된 것이다. 그러나 2차 침공 때의 신풍에 대해서는 당시의 기상 악화에 대한 문헌 기록이 남아 있으나, 1차 침공의 경우에는 이러한 기상 관련 기록이 발견되지 않기 때문에 신풍이 실제로 불었는지에 대한 사실 여부를 의문시하는 견해도 있다.

일본은 두 번에 걸친 원나라의 침공을 방어했지만, 가마쿠라막부는 이로 인해 심각한 재정난에 빠지게 된다. 전쟁 비용으로 인한 경제적 손실은 막부 휘하의 무사들에게도 부담으로 돌아왔다. 게다가 전쟁이 끝난 후 충분한 논공행상도 이뤄지지 못하여 막부에 대한 무사들의 불만은 높아져만 갔다. 이러한 상황을 이용하여 불만 무사들의 세력을 규합한 당시의 고다이고後醍醐 천황은 1333년 가마쿠라 막부를 무너뜨리고 통치권을 확보하여 친정親政체제를 구축하기에 이른다. 1185년에 가마쿠라 막부가 설치된 이후 약 150년 만에 실질적인 통치권이 원래대로 천황에게 되돌아간 것이다.

5) 가마쿠라시대의 문예

전란이 이어지는 중세에는 문학 분야에서도 사회상이 반영된 작품이 많이 나타난다. 중세 전기에 해당하는 가마쿠라시대의 문예에서 가장 두드러진 점은 군키모노가타리軍記物語라는 새로운 모노가타리 영역이 본격적으로 확립된다는 것이다. 군키모노가타리란 전란을 소재로 한 전쟁소설로, 원평합전源平合戦이나 그 외의 여러 전란을 통하여 부각된 무사들을 주인공으로 하여, 그들의 영웅적인 행동이나 부귀영화, 몰락 등을 사실감 있게 묘사한 것이다. 가마쿠라시대 이전인 헤이안시대에도 『쇼몽키將門記』 『무쓰와키陸奧話記』 등의 군키모노가타리가 있기는 하였지만, 이것들은 모두 한문체의 작품이었다. 이에 비해 가마쿠라시대에 성립된 군키모노가타리는 가나와 한자가 섞여서 사용된 이른바 화한혼교문和漢混交文이었다.

모노가타리物語는 헤이안시대에 처음으로 성립된 고대소설이다. 당시의 모노가타리에는 현실세계와는 다른 허구의 세계를 주로 묘사하는 쓰쿠리모노가타리作り物語, 일본의 전통시 와카和歌와 관련된 이야기를 중심으로 하여 전개되는 우타모노가타리歌物語, 몰락해 가는 귀족들의 화려한 과거에 대한 역사의식을 엿볼 수 있는 레키시모노가타리歷史物語 등이 있었다. 이에 더하여 가마쿠라시대가 되자, 전란이 이어지는 시대 상황이 반영된 새로운 영역의 군키모노가타리가 성립되어, 역사적인 대변혁 속에서 전개되는 다양한 인간상이 작품 속에 투영되는 것이다.

가마쿠라시대에 성립된 군키모노가타리의 주된 작품으로는 호겐

保元의 난을 소재로 하여 무장 미나모토노 다메토모源為朝의 영웅적인 인간상을 묘사한 『호겐 모노가타리保元物語』, 헤이지平治의 난을 배경으로 하여 무장 미나모토노 요시히라源義平의 용맹함을 묘사한 『헤이지 모노가타리平治物語』 등이 있다. 그렇지만 일본문학사에서 중세를 대표하는 최고의 군키모노가타리로 평가받고 있는 것은 『헤이케 모노가타리平家物語』라는 작품이다.

『헤이케 모노가타리』는 헤이안시대 말기에 무사로서는 일본 역사상 최초로 실권을 장악한 다이라노 기요모리平清盛의 흥망성쇠를 소재로 한 서사적 작품이다. 여기에는 원평합전源平合戦 등에서 활약한 무사들의 용맹함이나 전란에 의해 생사의 갈림길을 맞이하는 일족의 운명 등 다양한 인간 군상이 다채롭게 묘사된다. 그러나 『헤이케 모노가타리』가 단순한 전쟁소설이 아니라는 점은 이 작품의 첫 번째 장인 아래의 기원정사祇園精舎를 통해서 충분히 이해할 수 있다.

> 기원정사의 종소리는 제행무상諸行無常하다는 여운을 남기는구나. 석가모니가 열반했을 때 하얗게 변했다는 사라쌍수娑羅双樹의 꽃 색깔은, 성자필쇠盛者必衰의 이치를 나타내고 있도다. 오만하게 거들먹거리는 사람도 한없이 자만함에 빠져 있을 수는 없으며, 단지 봄날 밤의 꿈처럼 허무한 법이로다. 용맹스러운 사람도 마침내는 멸망하나니, 참으로 바람 앞의 먼지와도 같도다.[15)]

기원정사는 석가모니가 많은 설법을 하였던 인도의 절이다. 세상의 모든 것은 끊임없이 변화하므로 항상 그 모습 그대로인 것은 존

15) 市古貞次 校注 · 訳, 『平家物語 1』, 小学館, 1983, p.35.

재하지 않는다는 제행무상, 지금은 융성한 것일지라도 언젠가는 반드시 쇠퇴해진다는 성자필쇠 등의 표현을 통해서 『헤이케 모노가타리』는 인간의 부귀영화란 부질없는 것이라는 점을 설파하고 있음을 알 수 있다. 더구나 작품의 첫 장에서부터 이러한 불교적 무상관無常観을 강조하고 있다는 점은 작자가 『헤이케 모노가타리』를 무사들의 무용담 정도나 묘사하는 단순한 전쟁소설로 생각하지 않았다는 것이다. 그러나 정작 『헤이케 모노가타리』의 작자가 누구인지는 정확하게 알 수 없으며, 성립연도 또한 명확하지 않아서 가마쿠라시대 초기 정도로만 알려져 있다.

다만 작자에 대해서는 가마쿠라시대의 대표적인 수필 작품 중의 하나인 『쓰레즈레구사徒然草』에 "고토바後鳥羽 상황 때에 시나노노젠지유키나가信濃前司行長는학식이 뛰어나다고 명성이 있었는데, (중략) 유키나가가 헤이케 모노가타리를 만들어 쇼부쓰生仏라는 맹인에게 가르쳐 읊게 했다"[16]라는 기록이 있는 것으로 봐서, 가마쿠라시대 초기의 귀족인 후지와라노 유키나가藤原行長라는 사람이 관여했을 것으로 추정되고 있다.

가마쿠라시대에 『헤이케 모노가타리』는 책을 통해서도 읽혀졌지만, 그 줄거리를 전문적으로 읊어 주는 사람을 통하여 감상되기도 하였다. 일정한 보수를 받고 감상자의 부름을 받아 『헤이케 모노가타리』를 읊어 주는 일을 하는 사람을 비파법사琵琶法師(비와 호시)라 하였다. 비파라는 악기의 반주에 맞춰서 줄거리를 읊었기 때문에 붙

16) 神田秀夫外 校注 · 訳, 『方丈記, 徒然草, 正法眼蔵随聞記, 歎異抄』, 小学館, 1988, p.269.

여진 이름이다. 이처럼 가마쿠라시대에 『헤이케 모노가타리』를 향유하는 방법에는 책을 직접 읽고 감상하는 전통적인 방법만이 아니라, 비파법사라는 사람이 그 내용을 대신 읊어 주는 새로운 방법도 등장한 것이다. 『헤이케 모노가타리』는 당시의 사람들에게 향유되는 것으로 끝나지 않고, 후대의 음악, 연극 등 다양한 장르에 폭넓게 수용되기도 한다.

전란과 하극상이 만연하는 중세의 불안한 세상은 사람들에게 현실사회를 비판하고 과거의 역사에 대한 관심을 갖게 하기도 한다. 이에 따라 가마쿠라시대 지식인들 중에는 현실사회에 무상함을 느끼고 출가하여 은둔생활로 들어가는 사람들도 나타난다. 속세를 떠나 조그마한 암자를 짓고 자연을 벗 삼아 살아가는 그들은 독자적인 시선으로 세상과 인간을 바라보는 뛰어난 문학작품을 남기기도 하였다. 이러한 것을 은자隱者문학이라 하며, 대부분 무상관을 바탕으로 한 수필문학이 그 중심을 이루고 있다.

이 시대의 은자문학을 대표하는 수필집으로는 가마쿠라시대 전반부인 13세기 초에 가모노 쵸메이鴨長明(1155~1216)가 지은 『호죠키方丈記』, 가마쿠라시대 후반부인 14세기 초에 요시다 겐코吉田兼好(1283~1352경)가 지은 『쓰레즈레구사徒然草』 등이 있다. 『호죠키』와 『쓰레즈레구사』는 헤이안시대 중기에 궁녀 세이쇼나곤清少納言이 지은 『마쿠라노소시枕草子』와 함께 일본 3대 수필집으로 일컬어지고 있다. 특히 그 중에서도 『호죠키』는 일본문학사에서 중세를 대표하는 수필문학이자 은자문학으로 평가받고 있다.

『호죠키』의 호죠方丈는 일장사방一丈四方의 줄임말로서, 가로세로 사방四方이 각각 1장인 스님의 거처를 말한다. 장丈이란 약 3m 정도의 길이에 해당하므로, 대단히 소박하고 검소한 공간인 것이다. 작자 가모노 쵸메이는 교토 시모가모下鴨 신사의 신관神官 집안 출신으로, 음악과 와카和歌에도 조예가 깊어 궁중의 와카 관련 부서의 벼슬자리에 오르기도 했다. 그러나 세상 일이 뜻대로 되지 않음을 한탄한 그는 불문仏門에 들어가며, 만년에는 교토 교외에 있는 히노산日野山에 작은 암자를 짓고 은거한다. 그리고 당시의 전란과 천재지변이 이어지는 혼란스러운 세상 속에서 느끼는 무상함을 수필로 술회한다. 『호죠키』에 실린 여러 수필 중에서도 가장 널리 알려진 첫 편을 감상해 보기로 하자.

흘러가는 강물은 멈추지 않고 흐르지만 처음의 그 물이 아니다. 강물의 웅덩이에 떠 있는 물거품도 한 쪽에서는 사라져 가고, 다른 쪽에서는 새로 생기는 것이지, 오랜 시간 원래 그대로 있는 경우가 없다.

세상 사람들이나 그들이 사는 집을 보더라도 이와 마찬가지다. 보석을 깐 것처럼 아름다운 교토 안에서 경쟁하듯이 늘어서 있는 신분이 높은 사람, 낮은 사람들의 집은 세월이 지나도 없어지지 않는 것 같지만, 정말로 그러한지 살펴보니, 옛날부터 그대로 있는 집은 아주 드물다. 작년에 불에 타버려서 올해 지은 것이 있는가 하면, 원래 커다란 집이었는데 가세가 몰락하여 작아진 것도 있다.

살고 있는 사람들도 마찬가지다. 장소도 바뀌지 않았고, 사람도 여전히 많으나 예전에 본 적이 있는 사람은 이삼십 명 중에 고작 한두 명에 지나지 않는다. 아침에 죽는 사람이 있는가 하면, 석양에 태어나는 아이가 있는 세상 이치는 흡사 웅덩이에 떠 있는 거품과 똑같다. 알 수가 없다. 태어났다 죽는 사람은 어디로부터 와서 어디로 가는지를.

또한 알 수가 없다. 임시의 거처인 이 세상에서 누구를 위해 아등바등하면서 집을 지으며, 무슨 까닭에 눈을 기쁘게 하려는지. 집 주인과 그 집이 무상함을 서로 앞 다투듯이 사라져 가는 모습은, 말하자면 나팔꽃과 그 꽃잎에 맺혀 있는 이슬과 다름이 없다. 어떤 때는 이슬이 떨어지고 꽃이 남아 있다. 남아 있다 하더라도 아침 햇살에 말라 버린다. 어떤 때는 꽃은 시들고 이슬이 아직 사라지지 않고 남아 있다. 사라지지 않고 남아 있다 하더라도 해질녘까지 기다리는 경우는 없다.[17)]

첫 편의 수필은 불교적 무상관을 바탕으로 하고 있음을 알 수 있다. 이어지는 수필에서는 지진, 대화재, 기근 등으로 인해 불안한 사회 정세나 뜻대로 되지 않은 자신의 인생에 대한 회고, 그리고 뒷부분에서는 속세를 떠나 조그만 방장에서 지내는 생활의 즐거움에 대해서도 묘사하고 있다. 작자 가모노 쵸메이는 당대 지식인의 전형이라고도 할 수 있다. 1212년에 성립된 수필집 『호죠키』에는 이러한 작자의 세상에 대한 소회가 사실적으로 묘사되어 있다. 그러나 작품에 나타난 불교적인 무상관이나 작자의 염세적인 심경 묘사는 가모노 쵸메이라는 한 인간만이 아니라, 중세라는 격동의 시대를 살아가는 일본인들의 인간적 고뇌를 대변하고 있다고도 할 수 있을 것이다.

17) 神田秀夫外 校注 · 訳,『方丈記, 徒然草, 正法眼蔵随聞記, 歎異抄』, 小学館, 1988, pp.27~28.

2. 남북조南北朝시대

1333년 가마쿠라 막부를 무너뜨리고 실권을 되찾은 고다이고後醍醐 천황(1288~1339)의 친정 체제는 약 3년 만에 파국을 맞이한다. 유력 무사 아시카가 다카우지足利尊氏(1305~1358)가 고다이고의 실정失政에 반기를 들어 그를 축출하고 새로운 천황을 추대했기 때문이다. 이에 고다이고는 수도 교토에서 남쪽 지역으로 내려가 새로운 조정을 만들고 왕위에 오른다. 이후 한 나라에 두 개의 조정과 두 명의 천황이 존재하는 기형적인 상황이 지속되는 시기가 남북조南北朝(난보쿠쵸)시대이다. 기간은 1336년부터 1392년까지의 약 60년 동안이며, 우리나라의 고려시대 말기에 해당하는 시기이다.

실권을 지닌 무사 아시카가 다카우지가 지원하는 수도 교토의 조정이 북조北朝이며, 추방된 고다이고가 나라奈良 요시노吉野에 새롭게 만든 조정이 남조南朝이다. 두 왕조에 두 천황이 존재했으므로 남조와 북조 사이에 패권 쟁취를 위한 전쟁이 끊임없이 이어졌음은 당연한 일이다. 남북조시대는 60년 가까이 지속되다가 아시카가 다카우지의 손자 아시카가 요시미쓰足利義満(1358~1408) 통치 때인 1392년에 남조가 북조에 흡수되는 형식으로 통일된다.

일본 역사에서는 남북조가 통일된 1392년부터를 무로마치시대로 분류한다. 그러므로 무로마치시대는 그 이전과 다른 새로운 통치 세력이 등장하는 시대가 아니라, 남북조시대의 북조 실권자인 아시카가 씨 집안의 무인통치가 그대로 계승되는 시대인 것이다.

1) 가마쿠라 막부의 멸망과 겐무建武의 신정新政

1274년과 1281년 두 번에 걸친 원나라 침략 이후 가마쿠라 막부의 논공행상 과정에서 무사들의 불만은 높아지고 가마쿠라 막부의 통치력은 약화된다. 게다가 막부의 실권자 호죠 씨는 일족의 세력 확대에만 힘을 기울이면서 등을 돌리는 고케닌들도 늘어간다. 이러한 막부의 상황 변화를 지켜본 교토의 조정에서는 고다이고後醍醐 천황을 중심으로 가마쿠라 막부를 타도하고 실권을 되찾을 계획을 은밀하게 세운다.

그러나 이 계획은 1331년에 측근의 밀고로 인하 막부에 발각되어 실패로 끝나며, 고다이고는 가마쿠라 막부에 의해 오키 섬으로 유배를 가게 된다. 이후 유배지를 탈출한 고다이고는 막부와 대립하고 있던 구스노키 마사시게楠木正成(?~1336) 등 서일본 출신 신흥 무사의 조력을 받는다. 그 위에 막부의 실권자 호죠 씨와 밀접한 유대관계를 맺고 있던 동일본의 유력한 고케닌 아시카가 다카우지足利尊氏, 닛타 요시사다新田義貞(1301~1338) 등도 고다이고 천황 측에 가담한다. 그리하여 다시 세력을 확장하고 반격에 나선 고다이고 천황은 1333년에 가마쿠라 막부를 멸망시킨다. 이로써 1185년 미나모토노 요리토모에 의해 가마쿠라에 일본 역사상 최초로 막부가 설치되면서 시작된 가마쿠라시대는 약 150년 만에 막을 내리게 된 것이다.

1331년부터 1333년까지 지속된 고다이고와 가마쿠라 막부 사이의 전란을 일본 역사에서는 겡코元弘의 난乱이라 부른다. 겡코는 당시의 연호이다. 헤이안시대의 종말을 장식한 전란이 원평합전源平合戦이었다면, 가마쿠라시대의 종말을 장식한 전란은 바로 고다이고가 주도하여 승리한 겡코의 난이었다 할 수 있다.

막부로부터 통치권을 탈환한 고다이고는 직접 정사를 돌보는 친정親政 체제를 구축한다. 또한 정치에 관여하는 관리들도 이제까지의 귀족 중심이 아니라 무사계급도 함께 참여하는 공무합체公武合体의 새로운 정치 시스템을 시행한다. 이듬해인 1334년 연호가 겡코에서 겐무建武로 바뀌므로, 일본 역사에서는 고다이고의 친정 체제를 겐무의 신정新政이라 부른다. 겐무 연간에 펼쳐진 새로운 정치라는 의미이다.

고다이고가 가마쿠라 막부를 멸망시키고 실권을 되찾는 데에는 아시카가 다카우지와 닛타 요시사다를 비롯한 무사들의 역할이 지대하였다. 이에 비해 그들에 대한 포상은 귀족들에 비해 충분하지 않았다. 게다가 이후 고다이고의 통치도 귀족 중심으로 편중되어 갔다. 이로 인해 친정 체제 구축에 공을 세운 무사들의 실망과 반감은 점차 확산되어 간다. 이러한 분위기를 감지한 유력 무사 아시카가 다카우지는 1336년에 무인통치 부흥의 기치를 내걸고 군사를 결집하여 고다이고를 왕위에서 축출한다. 그리고 그 후임으로는 고묘光明 천황을 새롭게 추대한다.

이로써 150년 가까이 이어지던 무인정권으로부터 통치권을 탈환하여 확립한 고다이고 천황의 친정 체제는 불과 3년 정도에 종말을 맞이하고, 실권은 다시 무인의 손에 들어간 것이다. 이때 실추된 천황의 권력은 500여 년 뒤인 19세기 후반 메이지시대가 돼서야 다시 회복된다. 즉 겐무의 신정 이후 500여 년 동안 천황은 또다시 정치의 중심에서 그 존재감이 사라지는 것이다.

실권을 장악한 아시카가 다카우지는 1336년 교토에 무로마치 막부를 설치한다. 그리고 2년 뒤에는 고묘 천황으로부터 쇼군에 임명된다. 일본 역사에서 1333년부터 1336년까지 고다이고의 친정이 실시된 겐무의 신정 기간은 그 이전의 가마쿠라시대에도, 그 이후의 남북조시대에도 속하지 않는 애매한 시기이지만, 광의의 남북조시대에 포함시키기도 한다.

2) 남조南朝와 북조北朝의 대립

약 3년 동안 이뤄진 겐무의 신정이 끝난 뒤, 한 나라의 두 지역에 남조와 북조의 두 조정과 두 명의 천황이 양립하는 전대미문의 기현상이 일어나 60년 가까이 지속된다. 1336년부터 1392년까지 이어진 이 시대를 남북조시대라 부른다. 약 60년에 이르는 이 기간 동안 두 조정 사이에 패권 확립을 위한 전쟁이 끊임없이 지속되었음은 말할 것도 없는 일이다.

실권을 장악하여 다시 무인통치를 전개한 아시카가 다카우지足利尊氏에 의해 추대된 고묘光明 천황 중심으로 수도 교토에 꾸려진 조정을 북조北朝라고 한다. 한편 아시카가 다카우지에 의해 축출당한 고다이고後醍醐 천황은 교토의 남쪽에 위치한 나라奈良의 요시노吉野라는 곳으로 내려가, 정권의 정통성을 주장하며 새로운 조정을 만든다. 이것이 남조南朝이다. 지리적으로 교토는 북쪽이고 요시노는 이보다 남쪽에 위치해 있기 때문에 각각 붙여진 명칭이다.

북조의 군사를 지휘하는 무사는 한때 고다이고 천황을 도와서 가마쿠라 막부 타도의 선봉에 섰던 아시카가 다카우지였다. 남조의 유력 무사 또한 고다이고를 도와서 가마쿠라 막부의 호조北条 씨를 멸망시킨 구스노키 마사시게楠木正成, 닛타 요시사다新田義貞였다. 약 60년 동안 각각 존재한 두 조정은 부침을 거듭한 뒤 1392년 남조가 북조에 흡수되는 형태로 통일된다.

아시카가 다카우지의 아들인 2대 쇼군 아시카가 요시아키라足利義詮(1330~1367) 통치 때에는 남조의 세력이 우세하여, 여러 차례 수도 교토가 남조의 군사에게 점령당한 적도 있었다. 그러나 다카우지의 손자인 3대 쇼군 아시카가 요시미쓰足利義満는 남조 측에 남북조 통일의 강화조약을 제안하기에 이른다. 조건은 통일된 교토 조정의 천황 자리는 남조의 고가메야먀後亀山 천황이 북조의 고코마쓰後小松 천황에게 양보하며, 그 대신 태자의 자리는 남조의 왕자가 차지하는 것이었다. 이를 남조의 4대이자 마지막 천황인 고가메야마가 수용함으로써, 1392년에 두 조정 사이에 반세기 이상 지속된 전쟁은 마침내 종지부를 찍고 남북조 통일이 이뤄진다.

3) 남북조시대의 문예

남북조시대는 약 60년이라는 짧은 기간이었다. 더구나 두 조정은 패권 쟁취를 위해 이 기간 내내 계속 전쟁을 치렀으므로, 문화적으로 정체되는 것은 당연한 일이었다. 그럼에도 불구하고 문예작품에서는 당시의 시대 상황을 반영한 군키모노가타리의 걸작『다이헤이키太平記』가 등장한다.

『다이헤이키』는 주로 남북조시대를 배경으로 하여, 남조와 북조 사이의 전란을 소재로 한 군키모노가타리이다. 작품 제목에 태평太平이란 단어가 사용된 것은 전란이 계속되는 사회 상황 속에서 평화를 기원하는 마음이 담겨 있는 것이다. 이 작품의 작자나 정확한 성립 시기는 미상이다. 특히 각 장에 따라서 작품의 사상적 배경이나 주제가 서로 다른 부분이 나타나기 때문에, 특정 개인이 이 작품을 단기간에 창작한 것이 아니라, 복수의 작자가 편찬에 관여한 것으로 추측하는 견해가 많다.

일본문학사에서『다이헤이키』는 가마쿠라시대의『헤이케 모노가타리平家物語』와 함께 중세 군키모노가타리의 쌍벽을 이루는 작품으로 평가받고 있다.『헤이케 모노가타리』는 불교적 무상관이라는 메시지를 일관되게 발신하는 작품이다. 이에 비해『다이헤이키』에는 유교적인 대의명분론大義名分論이나 군신론君臣論 그리고 불교적인 인과응보因果応報 등이 나타나고 있다. 그렇기 때문에 남조와 북조가 분리될 때 많은 무사들이 왕위에서 축출된 고다이고를 떠나 북조의 쇼군 아시카가 다카우지足利尊氏를 따랐으나, 이와는 반대로 남조 측에 가담하여 끝까지 고다이고의 곁을 지킨 구스노키 마사시게楠木正成를 이러한 사상에 근거하여 지인용智仁勇의 삼덕三徳을 갖춘 무사로 미화하고 있다.

천황 중심의 전제군주국가 체제였던 메이지明治시대에는『다이헤이키』가 정치적으로 이용되기도 하였다. 즉 천황 친정체제를 시도했던 남조의 고다이고 천황에게 당연히 정통성이 있으므로, 이 천황에게 거역한 북조의 아시카가 다카우지는 역적이며, 남조 측에 가담하여 고다이고를 지킨 구스노키 마사시게, 닛타 요시사다 등은 충신이라는 주장이 그것이다.

이러한 주장을 계승하여 남북조시대의 두 조정인 남조와 북조 중 남조를 정통으로 보는 견해는 오늘날에도 황국사관皇国史観을 견지하는 보수우익 역사학자들 사이에서 당연시 되고 있다. 황국사관이란 만세일계万世一系의 천황을 중심으로 하여 일본의 역사가 전개된다고 하는 역사관으로, 일본의 제국주의를 뒷받침해 온 이데올로기이다.

남북조시대를 대표하는 문예작품『다이헤이키』는 전국시대나 에도시대가 되면 군키모노가타리로서만이 아니라, 무사들 사이에서 필독할 병법서로서도 널리 유행한다. 오늘날에도『다이헤이키』라는 이름으로 많은 소설이나 드라마가 등장하였다. 이러한 현대 작품과 구분하기 위해 남북조시대의『다이헤이키』는 앞에 수식어를 붙여서『고전古典 다이헤이키』로 호칭하는 경우도 있다.

4) 중세 일본의 해적, 왜구倭寇

왜구란 13세기부터 16세기 사이에 한반도 서남해안 및 동중국해 해안에서 활동한 일본의 해적을 말한다. 가마쿠라시대 이후 계속되는 전란은 일본 민중의 생활을 궁지에 몰아넣었다. 그리하여 주로 규슈九州 북부 연안의 주민들 중에는 생계가 어려워지면 무장하여 해적 활동에 나서거나 밀무역에 관여하기도 하였다. 특히 이들 중에는 규슈 북부의 쓰시마対馬, 이키壱岐, 마쓰우라松浦 등의 출신이 많았다. 이 지역의 토지는 농사에 적당하지 않아서 평소 주민들은 어업이나 무역으로 생계를 꾸려가지만, 생활이 궁핍해지면 해적으로 변신하여 약탈을 일삼는 것이었다. 이들의 거듭되는 약탈로 인해 곤경에 처해 있던 당시 한반도나 중국 연안지역 사람들은 이 해적들을 왜구라 불었다. 왜구의 뜻은 왜나라 왜倭, 도적 구寇 즉, 일본의 도적이라는 의미이다. 왜구 중에는 수많은 배와 병사를 보유한 거대 집단도 있었다. 당시의 고려나 중국의 조정에서는 군사를 동원하여 왜구 토벌에 나섰지만, 이들이 언제 어디서 출몰할지 예측할 수 없었기 때문에 진압에 어려움을 겪었다.

3대 쇼군 아시카가 요시미쓰足利義満가 쇼군 자리에 오른 것은 1368년이었다. 우연하게도 중국 대륙에서는 주원장朱元璋(1328~1398)이 원元나라를 멸망시키고 명明나라를 건국한 해이기도 하다. 왜구의 약탈에 고심하던 명나라의 태조太祖 주원장은 아시카가 요시미쓰에게 왜구 단속을 요청하는 사절을 보낸다. 명나라에서 제시한 대가는 명明과 일본의 무역을 허가하는 것이었다. 이에 아시카가 요시미쓰는 명나라의 요청에 부응하여 규슈 지방을 관할하는 통치기관인 규슈탄다이九州探題에 왜구 단속을 명하였으며, 왜구가 납치해 온 중국인들을 명나라로 송환하기도 한다. 이를 계기로 막부는 명나라와 국교 관계를 맺게 된다.

당시 명나라는 외국과 무역을 할 경우에 조공무역을 요구하였다. 이에 따라 명일明日무역도 일본이 명나라에 조공을 하면, 명나라가 일본에게 물품을 하사하는 형식으로 이뤄졌다. 그렇지만 대명 무역을 통해 일본 쪽에 돌아오는 이익이 많았기 때문에 요시미쓰는 이를 수용한다. 일본이 명으로 수출한 주요 품목은 구리, 유황, 도검류 등이었으며, 명나라에서 수입한 것은 동전, 생사生糸, 견직물, 서적 등이었다.

왜구의 해적 활동이 주로 이뤄진 13세기에서 16세기는 일본의 중세中世였으며, 우리의 고려시대 후기에서 조선시대 초기에 해당하는 시기였다. 이들의 한반도에서의 노략질은 경상도, 전라도 해안지역은 물론이고 개경 부근까지 출몰하여, 재물을 약탈하고 백성들을 납치해 갔다. 이로 인해 해안 지역 백성들의 삶은 피폐해지고 사회적 불안이 가중됨으로써, 조정에서는 그 해결책에 고심하였다. 유독 이 시기에 왜구의 약탈 행위가 빈번했던 이유는 일본사회의 시대적 상황에 원인이 있었다. 즉 중세의 끊임없는 전란으로 인하여 사회는 불안정해지고 생계에 위협을 받는 궁핍한 사람들은 늘어갔기 때문이었다.

한반도에서 특히 왜구로 인한 피해가 가장 심했던 것은 14세기 중후반 고려시대 말기로서, 바로 일본의 남북조시대에 해당하는 시기였다. 이에 따라 당시의 고려 조정에서는 일본에 사신을 보내어 왜구 진압을 요청한다. 특히 고려시대 말기인 1350년 이후부터 왜구의 약탈행위가 더욱 기승을 부리기 시작한다. 이에 공민왕은 1366년 일본의 막부로 사신을 파견하여 왜구를 단속하도록 요구한다. 당시의 쇼군 아시카가 요시아키라足利義詮는 고려 사신 일행을 극진히 대접하고 왜구 진압을 약속한다. 그러나 왜구를 통제한다는 것은 막부의 힘으로도 그렇게 용이한 상황이 아니었다. 고려와 조선 조정에서는 왜구 진압 대책으로 회유책과 강경책을 동시에 사용한다. 조선에서는 삼포를 개항하여 일본과의 무역을 허락하기도 하였으며, 1419년에는 왜구의 본거지로 지목된 쓰시마対馬 정벌에 나서기도 한다.

3. 무로마치室町시대

무로마치시대는 남북조시대 때 북조의 실권자 아시카가 다카우지足利尊氏로부터 시작된 아시카가 씨 가문에서 대대로 쇼군을 맡아 천하의 실권을 장악한 시대이다. 광의広義의 무로마치시대는 초대 쇼군 아시카가 다카우지 통치 때부터 15대 쇼군 아시카가 요시아키足利義昭 때까지로, 1336년~1573년의 약 240년 동안이다. 그러나 무로마치시대를 세분할 경우에는 초반부의 1336년~1392년을 남북조시대, 중반부의 1392년~1467년을 무로마치시대, 후반부의 1467년~1573년을 전국시대로 분류한다. 따라서 일반적으로 무로마치시대라고 하면, 남북조시대와 전국시대 사이인 1392년~1467년까지의 75년 동안을 가리킨다. 여기에서는 이 협의狭義의 무로마치시대를 기준으로 하여 설명하고자 한다. 무로마치라는 시대 명칭은 수도 교토의 무로마치室町 거리에 무인들의 통치기관인 막부가 설치되었기 때문에 붙여진 이름이다.

오늘날까지 일본의 전통문화로 전해지고 있는 것 중에는 무로마치시대에 성립된 것들이 상당히 많이 있다. 전통연극인 노能나 교겐狂言, 다도茶道, 꽃꽂이인 화도華道, 전통가옥인 쇼인즈쿠리書院造, 일본의 독특한 정원 양식인 가레산스이枯山水 등이 바로 이 시대에 성립된 일본의 전통문화에 해당하는 것들이다.

1) 남북조 통일과 무로마치室町 막부

60년 가까이 대립해 온 남조와 북조의 두 조정은 1392년 북조의 무로마치 막부 3대 쇼군 아시카가 요시미쓰足利義満에 의해 통일된다. 남북조의 통일은 바로 협의의 무로마치시대 출발로 이어진다. 아시카가 요시미쓰는 권위를 과시하기 위하여 수도 교토의 무로마치室町라는 곳에 호화로운 저택을 건설하여 그곳으로 막부를 옮긴다. 무로마치시대라는 이름은 막부가 새로 자리 잡은 이 지명에서 유래한 것이다. 당시 사람들은 이 막부를 하나노고쇼花の御所로 부르기도 하였다. 고쇼御所는 천황이나 쇼군이 생활하는 궁궐이나 저택을 의미한다. 막부로 사용된 이 저택의 정원에는 사시사철 많은 꽃이 화려하게 심어져 있었다고 한다. 그런 연유로 수식어 하나노花の가 앞에 붙어서 하나노고쇼라는 이름으로 불린 것이다.

아시카가 요시미쓰의 하나노고쇼

무로마치시대의 시작은 남북조 통일이 이뤄진 1392년이다. 그러나 무로마치 막부가 실질적으로 세워진 것은 3대 쇼군 때인 이 시기가 아니라, 훨씬 이전인 1336년 남북조시대 때이다. 3대 쇼군 아시카가 요시미쓰의 조부 아시카가 다카우지足利尊氏는 1336년 고다이고後醍醐 천황을 교토에서 축출하고 무인정권을 수립한다. 이때 세운 무인정권이 바로 무로마치 막부인 것이다. 2년 뒤인 1338년에 아시카가 다카우지는 자신이 새로 옹립한 북조의 고묘光明천황으로부터 1대 쇼군에 임명된다.

무로마치 막부를 세운 1대 쇼군 아시카가 다카우지는 아시카가 가문의 무사나 휘하의 유력 무사들을 각 지방의 통치 책임자인 슈고다이묘守護大名로 임명하여, 전국을 지배하는 통치시스템을 확립한다. 그 위에 원래 조정에서 행사하고 있던 수도 교토에 대한 지배권과 각 지방에 대한 세금 징수권까지 막부에서 차지한다. 최초의 무인정권인 가마쿠라 막부에서도 휘하의 무사들을 슈고守護라는 직책에 임명하여 각 지방의 군사 및 경찰권을 위임하였다. 무로마치시대의 슈고는 이러한 권한에 더하여 귀족이나 종교기관의 사유지인 장원莊園은 물론이고, 조정에서 관할하는 국유지에 대한 징세권까지 지니는 등 권한이 대폭 확대된다. 이처럼 자신이 통치하는 영지에 대해 전반적으로 막대한 권한을 획득한 무로마치시대의 슈고를 슈고다이묘守護大名라 부른다. 세력을 강화한 무로마치시대의 슈고다이묘 중에는 쇼군과 긴장 관계를 형성하기도 하는 자들도 있었다.

아시카가 다카우지로부터 시작된 무로마치 막부와 쇼군은 15대 쇼군 아시카가 요시아키足利義昭(1537~1597) 때까지 이어진다. 1대부터 15대 쇼군까지의 기간 중 여기에서 서술하는 협의의 무로마치시대 막부는 3대 쇼군 아시카가 요시미쓰 때부터 8대 쇼군 아시카가 요시마사足利義政(1436~1490) 재임 때까지의 기간이다.

무로마치시대 쇼군의 실질적인 통치권은 8대 아시카가 요시마사 때부터 상실된다. 8대 쇼군 재위 중인 1467년에 일어난 오닌応仁(응인)의 난亂을 계기로 해서, 전국 각지에 유력 무사들이 난립하여 내란 상태가 되는 전국戦国시대로 돌입하기 때문이다. 이후 무로마치 막부는 명맥만을 유지하던 중 전국시대 말기인 1573년 유력 무사 오다 노부나가織田信長에 의해 마지막 15대 쇼군은 교토에서 추방되고 막부는 멸망하게 된다.

일본 역사상 최초의 막부는 1185년 미나모토노 요리토모源頼朝가 세운 가마쿠라 막부이다. 수도 교토로부터 멀리 떨어진 변방인 간토関東 지방의 가마쿠라에 위치했기 때문에 붙여진 이름이다. 그러나 이와는 달리 1336년 실권을 장악한 아시카가 다카우지가 설치한 무로마치 막부는 교토에 세워진다. 이는 아시카가 다카우지에 의해 추방당한 고다이고 천황이 교토에서 가까운 요시노吉野에 세운 남조의 세력에 대항해야 했기 때문이었다. 막부가 수도에 설치되자 많은 무사들이 교토로 이주해 온다. 그리고 그들은 교토의 수준 높은 귀족 문화를 직접 향유할 수 있게 된다. 그 결과 무사들의 문화와 교토의 귀족문화가 융합하여 독특하고 다양한 무로마치 문화를 이루게 된다.

2) 기타야마北山문화

무로마치 막부 3대 쇼군 아시카가 요시미쓰足利義満가 통치했던 14세기 후반에서 15세기 초는 무로마치시대의 전성기였다. 무로마치시대 초기인 이 시기에 꽃을 피운 문화를 일본문화사에서는 기타야마北山문화라 부른다. 기타야마문화의 특징을 간단하게 말하자면 교토의 귀족문화에 무사문화, 그리고 중국에서 전래된 선종禪宗과 대륙문화가 융합된 문화라는 점이다.

아시카가 요시미쓰는 1392년 남조와 북조를 통일하여 남북조시대에 종지부를 찍고 무로마치시대를 연다. 강력한 통치자인 그는 쇼군으로서 조정의 태정대신太政大臣 자리에까지 오른다. 명실상부하게 무사계급 부케武家와 귀족계급 구게公家의 두 정점에 선 것이다. 무인정권의 수장인 쇼군이 교토 귀족들의 최고 지위인 태정대신에 오른 것은 역사상 처음 있는 일이었다. 헤이안시대 말기인 1160년대에 무인통치의 서막을 올린 실권자 다이라노 기요모리平清盛가 무사로서 태정대신에 오른 적은 있다. 하지만 그때는 1185년 가마쿠라시대부터 시작된 막부 통치체제 이전이었으므로, 그의 신분은 쇼군이 아니었다.

태정대신 자리에 앉은 아시카가 요시미쓰는 조정에서도 막강한 권력을 휘두르면서 상황上皇에 필적하는 행동을 한다. 이 때문에 당시 그에게 왕위 찬탈 의도가 있었다는 견해가 제기되기도 하였다. 그러나 일본 역사에서 수백 년 동안 실질적으로는 쇼군이 천황보다 훨씬 강력한 권력을 휘둘렀지만, 왕을 폐위시키고 자신이 그 자리에 오른 무사는 없었다.

이처럼 전성기를 구가하던 아시카가 요시미쓰는 1397년 수도 교토의 북쪽 지역에 기타야마 산소北山山荘라는 별장을 조성한다. 기타야마라는 곳에 지은 산장이라는 뜻이다. 별장의 중심 건물은 3층 누각이었으며, 그 건물의 내외는 금박으로 장식되어 화려함의 극치를 이루었다. 이 건물이 바로 기타야마문화의 발신지 역할을 한 금각金

閣으로, 지금은 교토를 대표하는 불교 사찰 중의 하나인 금각사金閣寺(긴카쿠지)가 되었다. 기타야마 문화라는 이름도 이 금각사가 건립된 곳의 지명에서 유래한 것이다. 기타야마라는 지명은 현재도 교토에서 그대로 사용되고 있다.

교토에 있는 금각사의 금각

금각사의 정식 명칭은 로쿠온지鹿苑寺이며, 선종의 한 종파인 임제종臨済宗에 속해 있는 절이다. 아시카가 요시미쓰 사후 그의 아들 4대 쇼군 아시카가 요시모치足利義持(1386~1428)가 선친의 유언에 따라 별장을 로쿠온지라는 선종 사찰로 만든 것이다. 선종은 가마쿠라 시대에 중국 송宋나라에서 전래된 것으로, 좌선을 통한 수행으로 깨달음의 경지에 이를 수 있다고 하는 종파이다. 선종의 종파 중에서도 특히 임제종은 무로마치 막부로부터 두터운 보호를 받았다. 로쿠온지가 일반적으로 금각사로 불리게 된 것은 경내의 여러 건물 중에서도 황금빛 3층 누각인 금각金閣이 워낙 유명했기 때문이다. 로쿠온지의 금각을 비롯한 법당과 정원은 불교의 극락정토極楽浄土를 이 세상에 구현하기 위해 조성된 것이라 한다.

이러한 금각사는 아시카가 요시미쓰의 권세를 과시함과 동시에 기타야마문화의 특징을 상징적으로 보여주는 건축물이었다. 그 특징이란 전통적인 교토 귀족문화의 밑바탕 위에 선종의 영향을 받아 형성된 신흥 무사문화, 그리고 중국에서 수입된 대륙문화가 서로 융합되었다는 점이다. 이러한 특징은 세 층이 각각 서로 다른 형태로 이뤄져 있는 금각사의 건축양식에서도 찾아볼 수 있다. 즉 금각사의 1층은 헤이안시대에 확립된 귀족들의 주택 양식인 신덴즈쿠리寝殿造, 2층은 무로마치시대에 유행한 무사들의 주택 양식인 쇼인즈쿠리書院造, 그리고 3층은 중국에서 전래된 선종의 사찰 건축 양식으로 이뤄져 있는 것이다.

전통적인 귀족문화와 무가문화가 융합되는 경향이 나타난 것은, 수도 교토에 무로마치막부가 설치됨으로써 많은 무사들이 이곳으로 이주해 온 결과였다. 또한 아시카가 요시미쓰 통치 때인 1402년에 명明나라와의 무역이 시작됨으로써, 수입된 중국의 문물은 당시의 문화에 커다란 영향을 끼친다. 상류 무사들 중에는 무역을 통해 중국에서 수입된 사치품을 즐기는 경향도 나타난다. 명일明日 무역은 문화적인 수혜만이 아니라, 무로마치 막부의 재정적 기반을 굳건히 하는 데에도 크게 기여한다.

금각사는 1950년 수도승의 방화에 의해 대부분 소실되어, 당시 일본 사회에 커다란 충격을 주었다. 현재의 금각사는 1955년에 복원된 것이다. 금각사 방화 사건은 일본의 소설가 미시마 유키오三島由紀夫가 1956년에 발표한 『금각사金閣寺(긴카쿠지)』와 미즈카미 쓰토무水上勉가 1962년에 발표한 『오번정석무루五番町夕霧樓(고반쵸 유기리로)』, 1979년에 발표한 『금각염상金閣炎上(긴카쿠엔죠)』 등의 모티브가 되기도 하였다.

3) 전통 연극 노能, 교겐狂言의 성립

노멘을 얼굴에 쓴 주인공 시테의 노 공연 장면

오늘날까지 이어지고 있는 일본의 3대 전통 연극으로는 노能, 분라쿠文楽, 가부키歌舞伎의 세 종류를 들 수 있다. 이 중 가장 오랜 역사를 가지고 있는 것이 노이며, 노가쿠能楽라고도 한다. 노는 무로마치시대 초기에 완성된 것으로, 기타야마 문화를 대표하는 것 중의 하나이다. 분라쿠와 가부키는 이보다 200여 년 뒤인 에도시대에 성립된 전통 연극이다.

노는 배우가 노 전용 무대에서 음악에 맞춰 춤과 연기를 하는 일종의 가무극歌舞劇이다. 노의 대본은 요쿄쿠謡曲라 하는데, 노 상연과는 상관없이 단독으로 공연되기도 한다. 노 무대는 가로세로 사방이 약 6m씩인 노송나무로 만들어진 무대이다. 원래 노 무대는 야외에 만들어졌으나, 오늘날에는 무대와 관객석이 건물 안에 설치되어 있다. 노 무대가 실내로 들어온 것은 19세기 후반 메이지시대 이후이며, 이러한 형태의 노 공연장을 노가쿠도能楽堂라 한다. 그러나 오늘날에도 다키기노薪能라 하여, 야외에 설치한 무대에서 공연되는 노가 있다. 다키기란 장작, 땔감 등의 의미이며, 주로 여름밤에 무대 주위에 장작불을 피워 놓고 공연하므로 붙여진 이름이다.

노의 주연 배우를 시테 조연 배우를 와키라 하며, 주연 배우인 시테는 가면을 쓰고 연기를 한다는 특징이 있다. 등장하는 배우가 매우 느린 동작으로 내면적이고 상징적인 연기를 한다는 점도 노의 특징 중의 하나이다. 시테가 쓰는 노의 가면을 노멘能面이라 한다.

노의 형태가 완성된 것은 무로마치시대이다. 그러나 이 시기에 처음으로 나타난 것이 아니라, 이전부터 민간에서 행해지던 예능인 사루가쿠猿楽나 덴가쿠田楽에 연극적 요소와 예술성이 더해져서 기타야마 문화가 융성하던 무로마치시대 초기에 성립된 것이다. 사루가쿠는 익살스런 사물의 흉내나 곡예 등을 관객들에게 보여주는 대중적인 예능으로, 헤이안시대부터 서민 계층으로부터 인기가 있었다. 사루가쿠는 7세기경에 중국 당唐나라에서 전래된 산가쿠散楽에 그 뿌리를 두고 있다. 덴가쿠는 원래 봄철 모내기 때 풍작을 기원하는 농경의례農耕儀礼로 행해지던 춤과 음악이었다. 이것이 헤이안시대 말기에 귀족들 사이에서 호응을 받아 대중적인 예능으로 발전하였으며, 중세 가마쿠라시대, 무로마치시대로 들어와서는 무사 계층에서도 이를 즐기게 된 것이다.

이러한 사루가쿠나 덴가쿠에 예술성을 부여하고 연극적 형식을 갖춰서 노로 발전시킨 사람은 무로마치시대의 노 배우이자 각본가이기도 했던 강아미 기요쓰구観阿弥清次(1333~1384), 제아미 모토기요世阿弥元清(1363~1443) 부자父子였다. 일반적으로 강아미観阿弥, 제아미世阿弥로 통칭되는 두 사람은 말하자면 일본 연극의 시조인 것이다. 특히 아들 제아미는 『후시카덴風姿花伝』 『가쿄花鏡』 등 노 관련 서적까지 편찬하여 이론적 체계를 확립하기도 하였다. 1400년경에 편찬된 『후시카덴』은 노에 대한 마음가짐, 연기법, 연출법, 노의 역사 및 미학 등을 설명한 서적으로, 일본에서 가장 오래된 연극

이론서라 할 수 있다.

노의 내용은『이세 모노가타리伊勢物語』,『겐지 모노가타리源氏物語』,『헤이케 모노가타리平家物語』등 고전문학이나 민간전승에서 소재를 취한 경우가 많다. 내용상으로 세분하자면, 신神이 주인공으로 등장하는 신지모노神事物, 수라도에 빠진 전사한 무사의 원령이 구원을 요청하는 내용 중심의 슈라모노修羅物, 사랑에 대한 헛된 집념에 불타는 여인을 묘사하는 가즈라모노鬘物, 현실적인 인간세상 이야기를 주된 소재로 하는 겐자이모노現在物, 주인공 시테가 악귀나 괴물을 퇴치하는 내용의 기치쿠모노鬼畜物 등 다섯 종류로 분류할 수 있다.

무로마치시대에 노는 주로 무사 계층으로부터 선호되었다. 특히 당시의 무로마치 막부 3대 쇼군 아시카가 요시미쓰는 개인적으로는 노의 열렬 애호가였을 뿐만이 아니라, 강아미, 제아미 부자를 적극적으로 후원하여, 노를 예술적인 경지로 발전시키는 데에 커다란 기여를 한다.

이 시대에 노와 함께 발전한 연극으로 교겐狂言이라는 것이 있다. 교겐은 노 공연 중간에 상연되는 짤막한 희극이다. 노는 주로 귀족들의 세계를 소재로 하여 비극적, 종교적 내용을 유현미幽玄美로 그려낸다. 이에 비해 교겐은 서민적이고 세속적인 세계를 희극적이고 해학적으로 표현하는 대사 중심의 소극笑劇이다. 따라서 엄숙하고 장중한 분위기의 노 공연 막간에 짤막한 교겐이 삽입되어 상연되면, 관객들로부터 폭소가 터져 나와 긴장감을 해소시켜 준다. 익살스럽고 풍자적인 내용 중심의 이러한 연극을 교겐狂言이라 한다. 특히 교겐에는 당시 민중의 비판정신이 반영되어, 사회나 지배계층의 모순과 위선에 대한 비판과 풍자를 담고 있는 작품이 많았다.

4) 조선과 무로마치 막부의 관계

한반도와 일본의 실질적인 외교관계는 통일신라시대 중기 이후 약화된다. 일반적으로 그 시기는 혜공왕恵恭王 15년인 779년 김난손金蘭孫 일행의 일본 방문 이후로 보고 있다. 대일본하정사対日本賀正使로 방일한 김난손은 규슈九州의 다자이후太宰府를 경유하여 수도 헤이죠쿄平城京에 도착한다. 일본의 나라시대 말기 고닌光仁 천황이 재위하던 시기였다.

그 후 양국의 공식적인 외교관계는 무로마치시대 초기까지 기다려야 했다. 남조와 북조를 통일시키고 무로마치시대를 연 3대 쇼군 아시카가 요시미쓰는 1404년에 일본국왕日本国王 미나모토노 미치요시源道義 명의의 국서와 함께 조선에 사신을 파견한다. 이로써 8세기 말 이후 소원해진 양국의 외교관계가 복원된다. 아시카가 요시미쓰는 무인정권인 무로마치 막부 쇼군이었다. 그럼에도 불구하고 조선으로 보내는 외교문서에 일본국왕이라고 표기한 것은 당시 중국을 둘러싼 동아시아의 국제관계에 의한 것이었다.

1368년 주원장은 원元나라를 축출하고 명明나라를 세운다. 이후 1392년 한반도에서는 조선이 건국되고, 우연하게도 같은 해에 일본에서는 아시카가 요시미쓰에 의해 무로마치시대가 시작된다. 양국의 통치자는 중국을 중심으로 하는 사대교린정책에 의해 명나라로부터 책봉을 받고 정권의 정통성을 인정받아야 했다. 이에 따라 일본의 무로마치 막부도 1403년 3대 쇼군 아시카가 요시미쓰가 명나라로부터 일본국왕에 책봉된 것이다. 따라서 일본국왕이라는 칭호는 어디까지나 국외용 직함에 지나지 않는 것이다. 앞에서도 설명한 바와 같이 막부의 최고 실권자인 쇼군의 권력은 천황을 훨씬 능가하는 것이었다. 그러나 역사적으로 쇼군이 천황을 폐위시키고 그 자리에 오른 적은 없었다.

이후 무로마치 막부는 60여 회에 걸쳐서 조선으로 사신을 파견하였으며, 조선에서는 답례 사절을 무로마치 막부로 파견한다. 답례 사절의 이름은 처음에는 회례사였으나, 나중에 통신사라는 명칭으로 바뀐다. 그러나 통신사는 얼마 못가서 왜구로 인한 위험 때문에 일본 본토까지 가지 못하고 쓰시마対馬까지만 파견되었지만, 양국은 기본적으로 우호적인 관계를 유지한다.

조선에서는 외교사절을 무로마치 막부에 파견하여 우호관계를 유지했을 뿐만이 아니라, 태종 7년인 1407년 부산포富山浦와 제포薺浦를 개항하여 왜선의 입항을 허가하기도 한다. 조선의 개항으로 인한 교역의 활성화는 한편으로는 왜구들의 약탈 행위를 완화시키는 회유책이 되기도 하였다. 그 후 태종 18년인 1418년에는 추가로 염포塩浦와 가배량加背梁을 개항해 왜선의 입항을 허가한다. 그러나 세종 1년인 1419년 왜구의 약탈 진압을 위한 대마도 정벌로 왜선의 입항이 금지된다. 이후 대마도 영주 소 사다모리宗貞盛의 간청에 의해 세종 5년인 1423년에 부산포와 제포, 그리고 3년 후인 1426년에는 염포를 더해 다시 삼포三浦가 개항되어 조선과 일본의 교역이 재개된다. 삼포는 말하자면 당시의 대일 자유무역항이었던 셈이다. 『세종실록世宗実録』 31권 세종 8년의 기록은 삼포 개항의 상황을 자세하게 전하고 있다.

> 대마도의 좌위문대랑(左衛門大郎)이 삼미삼보라(三未三甫羅)를 보내어 내조(来朝)하여 예조에 글월을 올리기를, "우리 섬에는 토지가 없사오니 거제도(巨済島)에 있는 농토 한 자리를 주어 사람들로 하여금 농사를 지어서 생활을 유지하게 하여 주시고, 상선(商船)이 정박하는 곳은 다만 내이포(乃而浦)와 부산포(富山浦) 두 곳에만 와서 무역하도록 제한을 하였는데, 이것도 좌우도(左右道)의 각지의 항구에 마음대로 다니며 무역 할 수 있도록 허가하여 주소서."하였다. 이에 대하여 좌랑(佐郎) 신기(慎幾)가 답서를 보내기를, "거제도에 있는 농토를 요청한 건에 대하여는, 거주민이 모두 다 개간했기 때문에 요청을 들어줄 수 없으며, 상선이 정박하는 장소에 대하여는, 삼가 나라에 보고를 드리어 과거에 지정 되었던 내이포와 부산포 이외에 울산(蔚山)의 염포(塩浦)에서도 무역을 허가하기로 하였으니, 그리 알라."하였다.[18]

삼포는 오늘날의 경상남도 지역에 속하는 곳이다. 부산포는 현재의 부산이며, 제포는 현재의 창원시 진해구로서 내이포乃而浦라고도 하였다. 삼포 중 나중에 추가로 개항된 염포는 현재의 울산에 해당한다. 삼포에는 연간 5천 명이 넘는 일본인이 드나들었으며, 이곳에

---

18) 세종실록 31권, 세종8년(1426년) 1월 18일 기사. 국사편찬위원회 홈페이지(sillok.history.go.kr)에서 인용

는 일본 상인들의 거류지인 왜관倭館이 만들어진다.

그러나 1510년에 중종中宗의 무역 혜택 제한에 반발한 일본인들이 난을 일으킨다. 이를 삼포의 난 또는 삼포왜란이라고 한다. 이로 인하여 삼포는 폐쇄되고 조선과 일본의 교역은 쇠퇴해진다. 이후 1512년에 중종은 제포만 다시 개항하여 조일 무역을 허가한다.

2019년 3월 학술조사에 의해 경남 창원시 진해구 제덕동 일대에서 제포 왜관 터가 발굴되었다. 삼포 왜관 중에서 유일하게 그 터가 확인됐다는 점에서 중요한 의미를 지니는 것이다. 특히 일본 문헌『중세왜인전中世倭人伝』에 의하면 1494년 당시 제포 왜관에는 347가구에 2,500여 명의 일본인이 거주했다고 한다. 같은 시기에 부산포 왜관에는 453명, 염포 왜관에는 152명이 머물었다는 기록에 비하면 대단위의 일본인 거주지가 제포에 있었음을 알 수 있다.[19]

5) 히가시야마東山문화

히가시야마문화는 기타야마北山문화로부터 약 80년 후인 무로마치 막부 8대 쇼군 아시카가 요시마사足利義政(1436~1490) 통치기를 중심으로 한 15세기 후반의 문화를 가리킨다. 기타야마문화가 3대 쇼군 아시카가 요시미쓰足利義滿 때 교토의 기타야마에 세워진 금각사로 대표되는 것이라면, 히가시야마문화는 8대 쇼군 아시카가 요시마사가 교토의 히가시야마東山라는 곳에 지은 은각사銀閣寺(긴카쿠지)

19) <동아일보>, 2019년 3월 13일 기사 A22면.

교토에 있는 은각사의 은각

로 대표되는 문화이다. 히가시야마라는 명칭 또한 이곳의 지명에서 유래되었다.

무로마치시대의 문화는 기타야마문화와 히가시야마문화로 대별된다. 두 문화의 공통점은 무로마치 문화의 전반적인 특징이기도 하는 교토 귀족문화의 바탕 위에 무사문화와 중국에서 전래된 불교인 선종禪宗의 문화가 융합되었다는 점이다. 두 문화의 차이점을 들자면, 기타야마문화는 이 세 가지 요소 중 귀족문화의 영향이 가장 강하여 우아하고 화려하다는 특징이 있다. 무사 계층이 아직 자신들의 독자적인 문화를 형성하지 못하고, 귀족문화에 대한 동경심을 지니고 있었던 시대 상황이 반영된 결과이다. 이에 비해 히가시야마문화의 특징은 기타야마문화를 계승하면서도 선종의 영향이 더 우세하여, 간결하고 세련된 깊이를 보이는 무사문화가 성립된다는 점이다. 현대 일본사회에서 일본의 전통문화라고 일컬어지고 있는 것 중에는 무로마치시대에 성립된 것들이 많은데, 그 중의 대부분은 바로 이 히가시야마문화에 뿌리를 두고 있다.

전통주택 양식 쇼인즈쿠리書院造

가마쿠라 막부 8대 쇼군 아시카가 요시마사는 3대 쇼군 아시카가 요시미쓰의 기타야마 산소北山山莊를 모방하여 히가시야마 산소東山山莊라는 별장을 짓는다. 그리고 기타야마 산소의 중심 건물이 3층 누각인 금각金閣이었듯이, 2층 구조의 누각 은각銀閣을 짓는다. 금각은 건물에 금박이 발라져 있어서 붙여진 명칭이지만, 은각은 은박으로 장식되지는 않았다. 이 별장은 아시카가 요시마사 사후 그의 유언에 따라 불교 사찰로 바뀐다. 은각을 포함한 절 전체를 통상 은각사銀閣寺라 부르지만 정식 명칭은 지쇼지慈照寺라는 선종 사찰로서, 금각사와 함께 교토를 대표하는 절 중의 하나이다.

은각의 1층은 무사들의 주택 양식인 쇼인즈쿠리書院造로 되어 있으며, 2층은 선종의 사찰 건축 양식으로 지어졌다. 특히 1층의 쇼인즈쿠리는 오늘날까지 내려오는 일본 전통주택 양식의 원형으로서, 선종의 사찰 건축에서 영향을 받아 이 시기에 새롭게 확립된 무가 주택 양식이다. 쇼인書院(서원)이란 서재를 겸한 거실을 말하며, 즈쿠리造는 구조, 형태라는 뜻이므로, 쇼인즈쿠리는 '서원식 구조' '서원식 형태'라는 의미가 된다. 은각사 경내에 있는 도구도東求堂 건물의 도진사이同仁齋도 이 시기에 성립된 쇼인

무로마치시대 무사의 주택 양식 쇼인즈쿠리 내부

즈쿠리를 대표하는 것이다.

쇼인즈쿠리의 구성 요소는 방바닥에 다다미를 깔고, 건물의 내부와 외부는 쇼지障子로 구분된다. 쇼지는 나무틀에 창호지를 바른 문으로, 한옥의 장지문과 유사한 것이다. 쇼지를 통해 밖에서 들어오는 반투명 빛은 조명으로 이용하며, 쇼지의 창호지는 실내 습도를 자연스럽게 조절하는 역할도 한다. 실내 공간은 처음부터 고정되는 것이 아니라, 방과 방 사이의 문인 후스마襖로 구획되어 있다. 따라서 후스마를 열면 한 공간이 되고, 닫으면 별도 공간으로 분리되는 유동적인 공간 활용이 쇼인즈쿠리의 특징 중 하나이다. 또한 방의 가장 안쪽에는 족자 그림이나 꽃꽂이를 장식하는 공간이 마련되어 있는데, 이를 도코노마床の間라고 한다.

돌과 모래의 정원 가레산스이枯山水

히가시야마문화를 대표하는 것 중의 또 하나는 가레산스이枯山水라는 일본의 전통 정원 양식이다. '자연 풍경'을 뜻하는 산스이山水(산수) 앞에 '마르다'라는 뜻의 수식어 가레枯(고)가 붙어서, 물이 없이 메마른 자연의 경치라는 의미가 되는 것이다. 정원이라 하면 우선 꽃, 나무, 연못 등을 떠올리는 것이 일반적이다. 그러나 가레산스이는 꽃과 나무가 없으며, 물도 전혀 이용하지 않고 돌과 모래만으로 조성된 정원이다. 그래서 가레산스이는 다른 말로 세키테이石庭(석정)라 부르기도 한다

가레산스이는 그 이전의 일본 정원에서 부분적인 기법으로 나타

교토 료안지의 가레산스이 정원

나기도 하였지만, 하나의 독립된 정원 양식으로 확립된 것은 무로마치시대 히가시야마 문화 때이다. 이것은 히가시야마 문화 형성에 많은 역할을 한 선종禪宗의 영향 때문이다. 즉, 가레산스이 정원에는 결코 화려하지 않으며, 쓸데없는 것은 최대한 생략하고 절제하는 일본적 미학인 와비侘び의 세계가 구현되어 있는 것이다. 와비란 한적하고 소박한 정취를 뜻하는 미적 이념이다. 그 이전까지 일본의 정원은 물을 끌어들일 수 있는 장소에 조성되는 것이 일반적이었지만, 선종 사찰을 중심으로 하는 가레산스이 정원 양식이 확립됨으로써 물이 없는 곳이라 할지라도 정원을 만들 수 있게 된다.

교토에 위치한 선종 사찰인 료안지竜安寺의 정원은 일본의 대표적인 가레산스이로 널리 알려져 있다. 료안지의 가레산스이는 가로 25미터, 세로 10미터 정도의 공간에 오직 하얀 모래만 깔려 있고, 그 위에 15개의 크고 작은 돌이 배치되어 있을 따름인 지극히 추상적인 표현의 정원이다. 하얀 모래는 바다를 상징한다. 그리고 모래 표면에 만들어진 밭이랑 무늬는 파도를 묘사한 것이며, 그 위에 놓인 15개의 돌들은 섬을 상징한다. 관람자들은 료안지 방장方丈의 마루에 앉아서 이 간결하고도 추상적인 정원을 심상으로 음미하는 것이다.

흰 모래 위에 크고 작은 자연석을 세워 조합하면 하나의 관념의 세계가 태어난다. 이러한 바다에 떠 있는 섬들 하나하나가 바로 불국토가 된다. 선종 스님들은 이러한 자연과 대면하면서 자신의 존재를 명상한다. 보이지 않은 것 속에서 보고, 들리지 않는 것을 들으며, 자기 존재를 부정하면서 자신을 세우는 선종의 이념이 곧 돌덩이에 불과하나 가레산스이로 받아들이게 하는 것이다.[20]

료안지는 1450년 무로마치 막부의 2인자 자리인 간레이管領였던 호소카와 가쓰모토細川勝元(1430~1473)가 창건한 선종 사찰이다. 그러나 이곳의 가레산스이 정원은 언제, 누가 만들었는지는 구체적으로 알려져 있지 않다. 다만 료안지의 기록에 1500년경 선승禪僧들이 만든 것으로만 전해지고 있다고 한다. 료안지 가레산스이가 해외에까지 알려진 계기는 1975년에 영국 엘리자베스 여왕이 이곳을 방문하면서부터이다. 당시 방일 일정 중 교토 료안지 관람을 희망한 영국 여왕은 가레산스이를 감상한 후 격찬을 하였다. 이를 해외의 많은 매스컴이 보도한 것이다. 교토에는 료안지 외에도 다이토쿠지大德寺의 다이셍인大仙院이나 겐닌지建仁寺 등 많은 선종 사찰의 가레산스이가 오늘날까지 전해지고 있다.

6) 다도茶道 와비차侘び茶의 성립

와비차의 창시자 무라타 쥬코

일본에서 차를 마시는 풍습은 헤이안平安시대(794~1185) 초기인 9세기경에 시작되었다. 당시 견당사遣唐使가 중국 당唐나라에서 전래

20) 박경자,『한중일 정원에서 찾은 트렌드Ⅱ』, 학연문화사, 2020, pp.30~31.

한 차를 마시는 풍습이 일부 귀족과 불교 승려들 사이에 퍼진 것이었다. 그러나 이러한 풍습은 견당사 제도가 폐지된 후 쇠퇴해진다. 이후 12세기 말 가마쿠라鎌倉시대에 일본 승려 에이사이栄西(1141~1215)가 송宋나라에서 선종禅宗과 함께 차를 들여와, 귀족이나 무사들 사이에서 차를 마시는 풍습이 정착하게 된다. 남북조南北朝시대에는 무사나 귀족들의 오락으로서 차의 생산지나 품질의 좋고 나쁨을 알아맞히는 게임이 유행하였는데, 이를 도차闘茶(투차)라고 하였다. 도차에는 큰 상품도 걸려 있는 등 흥행적인 요소가 많다보니 과열되어 도박으로 변질되는 경우도 발생한다.

무로마치시대에는 귀족이나 상류 무사 계층 사이에 명일明日무역을 통해 중국에서 수입한 호화로운 다기茶器를 수집하고, 이러한 차도구로 차를 즐기는 경향이 있었다. 이러한 유행과는 달리 15세기 후반 불교 승려인 무라타 쥬코村田珠光(1422~1502)는 차와 선禅의 정신을 융합하여, 간소한 다기를 사용하여 소박하고 한적한 분위기 속

일본 다도의 다실. 다회 참석자는 작은 문(니지리구치)으로 허리를 굽히고 무릎을 꿇고 들어간다.

에서 차를 마시는 예법을 만든다. 이것이 일본 다도의 본질인 와비차侘び茶의 시초이다. 와비차란 와비의 정취를 다도를 통해서 즐기는 것으로, 초가암자풍으로 검소하게 꾸민 다실에서 소박하고 한적한 정취를 차와 함께 즐기는 것을 말한다. 따라서 다실에는 화려한 장식이나 차도구를 피하고, 마치 산중의 초가집 암자를 속세에 옮겨 놓은 듯한 소박하고 차분한 분위기를 강조하였다. 그래서 이러한 분위기를 시중은市中隱 또는 시중市中의 산거山居라는 말로 표현하기도 한다.

무라타 쥬코가 창시한 와비차는 전국시대에 다케노 죠오武野紹鴎(1502~1555)가 계승하여 간소함을 본질로 하는 와비차의 특징을 더욱 발전시킨다. 이후 아즈치모모야마시대에 센노 리큐千利休(1522~1591)가 이를 이어받아 일본의 다도 와비차를 완성하게 된다.

당시 무가武家 사회에서 차는 손님 대접에 빼놓을 수 없는 중요한 요소가 된다. 따라서 상류 무사의 저택에는 차를 마시는 공간인 다실茶室이 만들어지며, 그곳에서 주인은 정성스러운 마음으로 손님에게 차를 대접한다. 일본 다도에서는 그러한 마음가짐을 이치고 이치에一期一会(일기일회)라고 한다. 즉 차를 대접하는 이 시간을 일생에 두 번 다시 올 수 없는 단 한 번의 만남으로 생각하고, 극진한 마음으로 차를 대접하며 주인과 손님이 함께 정신적인 교감을 한다는 의미이다. 이치고 이치에라는 표현은 센노 리큐의 문하에서 다도를 배운 제자 야마노우에 소지山上宗二(1544~1590)의 저서『야마노우에노 소지키山上宗二記』에 센노리큐가 강조한 말로 기록되어 있다.

또한 당시의 다도에서는 차를 마시는 행위를 단순히 갈증을 해소하기 위한 것이 아니라, 정신을 수양하는 참선參禪과 동일시하였다.

이를 나타내는 말이 다선일미茶禅一味, 다선일여茶禅一如이다. 즉 차를 마시는 행위와 선禅은 별개의 것이 아니고 동일한 것이라는 의미이다. 다도가 선禅으로부터 비롯되었으며, 일본의 음다飲茶 풍습이 가마쿠라시대의 선종禅宗 승려 에이사이栄西가 송宋나라로부터 전래한 것과 관계가 있음을 알 수 있는 표현이다.

오늘날 일본인의 생활에서 차를 마시는 일은 그야말로 일상다반사日常茶飯事이다. 문자 그대로 일상적으로 차 마시고 밥 먹는 것처럼 항상 하는 일인 것이다. 그들이 일상생활에서 마시는 차는 가공한 찻잎을 따뜻한 물에 우려내어 마시는 녹차緑茶(료쿠차)가 대부분이며, 이를 흔히 센차煎茶라 부르기도 한다. 하지만 정확하게 구분하자면, 센차는 녹차에 속하는 차 종류 중의 하나이다. 이에 비해 다도에서 사용하는 차는 맛차抹茶이다. 맛차는 녹차를 미세하게 갈아서 분말로 만든 것으로, 이 가루차에 따뜻한 찻물을 부어 차센茶筅이라는 도구로 잘 섞어서 음미하는 것이다. 12세기 말 선종의 승려가 송宋나라에서 들여온 것이 이 맛차를 마시는 풍습이었다. 맛차를 마신 후에는 다완을 감상하거나 도코노마에 장식된 수묵화를 화제로 담소를 나누는 등 일본의 다도는 일련의 과정이 양식화 되어 있다.

맛차를 즐기는 다도는 무로마치시대에 시작되었지만, 이후 18세기 말에는 녹차를 이용하는 다도인 센차도煎茶道도 성립되어 오늘날까지 이어지고 있다.[21] 일본의 다도라고 하면 일반적으로 맛차를 이용하는 전자의 다도를 의미하며, 다른 말로는 차노유茶の湯라고도 한다.

---

21) 谷晃, 『茶の湯ってなに?』, 淡交社, 2016, p.62.

일본 다도의 완성자 센노 리큐 초상화

와비차의 완성자 센노 리큐

무로마치시대에 무라타 쥬코에 의해 창시된 일본의 다도 와비차는 다케노 죠오를 거쳐 센노 리큐에 의해 꽃을 피운다. 그 때문에 오늘날 일본에서 다도에 관해 논할 경우, 무라타 쥬코나 다케노 죠오보다도 먼저 센노 리큐를 언급하는 것이 일반적이다. 센노 리큐가 주로 활동한 시기는 무로마치시대(1392~1467) 바로 다음인 전국戦国시대(1467~1573)와 그 뒤를 이은 아즈치모모야마安土桃山시대(1573~1603)이지만, 일본 다도의 역사적 흐름에 대한 효과적인 이해를 위해 여기에서 미리 서술하고자 한다.

다케노 죠오와 센노 리큐는 불교 승려나 무사 계층이 아니라 오사카 사카이堺의 상인 출신이다. 사카이는 현재의 오사카 후大阪府 사카이 시堺市이다. 전국시대에 국제무역으로 번창했던 사카이는 자치도시로서 유력 무사들의 직접적인 지배를 받지 않은 시기도 있었다. 중국 명明나라와의 무역이나 금융업 등으로 부를 축적한 사카이의 거상巨商들은 문화 활동에도 적극적으로 참여하였다. 즉 이들은 상인이면서 동시에 문화인이기도 했던 것이다. 사카이의 이러한 분위기 속에서 다케노 죠오나 센노 리큐 같은 다도의 거장들이 나올 수 있었던 것이다.

센노 리큐는 다케노 죠오의 문하에서 다도를 전수받았으며, 와비의 대상을 차도구에서 다실의 구조로까지 확대시킨다. 센노 리큐가 활약한 전국시대와 아즈치모모야마시대에는 특히 상류 무사들 사이에 다도가 널리 유행하였으며, 그들 중에는 센노 리큐를 다도 스승으로 모시는 사람도 많았다. 유력 무사들은 대규모 다회茶会를 개최하고 유명 산지에서 만든 다기를 소지함으로써, 자신의 권력과 권위를 과시하기도 하였다. 전공戦功을 세운 무사들에게 명품 다기를 포상으로 수여하는 풍습도 이 시대 무사 사회의 새로운 유행으로 정착한다.

한 세기 이상 지속되는 전국시대, 아즈치모모야마시대의 전란 속에서 오로지 약육강식의 법칙만이 존재하는 무사 세계와 다도는 전혀 어울릴 것 같지 않다. 그럼에도 불구하고 이 시대에 무사 계층에서 다도가 확산된 이유는 무엇이었을까. 당시 세상을 지배하는 자는 무력을 지닌 무사였지만, 정신적으로 이들보다 우위에 있었던 존재는 여전히 조정의 귀족 계층이었다. 따라서 교토 귀족들과의 대등관계를 위해 무사들은 품격과 교양을 길러야 했으며, 이를 위한 가장 좋은 수단은 다도를 통해 은연중에 자신의 우아함을 과시하는 것이었다. 말하자면 그 시대에 다도는 무사들에게 있어서 교양의 상징이기도 했던 것이다. 또한 전쟁이 계속되는 현실 속에서 무사들은 다도를 통해 일시적으로나마 심신의 고통을 달래기도 하였다.

전국시대의 유력 무사이자 아즈치모모야마시대의 천하 일인자 오다 노부나가織田信長(1534~1582), 그리고 그 뒤를 이어 100여 년 이상 지속되던 전쟁을 종식시키고 천하통일을 완수한 도요토미 히데요시豊臣秀吉(1537~1598)도 센노 리큐로부터 다도의 예법을 전수받았다. 그러나 도요토미 히데요시는 황금 장식의 다실을 만드는 등 센노 리큐가 지향하는 와비차에 역행한다. 두 사람 사이에는 여러 요인에 의한 불화가 발생하여, 1591년 센노 리큐는 도요토미 히데요시로부터 죽음을 명받는다.

와비차의 완성자 센노 리큐는 떠났지만, 그의 손자인 센노 소탄(1578~1658)의 세 아들이 각각 오모테센케表千家, 우라센케 裏千家, 무샤코지센케武者小路千家라는 다도 유파를 만들어서 증조부 센노 리큐의 와비차를 계승한다. 이들을 산센케三千家라 부르며, 같은 뿌리에서 자라난 이 세 가지는 일본의 다도를 대표하는 유파이다. 센노 리큐로부터 400여 년이 흐른 오늘날까지 이어지고 있는 세三 센千씨 집안家의 다도 유파는 현재 센노 리큐의 15~16대 후손이 이에모토家元로서 계승하고 있다. 이에모토란 예술 분야의 가문에서 대대로 가업을 계승하는 사람을 뜻하는 말로, 우리의 종가집 종손과 유사한 개념이다.

7) 화도華道의 성립

화도華道(가도)란 일본 전통예술 중의 하나로, 우리의 꽃꽂이에 해당하는 것이다. 일반적인 구어 표현으로는 이케바나生け花라고도 한다. 화도는 원래 불전仏前에 헌화하는 의식에서 유래한 것이다. 따라서 일본 화도의 시초는 6세기경 아스카시대에 백제로부터 불교가 전래된 이후에 시작된 것이다.

교토의 죠호지頂法寺라는 절로 출가한 아스카시대의 귀족 오노노

이모코小野妹子라는 사람은 그곳의 육각당六角堂에 모셔진 불상에 매일 정성스럽게 꽃을 올렸다. 사람들은 오노노 이모코의 숙소가 육각당 옆의 연못池 근처에 있었으므로 그의 승방을 이케노보池坊라 불렀으며, 이후 이케노보는 이 절의 스님을 나타내는 명칭으로도 사용된다. 이러한 연유로 죠호지는 일본 화도의 발상지로 인식되고 있다.

불교 의식에서 시작된 화도는 헤이안시대가 되면 감상을 목적으로 하는 입화立花(릭카)로 발전한다. 이후 무로마치시대 히가시야마 문화 때에는 쇼인즈쿠리書院造라는 건축 양식이 확립되어, 건물 내부에 꽃을 장식하는 공간인 도코노마床の間가 생기면서 꽃을 집안에서 감상하는 풍습이 확산된다. 이 시기에 바로 죠호지의 이케노보 센케池坊專慶라는 승려는 이러한 풍습을 체계화하고 입화를 예술의 경지로 승화시켜 일본의 화도를 성립시킨다.

오늘날 일본에는 수많은 화도 유파가 있는데, 그 중 가장 역사가 오래되고 권위를 인정받는 곳은 이케노보池坊이다. 이곳의 시조는 바로 무로마치시대의 이케노보 센케이인 것이다. 또한 교토에는 무로마치시대에 성립된 이케노보 화도의 정신을 건학이념으로 하는 이케노보池坊단기대학이라는 교육기관도 있어서, 이 시대의 젊은 화도 전문가를 양성하고 있다.

4. 전국戦国(센고쿠)시대

무로마치 막부의 지배력은 8대 쇼군 아시카가 요시마사足利義政(1436~1490) 통치기에 발생한 오닌応仁의 난을 계기로 급격하게 약화된다. 이로 인해 전국 각지에서는 막부의 최고 권력자인 쇼군의 통제에 따르지 않는 강력한 무사들이 출현하여, 서로 세력 다툼과 영토 쟁탈전을 벌이는 내전 상태로 돌입한다. 1467년에 일어난 오닌의 난 때부터 1573년까지 100여 년 동안 지속된 이 내전 상태의 기간을 전국시대라고 하며, 일본어로는 센고쿠戦国지다이時代라 읽는다.

8대 쇼군 아시카가 요시마사 때에 무로마치시대에서 전국시대로 돌입하면서 막부의 통치력은 붕괴되지만, 무로마치 막부 자체는 폐지되지 않고 15대 쇼군까지 존속된다. 당연히 8대 이후, 즉 전국시대로 돌입한 이후의 무로마치 막부 쇼군은 실권이 없고 이름뿐인 허수아비 통치자에 지나지 않았다. 막부가 계속 존재했기 때문에 전국시대를 광의広義의 무로마치시대로 넣는 경우도 있지만, 일반적으로는 이 기간을 전국시대로 분류한다.

전국시대라는 명칭은 기원전 8세기 후반에서 기원전 3세기 전반까지 중국 전토에 독립된 제후 국가들이 할거하여 분쟁을 벌인 춘추전국春秋戦国시대에서 유래했다. 당시 교토의 귀족들이 오닌의 난 이후의 난세를 중국의 춘추전국시대에 비유하여 전국시대라 명명한 것이다. 중국의 전국시대는 진秦나라의 시황始皇에 의해 통일되었지만, 100여 년에 걸친 일본 전국시대의 막을 내리고 천하를 제패한 사람은 무장 오다 노부나가織田信長(1534~1582)였다. 일본의 전국시대는 우리의 조선시대 전반부에 해당한다.

오닌의 난은 교토를 무대로 하여 전개되었다. 약 11년 동안 이어진 전란으로 인해 수도 교토는 황폐해진다. 이에 생활이 힘들어진 교토의 귀족들과 불교 승려들은 난을 피해 지방으로 이동하여, 현지의 다이묘들에게 몸을 의탁한다. 그 결과 8세기 말 이후 수도로서 발달해 온 교토의 귀족문화가 지방에 보급되어 이식되는 문화적 현상이 나타나기도 한다.

1) 오닌応仁의 난과 전국시대의 시작

무로마치 막부 8대 쇼군 아시카가 요시마사는 무인통치의 최고 권력자였지만, 정치에는 별로 관심이 없고 예술이나 문화 활동에 몰두한 문화인이었다. 그 결과 히가시야마東山 문화를 일으켜, 무로마치시대 최고의 문화적 전성기를 구가한다. 막부의 통치는 아내 히노 도미코日野富子(1440~1496)나 호소카와 가쓰모토細川勝元(1430~1473), 야마나 소젠山名宗全(1404~1473) 등 유력 슈고다이묘守護大名에게 위임함으로써, 오닌応仁의 난이 발생하여 정치적 혼란이 야기되는 원인을 제공한다. 이 난을 계기로 하여 무로마치 막부와 쇼군은 실질적인 통치권을 상실하고, 이후 100여 년 동안 전란이 이어지는 전국戦国(센고쿠)시대로 돌입하게 된다.

1467년에 시작되어 1477년까지 이어진 오닌의 난은 8대 쇼군 아시카가 요시마사의 쇼군직 후계자를 둘러싼 갈등과 유력 무사들의 세력 다툼 등이 원인이었다. 요시마사에게는 결혼한 지 수년이 지나도록 후사가 없었다. 그리하여 그는 어쩔 수 없이 친동생 아시카가 요시미足利義視를 자신의 뒤를 이을 9대 쇼군으로 결정한다. 그런데 그 이후에 요시마사에게 아들이 태어나면서 사단이 일어난다. 어떻게든 자신의 아들을 9대 쇼군 자리에 앉히고 싶은 요시마사의 부인 히노 도미코는 막부의 유력 무사 야마나 소젠에게 조력을 요청한다.

이에 대항하여 9대 쇼군으로 내정된 요시마사의 동생 요시미도 당시의 유력 무사 호소카와 가쓰모토에게 지원을 요청한다. 형수와 시동생의 정면대결 양상이 전개된 것이다. 이로써 무가의 두 거물 야마나 소젠과 호소카와 가쓰모토는 대립 관계에 놓이게 되며, 급기야 무력 충돌로 확산된다. 바로 오닌의 난이 발발한 것이다.

야마나 소젠이 지휘하는 군사 11만 명과 호소카와 가쓰모토가 이끄는 군사 16만 명이 교토를 무대로 하여 결전을 펼침으로써, 수도 교토는 황폐해지고 사회는 혼란에 빠진다. 그렇지만 정치적으로 무능한 8대 쇼군 아시카가 요시마사에게는 이러한 상황을 수습할 능력이 없었으므로, 막부의 지배력과 권위는 크게 실추된다. 아직 싸움의 결착이 나지 않은 1473년에 양 진영의 총수인 야마나 소젠과 호소카와 가쓰모토가 연이어 병사하고, 전란은 지방으로까지 확대되면서 그대로 전국시대로 돌입하게 된다. 최종적으로 9대 쇼군직을 계승한 것은 요시마사의 아들 아시카가 요시히사足利義尚였다. 그는 추락한 무로마치 막부와 쇼군의 권위를 회복하고, 흐트러진 정치를 재건하고자 하였으나 25세의 젊은 나이에 세상을 뜬다.

2) 센고쿠다이묘戦国大名의 등장

오닌의 난은 당시의 무가 사회에 하극상下剋上의 풍조를 만연시킨다. 하극상이란 신분이 낮은 자가 자신보다 높은 상사를 힘으로 넘어뜨리는 것을 말한다. 이로 인해 이제까지 무사 사회의 근본적인 질서였던 주종도덕이 무너지고, 가문이나 혈통보다도 오직 무력이 강한 자가 세상을 지배하는 시대로 접어든 것이다. 이러한 현상은 전국 각지에서 나타난다. 무로마치시대(1392~1467)에 지방을 통치하는 영주인 다이묘大名를 슈고다이묘守護大名라 한다. 슈고다이묘란 막부의 실권자 쇼군으로부터 한 지역의 군사권과 경찰권을 공식적으로 위임받은 유력 무사를 말한다.

그러나 전국시대 이후부터는 슈고다이묘보다 신분이 낮은 무사라도 힘만 있으면, 쇼군이 임명한 영주인 슈고다이묘를 무너뜨리고 그 자리를 차지하는 일이 흔히 발생한다. 더 나아가 무력으로 획득한 자신의 영지만을 통치하는 것이 아니라, 영토 확장을 위해 이웃 지역의 영주들과 끊임없는 전쟁을 벌이는 것이다. 이처럼 쇼군의 임명을 받지 않고 자신의 무력으로 지방의 다이묘가 된 유력 무사를 센고쿠다이묘戦国大名라 부른다.

이제까지는 각 지방의 무사가 강력한 힘을 지녔다 할지라도, 막부 쇼군의 통치력이 더 막강했기 때문에 감히 자신의 힘을 드러낼 수가 없었다. 그러나 쇼군의 통치력이 약화된 전국시대에는 지방의 유력 무사들이 굳이 막부를 의식할 필요가 없이, 자력으로 자기 지역의 독립된 통치자로 군림할 수 있게 된 것이다. 이같은 센고쿠다이묘의 출현으로 인하여, 힘을 지닌 수많은 영웅이 각자 한 지역을 차지하고 위세를 부리는 군웅할거群雄割拠의 시대가 100여 년 동안 이어지게 되는 것이다. 그러나 전국시대의 센고쿠다이묘 중에는 원래 쇼군에 의해 슈고다이묘로 임명되어 한 지방을 통치하던 유력 무사가 시대의 변화 속에서 세력을 더욱 확장하여 센고쿠다이묘로 변신한 경우도 일부 있었다. 동일본東日本 지방의 다케다武田, 이마가와今川 가문이나 규슈九州 지방의 오토모大友, 시마즈島津 가문 등이 여기에 해당한다.

막부의 권력 통제에서 벗어난 센고쿠다이묘들은 일종의 독립국가와도 같은 자신의 영지를 독자적으로 통치한다. 이러한 영지는 분국分国이라 불렸다. 센고쿠다이묘들은 자신들의 분국 통치를 위한 독자적인 분국법分国法도 제정한다. 그들의 분국 통치의 기본적인 목표는 부국강병富国強兵이었다. 그리하여 치수治水나 관개灌漑 사업을 통해 농업생산성을 높이고, 광산을 개발하거나 자유 영업, 면세 등을 통한 경제활성화도 추진한다. 또한 죠카마치城下町를 조성하고 도로를 개설하였으며, 숙박과 역참제도를 정비하여 분국의 기간산업 건설에도 힘을 기울인다.

죠카마치란 영주가 거주하는 성을 중심으로 형성된 도시를 말한다. 성城의 아래下 지역에 형성된 마을町이라는 의미이다. 말하자면 센고쿠다이묘가 기거하는 성 주변에 건설된 당시의 신도시인 것이다. 이러한 죠카마치는 전국시대 때부터 새롭게 나타난 도시 형태로서, 현재 일본의 여러 현청 소재지를 비롯하여 비교적 규모가 큰 도시들 중에는 이 죠카마치를 기원으로 하는 곳이 많다.

분국 통치에 있어서 부국富国과 함께 중요한 것은 강병強兵이었다. 그리하여 센고쿠다이묘는 영지 내의 고위 무사부터 하급 무사까지 모두 자신의 가신家臣으로 편입시켜 가신단을 조직화한다. 센고쿠다이묘들은 이러한 부국강병의 여러 정책을 통하여 독자적 지배 하에 있는 영지에서 통치 체제의 안정화를 강화하면서 권력을 행사했던 것이다. 각 지방의 센고쿠다이묘들이 실시한 일련의 정책들은 당시 일본 사회의 구조를 근본적으로 변화시킨다.

전국시대 각 지방의 주요 센고쿠다이묘로는 무쓰陸奧 지방의 다테伊達, 에치고越後 지방의 우에스기上杉, 사가미相模 지방의 호죠北条, 가이甲斐 지방의 다케다武田, 스루가駿河 지방의 이마가와今川, 오와리尾張 지방의 오다織田, 미노美濃 지방의 사이토斎藤, 에치젠越前 지방의 아사쿠라朝倉, 오미近江 지방의 아사이浅井, 아와阿波 지방의 미요시三好, 이즈모出雲 지방의 아마고尼子, 아키安芸 지방의 모리毛利, 스오周防 지방의 오우치大内, 도사土佐 지방의 죠소가베長曾我部, 붕고豊後 지방의 오토모大友, 히젠肥前 지방의 류조지竜造寺, 사쓰마薩摩 지방의 시마즈島津 등을 들 수 있다. 이들 중 100여 년에 걸친 전국시대의 내란을 종식시키고 천하를 통일한 센고쿠다이묘는 오와리 지방을 근거지로 하는 오다 노부나가織田信長이다. 오와리는 현재의 아이치愛知 현에 해당하는 지역이다.

3) 천하통일과 오다 노부나가織田信長

약 1세기 동안 하극상의 풍조가 지속된 전국시대도 마침내 종말을 맞이할 조짐이 나타나기 시작한다. 16세기 후반 두각을 나타낸 오와리尾張 지방의 센고쿠다이묘 오다 노부나가織田信長(1534~1582)의 세력 확장으로 인한 것이었다. 그의 가문은 원래 지방 영주인 다이묘大名 집안이 아니라, 슈고다이묘守護大名를 보좌하는 직책인 슈고다이守護代 집안이었다. 센고쿠다이묘로 신분이 바뀐 것은 그의 부친 때부터였다. 단순 계산하더라도 두 단계 수직 상승한 것으로, 전국시대라는 시대 상황 속에서만 가능한 일이었다. 그리고 아들인 오다 노부나가는 오와리 지방의 유력 무사를 뛰어넘어 천하 지배 세력으로 성장한 것이다.

100여 년 동안 지속된 전쟁 중의 최대 관심사는 누가 세상을 평정하고 수도 교토에 입성하느냐 하는 것이었다. 천하통일의 대업 완수에 근접한 오다 노부나가는 1568년 마침내 수도 교토에 입성하게 된다. 그리고 1573년에는 무로마치 막부의 15대 쇼군 아시카가 요시아키足利義昭를 교토에서 추방하고 명실상부한 천하 일인자로 등극한다. 이로써 1467년에 시작된 전국시대는 오다 노부나가에 의해 끝난 것이다.

무로마치 막부의 마지막 쇼군 아시카가 요시아키는 오다 노부나가의 후원으로 쇼군직에 올랐다. 따라서 처음에는 두 사람의 관계가 좋았다. 그러나 이후 불화가 발생하여, 아시카가 요시아키는 다케다 신겐武田信玄, 모리 데루모토毛利輝元 등 오다 노부나가의 라이벌인

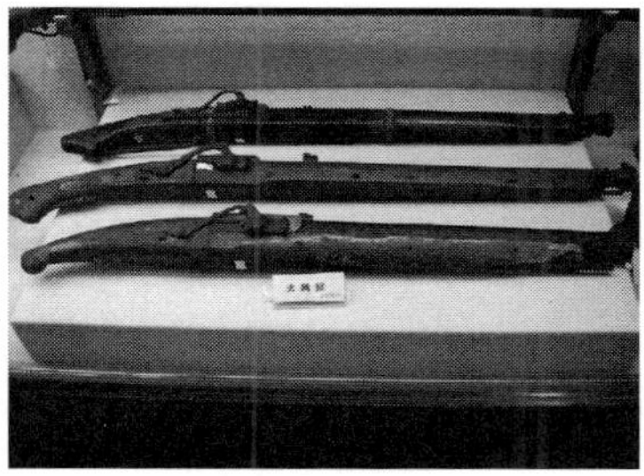
서양에서 일본으로 전래된 화승총

센고쿠다이묘들의 힘을 빌려서 그를 제거하려다 추방된다. 이리하여 8대 쇼군 때부터 실권도 없이 명맥만 유지해 오던 무로마치 막부는 15대 쇼군 때에 공식적으로 멸망한 것이다. 일본사에서는 이때부터를 전국시대 다음의 아즈치모모야마安土桃山시대로 분류한다.

아직 일부 지방에 저항 세력이 남아 있기는 했지만, 오다 노부나가가 일차적으로 천하를 쟁취한 가장 큰 요인은 전국시대에 서양에서 전래된 신무기인 화승총을 다량 확보하여 주요 전력으로 활용했다는 점이다. 그 위에 병농兵農분리정책을 실시하여 직업 군사 중심으로 병력을 조직했다는 점도 주요한 요인 중의 하나라 할 수 있다. 당시의 병사들은 대부분 농민 출신이어서 평소에는 농업에 종사하다가 전쟁이 발발하면 참전하는 형태였다. 그러나 그는 직업 군사를 양성하여 언제든지 전쟁에 투입 가능한 기동력을 확보한 것이다.

수많은 그의 전투 중에서도 1560년 스루가駿河 지방의 막강한 센고쿠다이묘 이마가와 요시모토今川義元가 2만 5천 명의 대군으로 오와리 지방을 공략하였을 때, 불과 3천 명의 군사로 대적하여 대승을 거둔 오케하자마桶狹間 전투는 일본 역사에서 널리 알려져 있다. 이 전투 이후로 오다 노부나가는 전국적으로 주목을 받기 시작했으며, 급속하게 세력을 확장해 간다.

그 외의 천하 지배 요인으로는 근거지인 오와리 지방에는 농업생산력이 높은 비옥한 노비濃尾평야가 있다는 점, 그리고 기존의 제도나 관습에 얽매이지 않는 오다 노부나가의 혁신적인 성격 또한 그의 천하 통일에 커다란 역할을 하였다 할 수 있다. 어린 시절부터 그는 독특한 행동을 자주 하여 주변으로부터 괴짜 취급을 받았으며, 그러한 기행奇行이 그의 천재성을 상징하는 일로 간주되는 경우도 있었다.

포르투갈 출신의 가톨릭 사제로서 전국시대 말기에 일본에서 선교 활동을 한 루이스 프로이스Luis Frois(1532~1597)는 저서『일본사』에서 오다 노부나가를 우수하고 비범한 인물로 묘사하고 있다. 이 기록에 의하면, 오다 노부나가는 명예심이 강하고 자신이 받은 모욕은 반드시 앙갚음하는 성격으로, 전술에 노련하고 군사적 수련에 힘을 기울였으며 대단히 성급한 성격이었다고 한다.

루이스 프로이스는 오다 노부나가와 동시대를 살았던 사람으로, 오다 노부나가, 도요토미 히데요시를 직접 만나 대화를 나누기도 하였다. 그렇기 때문에 그의 저서는 당시의 일본 사회에 대한 객관적인 이해를 돕는 귀중한 자료로 평가받기도 한다. 이 책에서 루이스 프로이스가 오다 노부나가를 긍정적으로 평가하고 있는 것은 오다 노부나가가 수도 교토에서의 포교를 허락하는 등 그리스도교에 대해 관용적인 태도를 취한 점도 일정 부분 영향을 미쳤을 것으로 생각된다. 그렇지만 오다 노부나가의 혁신적인 성격, 과감한 행동력과 함께 자신을 적대시하는 세력에 대해서는 가차 없이 살육하는 잔학성은 일본 역사에서 널리 알려져 있는 일이다.

오다 노부나가는 천하 통일의 완성을 눈앞에 두고 아직 저항하는 일부 지방의 센고쿠다이묘들을 평정해 가던 중에 부장副将 아케치 미쓰히데明智光秀의 모반으로 1582년에 교토의 혼노지本能寺라는 절에서 죽음을 맞이한다. 그가 이루지 못한 완전한 천하 통일은 그의 정권을 계승한 도요토미 히데요시豊臣秀吉가 전국시대 다음의 아즈치모모야마시대에 완성한다.

4) 일본과 서양문화의 만남

일본이 역사상 최초로 서양인, 서양문화에 접한 시기는 바로 전국시대였다. 그것도 일본인의 의지와는 아무 상관없이 우연한 사건을 계기로 하여 일본과 서양의 조우가 이뤄진다. 일본에서는 전국 각지의 센고쿠다이묘들이 치열하게 패권 다툼을 하고 있을 때, 유럽에서는 무역 확대와 그리스도교 포교를 위해 해외로 나아가 식민지 경쟁을 벌이는 이른바 대항해大航海시대가 시작되고 있었다. 그 선두에 나선 것은 스페인, 포르투갈 등 이베리아반도에 위치한 서유럽 국가들이었으며, 뒤를 이어 네덜란드, 영국도 이에 가세한다.

특히 13세기 말에 원元나라에서 20년 가까이 체류하다 귀국한 마르코 폴로의 『동방견문록』은 유럽인들의 아시아에 대한 호기심을 크게 자극한다. 게다가 동양에서 생산된 향신료, 차茶, 비단 등은 당시 유럽에서 수요가 많았다. 이러한 상황 속에서 스페인은 태평양으로 진출하여 필리핀의 마닐라를 아시아 무역의 교두보로 삼는다. 포르투갈도 아프리카 서해안을 남하하여 인도에 이르는 항로를 열었으며, 인도의 고아, 중국의 마카오 등지를 본거지로 하여 아시아 무역을 전개한다.

전국시대도 종반으로 접어든 1543년 규슈九州 남부 사쓰마薩摩 지방의 다네가시마種子島에 저장성 닝보寧波로 가던 중국의 범선이 표착한다. 사쓰마는 현재의 가고시마鹿児島 현에 해당하며, 다네가시마는 가고시마 현 남단으로부터 40Km 정도 떨어져 있는 씨앗種子(종자) 모양의 섬島이다. 그런데 이 배에는 포르투갈인이 동승하고 있었으며, 그 사람이 역사상 최초로 일본 영토를 밟은 서양인이다. 이 포르투갈인은 당시의 일본인이 그때까지 본 적이 없는 물건을 소지하고 있었다. 그것이 바로 전국시대의 일본사회를 크게 변화시킨 화승총火縄銃이었다. 다네가시마의 영주 다네가시마 도키타카種子島時尭는 이 첨단 무기를 그로부터 구입한다.

그 후로 이 신종 무기는 전국시대라는 국내 상황과 맞물려 단기간에 국산화되어 실전에 배치된다. 이로 인하여 수십 년 동안 이어오던 전법에 커다란 변화가 나타난다. 즉 이제까지의 기마병 중심의 전투에서 화승총을 소지한 보병 중심의 집단 전법으로 대변화가 일어나기 시작한다. 이에 따라 기동력을 갖춘 강력한 기마부대는 더 이상 승전의 요건이 되지 못하며, 어느 센고쿠다이묘가 더 많은 화승총을 확보하고 있는가가 전투의 승패를 좌우하게 되는 것이다. 여기에서 선제적으로 변화를 시도하여 천하 통일에 다가간 사람이 바로 오다 노부나가였다.

실전에서 화승총 사용이 확산됨으로써 성을 쌓는 장소와 축성술에도 변화와 기술적인 진보가 이뤄진다. 이전까지의 성은 적의 공격을 막기 위해 주로 험준한 산에 쌓는 산성山城이 일반적이었다. 그러나 화승총이 등장한 이후부터는 방어를 위한 산성의 기능이 무의미해진다. 이에 따라 축성 장소는 산에서 도시로 바뀌어, 센고쿠다이묘가 집무를 보는 정청을 중심으로 성이 들어서게 된다. 성의 재료와 구조 또한 이제까지의 토성 중심에서 거대한 돌을 사용하는 석성으로 변화하며, 망루의 기능을 하는 고층의 천수각天守閣이 설치되는 것도 화승총이 가져온 변화였다. 이처럼 도시의 평지에 지어진 평성平城은 군사적 거점만이 아니라, 정치, 경제의 중심지가 되며, 성 주변에는 죠카마치城下町라는 새로운 도시가 형성되기도 한다.

서양인 최초로 포르투갈인이 내일한 1543년으로부터 2년 후인 1545년부터는 포르투갈의 무역선이 규슈 지방에 내항하기 시작한다. 당시 규슈를 중심으로 한 서일본 지역의 센고쿠다이묘들은 서양무역으로 많은 이익을 남길 수 있는데다, 이를 통해서 유럽의 화승총을 확보할 수 있었기 때문에 서양과의 교역에 적극적이었다. 포르투갈 상인들이 들여온 물건들은 대부분 일본인들이 이제까지 본 적이 없는 것들이었다. 이 무렵 일본에 전래된 물건의 포르투갈어 명칭 중에는 뎀푸라(튀김), 팡(빵), 다바코(담배), 메리야스(내의), 곱푸(컵), 가스테라 등과 같이 지금도 일본어에서 사용되고 있는 외래어들이 있다.

1584년부터는 스페인 무역선도 일본과의 교역을 위해 규슈 지방에 입항한다. 일본인들은 포르투갈과 스페인에서 온 서양인들을 남만인南蛮人이라 불렀으며, 그들과의 무역을 남만무역이라 불렀다. 당시 일본에서는 이 두 나라 사람들이 남쪽에서 왔다고 생각하여, 고대 중국에서 남쪽의 이민족을 가리키는 남만인이라는 말을 그대로 사용한 것이다. 포르투갈과 스페인의 무역선이 일본으로 수입한 주된 품목은 유럽에서 생산된 화승총, 화약, 모직물, 유리제품, 시계 등과 중국 명明나라에서 생산된 견직물, 생사生糸 등이었다. 반면에 일본에서 이들에게 수출한 주요 품목은 은, 칠기, 도검류, 해산물 등이었다.

그 후 에도시대(1603~1868)가 시작되는 1600년대 초반에는 포르투갈과 스페인에 이어 네덜란드와 영국도 일본과 무역을 시작한다. 당시 일본에서는 이 두 나라 사람들을 머리 색깔이 갈색이라고 해서 홍모인紅毛人이라 칭하였다. 전국시대 때부터 교역을 위해 일본에 내항한 서양인들은 단지 유럽의 물질문명만을 전래시킨 것이 아니라, 일본인의 시야를 넓히고 세계관을 풍부하게 하였으며, 새로운 과학지식을 전파했다는 데에 커다란 의미가 있다.

5) 그리스도교의 일본 전래

16세기 초 독일의 마르틴 루터Martin Luther(1483~1546)를 중심으로 일어난 종교개혁 운동이 유럽 각국으로 파급됨에 따라 교황의 권위는 실추되고 가톨릭교회의 영향력은 저하된다. 이에 교회에서는 추락한 교세를 회복하고 새로 발생한 프로테스탄트 교회, 즉 개신교改新教 세력의 확장을 견제하기 위해 아시아 등 유럽 이외 지역의 선교활동에 눈을 돌리게 된다. 이에 따라 당시 유럽 국가들에 의해 식민지화가 진행되던 인도나 동남아시아 지역으로 많은 가톨릭교회 선교사들이 파견된다. 이들 중에 아시아의 동쪽 끝 일본 포교에도 관심을 갖는 선교사가 나타난다. 결과적으로 루터에 의해 촉발된 유럽의 종교개혁은 수 만리 떨어진 일본에까지 영향을 미치게 되는 것이다.

예수회 창립자 중 한 사람이자 후일 가톨릭 성인聖人으로 시성된 스페인 출신의 프란시스코 자비에르Francisco Xavier(1506~1552) 신부는 1549년 일본 포교를 목적으로 현재의 가고시마鹿児島 현에 해당하는 규슈九州의 사쓰마薩摩에 도착한다. 1543년 서양인 최초로 포르투갈인이 일본 땅을 밟은 지 6년 후에 같은 지방으로 그리스도교가 전래된 것이다. 수도 교토에서 서남쪽으로 가장 멀리 떨어진 변방이었던 사쓰마는 이처럼 서양문화와 그 문화의 큰 뿌리인 그리스도교를 최초로 받아들이는 창구 역할을 하게 되는 것이다. 예수회는 1540년 성 이냐시오, 프란시스코 자비에르 등이 파리에서 창설한 가톨릭교회 사제 수도회이다.

지금으로부터 약 470년 전 전국시대 종반에 이렇게 일본으로 전래된 그리스도교는 가톨릭 즉 천주교였다. 개신교가 일본에 들어온 것은 그로부터 300여 년 뒤인 19세기 후반의 메이지明治유신 이후이다. 프란시스코 자비에르는 스페인 발음으로 '프란시스코 하비에르'로 부르며, 그의 포교 활동 유적이 남아 있는 야마구치山口 현에서는 '프란시스코 사비에르'로 부르기도 한다.

프란시스코 자비에르는 포르투갈 왕 주앙 3세의 의뢰로 1542년에 인도 고아에 도착한다. 주앙 3세는 재위 중 아프리카와 아시아에 식민지를 확장하여 향신료 등을 독점 수입하였으며, 예수회 선교사들을 파견하여 포교활동을 전개하였다. 자비에르는 고아를 거점으로 하여 인도 각지에서 활동을 하던 중 1547년에 말레이반도의 말라카에서 일본인 안지로를 만난다. 그에게서 일본에 관한 여러 이야기를 듣고 관심을 갖게 된 자비에르는 일본 포교를 결심한다. 그리하여 그는 고아에서 세례를 받은 안지로 등 세 명의 일본인, 예수회 신부 및 수도사 등과 함께 1549년 8월 일본에 도착한다. 이후 가고시마 지방을 비롯하여 오이타大分, 나가사키長崎, 야마구치山口 등 주로 서일본 지역에서 선교활동을 펼친 자비에르는 천황의 선교활동 허가를 얻어서 포교 지역을 확대하기 위해 교토까지 방문하지만, 전국시대라는 혼란한 상황으로 인하여 뜻을 이루지는 못한다.

그렇지만 프란시스코 자비에르는 당대의 권력자 오다 노부나가織田信長와 우호 관계를 형성하면서 일본 포교활동에 힘을 받는다. 노부나가는 특정 종교에 대한 신앙이 없는 무신론자로 알려져 있지만, 그리스도교에 호의를 갖고 포교 활동을 허락하였을 뿐 아니라, 교토에 교회를 짓는 것까지도 허락한다. 노부나가가 실권을 장악한 시기에 그리스도교 포교활동이 가장 활발했던 것은 그의 이러한 호의 때문이었다. 이러한 상황의 배경에는 당시 불교 세력과 대립각을 세우고 있던 노부나가가 그리스도교 공인을 통해 불교를 억제하고자 했던 나름대로의 의도도 작용했을 것으로 생각된다.

일설에 의하면 프란시스코 자비에르는 포르투갈에서 가져온 와인을 오다 노부나가에게 선물하였으며, 이로써 오다 노부나가는 일본에서 최초로 와인을 마신 사람으로 알려져 있다고 한다. 일본에서 2년 여 동안 체류한 자비에르는 1551년 일단 인도 고아로 돌아간다. 일본 각지에서 포교활동을 하면서 일본문화에 중국의 영향이 크다는 것을 느낀 그는 중국 포교를 위해 다시 고아에서 중국으로 건너가지만 1552년에 병사한다. 자비에르가 일본을 떠난 후에도 많은 선교사들이 남만무역선을 타고 일본을 찾아와 의료나 사회사업과 함께 포교 활동을 전개한다. 특히 이 시기의 포교 활동은 무역과 가장 깊은 관련이 있었다.

당시 유럽 국가의 식민지가 된 아시아의 다른 나라들과는 달리 아직 일본에서는 서양 강대국의 힘이 영향력을 발휘하지 못하는 상황이었다. 따라서 본국으로부터 지원을 받을 수 없는 선교사들은 일본 각 지역의 센고쿠다이묘들에게 남만무역의 이익을 일일이 이해시키면서 포교 활동을 허가받을 수밖에 없었다. 그렇지만 전국시대의 센고쿠다이묘들 또한 대부분 남만무역을 원하고 있었기 때문에 중개자 역할을 해 줄 선교사들을 호의적으로 대하였다.

서양 최초로 일본에 내항한 포르투갈 무역선은 포교를 허락하는 지방에만 입항하였으며, 센고쿠다이묘들은 무역을 통한 이익과 화승총 확보를 위해 그들의 포교활동 보장 요구를 수용하였다. 이처럼 그리스도교 포교와 남만무역은 이를 둘러싼 양자의 이해관계가 일치하였기 때문에, 센고쿠다이묘들의 비호 속에서 그리스도교는 급속하게 교세를 확장할 수 있었다.

시간이 지나면서 유력 무사들 중에는 그리스도교를 믿고 세례를 받는 자들도 나타났는데, 이들을 기리시탄 다이묘라 불렀다. 기리시탄이란 크리스찬이라는 뜻이다. 특히 그리스도교 일본 포교의 시발점인 규슈九州 지방에는 이러한 기리시탄 다이묘가 많았다. 그들이 기리시탄이 된 이유는 순수하게 그리스도교 정신에 이끌린 사람들도 있었으나, 남만무역을 증진시킬 목적이나 서양의 문화, 과학기술 등을 수입하기 위한 의도 때문인 경우도 있었다.

현재의 나가사키長崎 현에 속하는 산죠죠三城城의 성주 오무라 스미타다大村純忠는 1563년에 세례를 받고 일본 최초의 기리시탄 다이묘가 된다. 특히 그를 비롯한 기리시탄 다이묘들은 아즈치모모야마 시대인 1582년에 기리시탄 소년들을 교황 알현 목적으로 로마에 파견하는데, 이들을 덴쇼天正소년사절이라 한다. 13세~15세 소년 네 명으로 구성된 덴쇼사절은 선교사의 안내로 나가사키를 출발하여 3년 정도 걸려서 로마에 당도한다.

유럽 사회와 가톨릭교회에 대한 견문을 넓힌 사절단은 1590년에 귀국한다. 그런데 그 동안에 세상은 오다 노부나가에서 도요토미 히데요시의 시대로 바뀌어 있었다. 게다가 도요토미 히데요시에 의해 그리스도교 금지령까지 내려져 있었다. 이로 인해 사절단의 방문으로 일본이라는 나라의 존재가 유럽인들에게 알려지는 성과는 올렸으나, 그리스도교 중심의 유럽 세계에 대한 견문이나 체험을 일본 포교에 활용하고자 했던 사절단 본래의 목적 달성은 어렵게 된 것이다. 1582년에 발간된 예수회 연보의 기록에 의하면 당시 일본의 그리스도교 신자 수는 약 15만 명 정도였다고 한다.

우리나라에서는 18세기 말에 천주교 서적과 교리를 연구하던 이승훈, 정약종, 권일신 등 실학자들을 중심으로 하여 자생적으로 천주교가 시작된다. 그리고 이들 중 이승훈이 1784년 북경에서 최초로 세례를 받고 돌아와 신앙 공동체를 형성함으로써 한국 천주교회가 탄생한다. 일본을 비롯한 대부분의 아시아 국가에서는 서양 선교사에 의해 그리스도교가 전래되었다는 점과 비교하면 대단히 독특한 경우라 할 수 있다.

5. 아즈치모모야마安土桃山시대

전국시대 말기가 되면 강력한 세 무장이 등장한다. 오다 노부나가織田信長, 도요토미 히데요시豊臣秀吉, 도쿠가와 이에야스徳川家康이다. 세 사람 중 100여 년에 걸친 하극상의 난세 속에서 천하통일을 향해 나아간 선두 주자는 오와리 출신의 오다 노부나가였다. 그는 1573년에 무로마치 막부 15대 쇼군 아시카가 요시아키足利義昭를 수도 교토에서 축출하고 일단 천하 통일을 실현하지만, 완전한 천하 통일의 완성을 바로 눈앞에 두고 가신家臣 아케치 미쓰히데明智光秀의 모반으로 1582년에 세상을 떠난다.

미쓰히데의 모반을 단시일에 평정하고 노부나가의 뒤를 이어 완전한 천하 통일을 이룬 사람은 그의 또 다른 가신 도요토미 히데요시豊臣秀吉였다. 그러나 도요토미 정권은 그가 세상을 떠나고 얼마 지나지 않아 도쿠가와 이에야스에 의해 1603년에 멸망하고 만다. 이로써 1467년부터 시작된 유력 무사들의 통치권을 둘러싼 전쟁은 완전히 끝나고, 이후 도쿠가와 정권은 메이지 유신이 일어날 때까지 265년 동안 대를 이어 천하를 지배한다.

100여 년의 전국시대에 종지부를 찍고 1573년 최초로 천하를 쟁취한 무사는 오다 노부나가였다. 그 뒤를 이어 천하를 장악한 사람은 도요토미 히데요시였다. 그리고 최종적으로 천하를 손에 넣은 무사는 바로 도쿠가와 이에야스였다. 그래서 일본에서는 전국시대 말기 이후의 이 천하 통일 과정을 비유하여 읊은 '오다가 절구질 하고, 하

시바가 빚은 천하의 떡, 앉은 채로 먹는 것는 도쿠가와(織田がつき 羽柴がこねし 天下餅 座りしままに 食ふは徳川)'라는 내용의 '천하의 떡(天下餅)'이라는 제목의 시가 에도시대 때에 유행한다. 노부나가가 시작한 천하 통일을 히데요시가 뒤를 이어 완성하였는데, 별로 힘 안 들이고 차지한 자는 도쿠가와라는 의미이다. 하시바는 도요토미 히데요시가 개명하기 전의 원래 성씨이다.

아즈치모모야마시대는 전국시대 말기에 두각을 나타낸 이 세 무장 중 오다 노부나가, 도요토미 히데요시 두 사람이 통치했던 시기이다. 즉 노부나가가 실권을 장악한 1573년부터 도요토미 정권이 멸망한 1603년까지의 30년 동안이 이 시대에 해당한다. 일본 역사의 여러 시대 중 가장 짧은 기간 동안 존속한 시대이다.

오닌의 난이 일어난 1467년부터 오다 노부나가가 실권을 장악하여 천하 통일을 거의 완성한 1573년까지를 전국시대라고 한다. 그러나 그 이후의 30년 동안인 아즈치모모야마시대도 시대 상황으로 보자면 전국시대의 연장이라 할 수 있다. 일본사에서 아즈치모모야마시대가 근세로 분류되는 경우도 있지만, 이런 이유 때문에 중세로 넣는 것이 적절하리라 생각된다.

아즈치모모야마라는 시대명은 오다 노부나가와 도요토미 히데요시가 거주했던 성 이름에서 유래된 것이다. 노부나가가 말년에 거주했던 성은 아즈치성安土城으로 현재의 시가滋賀 현에 해당하는 지역이다. 히데요시는 교토의 후시미성伏見城에 거주하였는데, 그 성의 성터에 복숭아桃(모모) 나무가 많이 있어서 모모야마桃山라고 불리게 되었다. 이 두 성의 이름이 합쳐져 아즈치모모야마로 명명된 것이다.

일본 역사의 시대 명칭은 아스카飛鳥, 나라奈良, 가마쿠라鎌倉, 무로마치室町, 에도江戸 등과 같이 수도 또는 막부가 설치됐던 곳의 지명에서 유래한 경우가 대부분이므로, 아즈치모모야마라는 이름은 대단히 이례적인 경우라 할 수 있다.

1) 쇼쿠호織豊 정권

전국시대를 종식시키고 천하통일의 기틀을 마련한 오다 노부나가와 그 뒤를 이어 천하통일을 완성한 도요토미 히데요시가 실권을 장악한 아즈치모모야마시대의 정권을 쇼쿠호 정권이라 부른다. 쇼쿠호란 말은 두 사람 이름의 첫 글자인 직織과 풍豊을 합친 직풍織豊을 음독하여 '쇼쿠호'로 읽은 것이다. 이에 따라 아즈치모모야마시대를 다른 말로 쇼쿠호시대라 부르기도 한다.

약 100년에 걸쳐 계속된 전국시대의 하극상 풍조 속에서 마침내 천하 통일의 움직임이 태동한다. 군웅이 할거하는 약육강식의 상황 속에서 가장 두각을 나타낸 것은 현재의 아이치愛知 현 서부 지역에 해당하는 오와리尾張의 영주 오다 노부나가였다. 그는 신무기인 화승총을 유효하게 활용하여 1573년 일단 천하 통일을 이루고 전국시대를 종료시킨다. 그러나 완전한 천하 통일을 목전에 둔 노부나가는 가신家臣 아케치 미쓰히데明智光秀의 모반으로 1582년에 야망이 좌절된다. 이 사건을 일본 역사에서 유명한 혼노지本能寺의 변變이라 한다.

교토를 방문한 오다 노부나가는 교토의 혼노지라는 절에 머무르고 있었다. 숙소에는 그를 호위하는 병사 100여 명 정도가 지키고 있을 뿐이었다. 이 사실을 안 미쓰히데는 빗츄備中 지방의 센고쿠다이묘 모리 데루모토毛利輝元(1553~1625)와 전투 중인 도요토미 히데요시 지원을 위해 출병하는 것처럼 이동한 뒤 도중에 방향을 바꾸어 혼노지를 급습한다. 모리를 공격하기 위한 것처럼 군사를 움직였지만, 실제 목표는 혼노지에 있는 노부나가였던 것이다. 지금도 일본에서 널리 사용되는 '적은 혼노지에 있다(敵は本能寺にあり)'라는 속담은 이 사건에서 유래한 것이다. 어떤 행동을 하는 척은 하지만 실제 목적은 다른 데에 있을 경우에 쓰는 표현이다. 자신의 가신家臣인 아케치 미쓰히데가 이끄는 대병력의 습격에 이미 대항할 수 없는 상황이 되었음을 간파한 노부나가는 혼노지에 불을 지르고 할복을 선택한다. 이로써 전국시대를 종식시키고 천하 통일을 이룬 혁명아 오다 노부나가의 세상은 1582년에 막을 내리게 된다.

오다 노부나가를 제거한 미쓰히데는 먼저 수도 교토를 장악하고 노부나가가 기거했던 아즈치성安土城 입성에 성공한다. 당시 도요토미 히데요시는 오다 노부나가의 명에 따라 빗츄 지방에서 완전한 천하 통일의 완성을 위해 다카마쓰성高松城을 공격하던 중이었다. 주군主君 사망 소식을 접한 그는 적에게 이 사실을 숨기고 서둘러 화친 조약을 체결한 후 급히 회군한다. 그리고 오사카와 교토의 경계 지역인 야마자키山崎에서 미쓰히데 군사와 일전을 벌여 주군 노부나가의 원수를 갚는다. 이것이 일본 역사에서 유명한 야마자키 전투山崎の戦い이며, 혼노지의 변이 발생한 지 불과 11일만의 일이었다.

아케치 미쓰히데는 노부나가의 죽음을 전해들은 히데요시가 자신을 반드시 공격해 올 것으로 예상은 하고 있었다. 그렇지만 교토에서 멀리 떨어진 빗츄 지방에서 막강한 모리 데루모토毛利輝元 군사와의 전투가 한창이었기 때문에, 이처럼 신속하게 회군하여 공격해 오리라고는 미처 생각하지 못했다. 치열한 전투 중이었던 히데요시가 주군의 죽음 소식을 접하자마자 신속한 판단력으로 적에게 화친을 요청하여 싸움을 마무리 한 뒤, 대병력을 이동하여 약 230Km에 이르는 거리를 강행군한 기록은 쥬고쿠오가에시中国大返し라는 이름으로 일본 역사에 널리 알려져 있는 일화이다. 빗츄 지방은 현재의 오카야마岡山 현에 속하며, 이 일대를 쥬고쿠中国 지방이라 부른다. 따라서 쥬고쿠오가에시란 쥬고쿠 지방에서의 대회군大回軍이라는 의미가 된다. 아케치 미쓰히데는 자신의 주군인 오다 노부나가 습격에는 성공했지만, 권력 장악은 이렇게 11일 천하로 끝나고 만다.

도요토미 히데요시의 이같은 신속한 결단력과 실행력은 오다 노부나가의 뒤를 계승하여 천하를 최종적으로 장악하는 결정적 요인이 된다. 그러나 당시의 정국은 아케치 미쓰히데만을 타도했다고 해서 히데요시가 손쉽게 천하의 주도권을 차지할 수 있는 상황은 아니었다. 히데요시 또한 노부나가의 최측근 가신 중 한 사람일뿐이었기 때문이다. 그래서 히데요시의 천하 장악을 견제하는 다른 유력 가신 세력과의 무력 충돌은 불가피하였으며, 경우에 따라서는 협상과 회유책으로 반대 세력의 반발을 무마시키기도 한다.

도요토미 히데요시는 원래 무사 집안이 아니라 오와리尾張 지방의 하층민 출신이었으며, 이전의 이름은 하시바 히데요시羽柴秀吉였다.

어려서 집을 나온 히데요시는 여러 일을 전전하던 중, 오다 노부나가의 수하로 들어가 신변 시중드는 일부터 시작하여 차츰 두각을 나타낸 입지전적인 인물이다. 아무리 출신 성분이 낮을지라도 능력만 있으면 중용하는 합리주의자이기도 했던 노부나가가 그의 재능을 간파하고 받아들인 것이다. 따라서 히데요시의 성공과 천하 제패는 노부나가와의 만남이 없었다면 생각할 수 없는 일이었다. 추운 겨울날 노부나가의 짚신을 가슴에 따뜻하게 품고 있다가 방에서 나오는 노부나가에게 대령하여 크게 감동시켰다는 히데요시의 일화는 널리 알려져 있다.

재능은 갖췄지만 출신 성분에 따르는 위엄이 없었던 도요토미 히데요시는 조정의 권위를 이용한다. 그리하여 1585년에는 천황의 정무를 대리 집행하는 관백関白의 지위에 오르며, 1586년에는 태정대신太政大臣이라는 조정의 최고 권력 자리에 오른다. 관백과 태정대신은 최고의 귀족 신분만이 차지할 수 있는 지위이다. 태정대신에 오른 해에는 천황으로부터 도요토미豊臣라는 성을 하사받고, 이전의 하시바 히데요시羽柴秀吉에서 도요토미 히데요시豊臣秀吉라는 이름으로 개명하여 사용하기 시작한다. 이어서 1588년에 히데요시는 당시의 고요제後陽成 천황을 자신의 정청 겸 거처인 쥬라쿠다이聚楽第로 초대한 가운데 모든 다이묘들을 집결시켜 자신에게 충성 서약을 하도록 한다. 그의 이러한 일련의 행동은 조정의 권위를 정치적으로 이용하여 자신의 출신 성분으로 인한 열등감을 극복하기 위한 것이었다.

그러나 여전히 그에게 저항하는 세력은 남아 있었다. 도요토미 히데요시는 조정의 권위를 이용한 명령에도 거역하는 규슈九州 지방의 시마즈島津 씨를 1587년에 굴복시키며, 1590년에는 간토関東 지방의 호죠北条 씨 세력을 무력으로 제압한다. 군사력과 조정의 권위를 능숙하게 활용한 히데요시는 이로써 저항하는 전국의 유력 다이묘大名들을 모두 굴복시키고 오다 노부나가 사후 8년만인 1590년 마침내 완전한 천하 통일을 이루게 된다.

한 세기 이상 계속된 난세를 평정한 도요토미 히데요시는 이후 1592년과 1597년 두 번에 걸쳐 조선을 침략하며 1598년에 병사한다. 히데요시 사후 아들 도요토미 히데요리豊臣秀頼가 그의 뒤를 계승하지만, 불과 2년 뒤인 1600년 세키가하라 전투関が原の戦い에서 히데요시의 오랜 라이벌 도쿠가와 이에야스에 의해 참패하고 천하통치의 실권을 잃는다. 그렇기 때문에 아즈치모모야마시대의 끝과 에도江戸시대의 시작을 1600년으로 보는 견해도 있다. 그러나 도쿠가와 이에야스가 에도 막부를 세우고 쇼군에 임명된 1603년을 기준으로 아즈치모모야마시대와 에도시대를 구분하는 것이 일반적이다.

2) 아즈치모모야마安土桃山문화의 특징

아즈치모모야마시대의 문화를 아즈치모모야마문화라 칭하며 모모야마문화라 부르기도 한다. 그렇지만 모모야마문화라고 할 경우에는 도요토미 히데요시가 통치했던 아즈치모모야마시대 후반기의 문화만을 나타내는 용어로도 사용된다.

아즈치모모야마문화는 전국시대(1467~1573) 때 한 세기 이상 지속되던 전쟁이 종식된 후 새롭게 두각을 나타낸 신흥 다이묘와 활발한 국내외 경제활동을 통하여 부를 축적한 호상豪商들이 주축이 되어 꽃을 피운 문화로서, 화려하고 장쾌한 면을 지닌 점이 큰 특징이다. 이제까지의 수도 교토京都의 귀족과 무사 계층 중심 문화는 지역적, 계층적 확산이 진행되어, 교토 및 오사카大阪를 비롯한 사카이堺, 하카타博多 등 도시 지역에서 활동하는 상공업자들이 새로운 문화 주체의 한 축으로 등장하기 시작한 것이다.

아즈치모모야마문화의 또 다른 특징은 아스카飛鳥시대 이래 일본 문화에 가장 큰 영향을 끼쳐 온 불교적인 색채가 약해졌다는 점이다. 일본의 고대 및 중세 문화의 밑바탕에는 불교와 일본의 고유 신앙인 신도가 자리 잡고 있었다. 특히 오랜 동안 일본의 정치, 사회, 문화 등에 가장 큰 영향을 끼친 불교 세력은 오다 노부나가와 도요토미 히데요시의 정책에 의해 약화되었다. 이에 따라 이제까지의 신불神仏 중심의 문화가 인간 중심으로 변화하는 경향이 나타나면서, 아즈치모모야마문화 전반에는 현실적이고 세속적인 성향이 두드러지게 된다.

전국시대 후반부터 유입되기 시작한 서양문화의 영향으로 국제적인 요소가 나타나는 것도 아즈치모모야마문화의 큰 특징 중의 하나라 할 수 있다. 이 시대의 최고 권력자 오다 노부나가는 서양 선교사들의 그리스도교 포고에 관대하였으며, 그들을 매개로 하여 활발해진 남만무역을 통해 수입된 문물을 즐기는 취향이 있었다. 이러한 취향은 당시의 무사들 사이에서 널리 유행하기도 하였다. 도요토미 히데요시도 남만 문물을 즐기기는 하였으나, 그리스도교 선교 활동에는 부정적이어서 선교사 추방령을 내린다. 1587년에 히데요시가 내린 이 그리스도교 금지령을 바테렌 추방령이라 부른다. 바테렌이란 포르투갈어로 신부神父를 뜻하는 파드르padre를 가리키므로, 일본에서 포교 활동을 하는 가톨릭 신부를 추방하는 명령인 것이다.

도요토미 히데요시도 원래는 오다 노부나가의 정책을 계승하여 선교사들의 포교 활동을 묵인하였다. 그러나 1587년 자신에게 저항하는 시마즈島津 세력 진압을 위해 규슈九州 지방으로 출병한 그는 나가사키長崎가 예수회의 영지領地로 되어 있는 것을 알고 크게 놀라 하카타博多에서 서둘러 포교 금지와 선교사 추방령을 내린다.

추방령을 내린 주된 이유는 그리스도교의 인간평등 사상이 널리 확산될 경우, 그의 절대적 권력 유지에 지장을 초래할 수 있으며, 규슈 지방 중심의 기리시탄 다이묘들이 힘을 키워 그에게 대항 세력이 되는 것을 염려한 때문이었다. 그 위에 당시 포르투갈이나 스페인이 그리스도교 포교와 함께 세계 각지에서 식민지화를 추진하고 있는 것에 대한 우려도 있었다. 그러나 히데요시가 내린 바테렌 추방령에 의해 지방 영주인 다이묘大名의 그리스도교 신앙은 금지되었지만, 일반 무사나 백성들의 신앙은 엄격하게 통제되지 않았으며 남만무역도 이전과 같이 진행된다.

아즈치모모야마문화를 대표하는 것들을 구체적으로 보자면 성곽城郭과 그 내부를 장식하는 벽화 그리고 다도 등을 들 수 있다. 성곽은 아즈치모모야마문화를 대표적으로 상징하는 것이라 할 수 있다. 이제까지의 성은 전쟁 시의 방어가 가장 중요한 기능이었다. 그러나 100여 년 이상 지속되던 전쟁이 끝나고 천하 통일이 완성되는 아즈

효고 현에 있는 히메지성

치모모야마시대로 들어오면, 방어 기능에 더하여 통치자의 권력 상징으로서의 성격이 중시된다. 즉 이제까지의 전쟁용 성이 이때부터는 과시용 성으로 변화하는 것이다.

이 시대를 대표하는 성은 오다 노부나가가 지어서 말년에 기거한 아즈치성安土城이었다. 1576년에 공사가 개시된 이 성은 그의 천하를 향한 절대적인 권력을 상징하듯 높이 세워진 천수각을 지닌 거대한 건축물이었다. 그러나 1582년에 노부나가가 세상을 떠남으로써 아즈치성 또한 역사의 중심에서 사라지게 된다. 아즈치모모야마시대에 건축되어 현재까지 남아 있는 대표적인 성으로는 효고兵庫 현의 히메지성姫路城, 나가노長野 현의 마쓰모토성松本城, 시가滋賀 현의 히코네성彦根城 등을 들 수 있다.

성의 성격에 변화가 나타남에 따라 성곽 건축물을 장식하는 회화도 발전하게 된다. 이러한 그림은 주로 성의 내부 벽을 화려하게 장식하는 장벽화障壁画이며, 방과 방 사이의 문인 후스마나 병풍 등에도 많이 그려진다. 장벽화의 특징은 황금빛의 화려한 금박 바탕 위에 선명하고 강력한 색채로 사물을 묘사하는 것이었다. 그림의 소재에 있어서도 예전에는 불교적인 세계를 묘사하는 것이 많았으나, 아즈치모모야마시대에는 화조도花鳥図나 서민들의 생활상을 표현하는 그림들이 나타난다. 이 시대의 대표적인 화가로는 가노 에이토쿠

狩野永徳(1543~1590)를 들 수 있다. 그는 가노파狩野派 4대째를 계승하는 화가로서, 무로마치시대에 중국 송宋나라에서 선종과 함께 전래된 수묵화와 일본 고유의 그림인 야마토에大和絵를 융합한 화사하고 웅장한 장식화 작품으로 명성이 높았다.

가노파狩野派는 일본 회화사絵画史에 있어서 가장 유명한 가문이다. 그 뿌리는 무로마치시대(1467~1573) 히가시야마東山문화를 일으킨 8대 쇼군 아시카가 요시마사足利義政 때의 가노 마사노부狩野正信(1434~1530)로부터 시작되었으며, 에도江戸시대(1603~1868) 말기까지 약 400년 동안 일본 미술계에 군림하였다.

아즈치모모야마시대에는 센노 리큐千利休에 의해 다도茶道가 확립된다. 이미 무로마치시대 히가시야마문화 부분에서 센노 리큐에 대해서는 상세하게 언급하였는데, 화려한 이 시대의 문화와는 대조적으로 간소하고 한적한 경지를 추구하는 그의 와비차侘び茶가 대성한 것이 바로 아즈치모모야마시대이다. 이 시대에 다도는 정쟁 속의 일상을 살아가는 무장들에게 일시적으로나마 안식의 시간이 되었으며, 유력 무사들은 다회茶会를 개최하여 사교와 정치의 장으로 활용하기도 한다. 또한 이 시기에는 사카이堺 등지의 도시 상공업자들 중에도 다도를 즐기는 사람들이 늘어난다.

유력 무사들 사이에서 다도가 널리 유행한 것은 오다 노부나가의 영향이 컸다. 그는 사카이의 상인을 통해 유명한 다완茶碗을 수집하였으며, 이를 공적을 세운 가신들에게 포상으로 주기도 하였다. 전투에서 공을 세운 가신에게는 토지를 부여하거나 금전적인 보상을 하는 것이 당시의 일반적인 관행이었으나, 유력 무사들 사이에 다도가 유행하면서 다도 도구인 다완 등이 그 대체재로도 사용된 것이다. 또한 노부나가는 다회를 개최하여 주요 가신家臣들을 초대하였는데, 그가 개최하는 다회에 참석하는 것은 당시의 무사들에게는 명예로운 일이었다고 한다. 이처럼 그는 다도를 정치수단으로도 이용한 것인데, 그의 이러한 다도를 가리켜 차노유세이도茶湯政道라고 불렀다. 노부나가의 뒤를 계승한 도요토미 히데요시도 그와 마찬가지로 다도를 가신 정치에 이용한다.

이와 같이 전국시대, 아즈치모모야마시대의 무사들에게 있어서 다도를 즐기는 것은 자신의 품격을 과시하는 것이기도 하였다. 그리하여 많은 유력 무사 중에는 센노 리큐에게 다도를 익히는 사람도 많았다. 특히 아즈치모모야마시대의 최고 권력자 오다 노부나가와 도요토미 히데요시도 리큐로부터 다도를 전수받았다.

3) 분로쿠文禄· 게이초慶長의 역役(임진왜란·정유재란)

오다 노부나가 사후 완전한 천하 통일을 완수한 도요토미 히데요시는 1592년과 1597년 두 차례에 걸쳐 조선을 침략한다. 그의 조선 침략 동기에 관해서는 일본 학자들 사이에서 다양한 주장이 제기되었지만, 확실하게 단정할 수 있는 문헌 등의 사료史料는 전해지지 않는다. 히데요시의 공명심이나 호전성, 영토확장 목적, 명明나라와의 무역 확대 요구 등 여러 주장들이 있지만, 비교적 설득력이 있는 것은 전쟁이 끝난 후 다이묘大名들의 영토 확대 욕망을 외부로 향하도록 하여, 국내의 정세 안정을 도모하기 위함이라는 견해이다.

그렇지만 1590년 일본을 방문한 조선 사절단에게 전한 국서를 통해서 그들이 조선에 공식적으로 내세운 명분은 정명향도征明嚮導였다. 즉 명明나라를 정벌하고자 하니 길을 인도해 달라는 것이다. 문헌 기록에는 남아 있지 않지만, 히데요시는 명나라를 정복하여 자신의 양자 히데쓰구秀次를 그곳 왕실의 관백關白으로 임명하고, 고요제後陽成 천황의 궁궐을 북경으로 이전하는 등의 망상을 가지고 있었던 것으로 전해지고 있다. 히데요시를 직접 만나기도 했던 포르투갈 출신의 사제 루이스 프로이스Luis Frois(1532~1597)가 남긴 기록에 의하면, 1586년 오사카성大阪城에서 서양 선교사들을 만난 히데요시는 자신의 명성과 권세를 후세에 전하기 위해 조선 침공을 계획한다는 말을 했다고 한다. 이로 봐서 히데요시는 상당히 이전부터 조선 침략의 야욕을 지니고 있었다는 것을 알 수 있다.

도요토미 히데요시는 1591년 히젠肥前지방 나고야名護屋에 전쟁 준비를 위한 성을 쌓고 조선 침공의 지휘본부로 삼는다. 히젠 나고야는 현재의 규슈九州 사가佐賀 현에 속하는 곳이다. 조선 침공에 직접 투입된 병력으로는 주로 서일본西日本 지역 다이묘大名들의 군사가 징발되었으며, 동일본東日本 지역 다이묘들의 병력은 나고야에 주둔하면서 대기하고 있었다. 모두 9개 부대 약 15만 명으로 편성된 왜군 중 제1대인 고니시 유키나가小西行長의 약 1만 8천 명 병력이 1592년 4월 14일 선발대로 먼저 조선에 도착한다. 현해탄을 건너온 이들은 부산성釜山城을 함락시키며, 부산진첨사釜山鎭僉使 정발鄭撥은 전사한다. 조선의 선조 25년 때의 일이었다. 이 전쟁을 일본에서는 당시의 연호를 따서 분로쿠文祿의 역役이라 하며, 우리 역사에서는 임진년에 왜인들이 일으킨 난이라 하여 임진왜란壬辰倭乱이라 부른다.

왜군 선발대는 다음날인 4월 15일 부산 동래성東莱城에 도착하여 '싸울 테면 싸우고, 싸우지 않으려면 길을 빌려 달라(戰則戰矣 不戰則仮道 전즉전의 부전즉가도)'라고 쓰인 목찰木札을 성 앞으로 보낸다. 이에 성을 지키던 동래부사 송상현은 '싸워서 죽는 것은 쉽지만, 길을 빌려 주는 것은 어렵다(戰死易 仮道難 전사이 가도난)'라는 목찰을 보낸다. 길을 터서 통과시켜 달라는 왜군의 요구를 거절한 것이다. 송상현은 백성들까지 합하더라도 불과 4천 명 정도밖에 안 되는 인원으로 고니시 유키나가의 선발대에 저항했으나 중과부적으로 패하여 전사한다. 부사 송상현의 용맹에 감복한 왜장은 그를 정성스럽게 묻고 '충신 송상현 묘'라는 나무 푯말을 세웠다고 전해진다.

왜군이 한양에 당도한 것은 고니시의 군사가 5월 2일, 다른 경로로 상경한 제2대 가토 기요마사加藤清正의 군사가 5월 3일이었다. 왜군이 부산에 상륙한 지 불과 20여 일만에 수도 한양漢陽이 함락된 것이다. 1592년 분로쿠의 역(임진왜란) 때 침공한 왜군은 조선의 여러 요지를 함락시키지만, 이순신이 이끄는 수군에게 보급로를 차단당하고, 의병의 활약과 명明나라의 원군에게 압박을 받자 다음 해에 강화조약을 추진하고 철수한다.

1590년 선조 23년 때 조선 조정에서는 일본으로 통신사를 파견한다. 분로쿠의 역이 발발하기 2년 전의 일이었다. 사신을 보낸 목적은 도요토미 히데요시의 천하 통일 축하였지만, 일본의 국내 정세를 탐색하려는 의도도 있었다. 통신사의 정사正使에는 황윤길黃允吉, 부사

副使에는 김성일金誠一이 임명되었으며, 이들은 이듬해 귀국하여 일본 정세에 대한 상반된 의견을 조정에 보고한다. 정사 황윤길은 도요토미 히데요시는 눈빛이 빛나고 담략이 있어 보이는데다 많은 병선兵船을 준비하고 있는 것으로 봐서 병화兵禍가 있을 것이라고 보고한다. 이에 반해 부사 김성일은 히데요시의 눈은 쥐와 같아서 두려워할 만한 인물이 아니며, 조선을 침입할 정황을 발견하지 못했다고 한다.

정사 황윤길은 서인西人에 속해 있었으며 부사 김성일은 동인東人에 속한 인물이었다. 당시 조선의 정치 상황은 동인이 주도권을 쥐고 있었으므로, 조정에서는 부사의 의견을 받아들인다. 그 위에 왜군이 침략한다는 소문으로 인하여 민심이 동요될 것을 염려한 점도 작용하였다. 이전부터 율곡 이이李珥는 남왜북호南倭北胡의 침입에 대비하기 위해서 십만 명의 군사를 길러야 한다는 십만양병설十万養兵説을 주장하기도 하였으나, 조선의 조정에서는 주변국의 상황 변화에 적절하게 대처하지 못한 것이다.

아즈치모모야마시대 당시의 왜군은 100여 년 이상 지속된 전쟁을 통해 풍부한 실전 경험을 쌓은 강군이었다. 그뿐만이 아니라 그들은 화승총이라는 당시의 최첨단 무기까지 다량 보유하고 있었다. 1차 침략 당시 일본이 보유한 화승총은 50만 정에 이르렀으며, 충분한 전투력을 갖춘 병사는 30만 명 정도였다. 그 중 15만을 넘는 병사가 조선 침공에 투입되었으며, 이에 비해 조선의 정규군은 5만~6만 정도에 불과했었다.

분로쿠의 역(임진왜란) 이후 3년에 걸쳐 명나라와 일본 사이에 진행되던 강화조약은 결국 결렬되었다. 당시 조선은 강화조약 체결을 반대하였으므로 협상 대상국에서 제외되었다. 일본 측이 제시한 조건은 명明나라의 황녀皇女를 일본의 왕비로 삼을 것, 조선의 남부 4도를 내줄 것, 명나라와 일본의 공식 무역을 부활할 것 등이었으나 대부분 수용되지 않았다. 게다가 명나라는 일본을 자신들의 조공국으로 한다는 통보까지 일본측에 보낸다.

이러한 명나라의 대응에 불만을 품은 일본은 1597년에 14만 대군으로 재차 조선 침공에 나선다. 그러나 일본군은 보급로가 차단되어 전황이 불리해졌으며, 명나라 군사도 자국의 이해를 우선시하여 종전을 원했으므로 강화 교섭이 시작되었다. 게다가 1598년에 일본에서 조선 침공을 지휘하던 도요토미 히데요시가 병사함으로써 왜군은 철수한다. 일본 역사에서는 이 전쟁을 당시의 연호를 사용하여 게이쵸慶長의 역이라 하는데, 우리 역사의 정유재란丁酉再乱에 해당한다. 정유년에 다시 일어난 난이므로 정유재란이라 하지만, 임진왜란이라고 하면 일반적으로 이 정유재란까지 포함시켜 말한다.

두 번에 걸친 왜군의 조선 침공은 실패로 끝난다. 이로 인한 막대한 비용과 병력 손실은 도요토미 정권의 붕괴를 앞당기는 원인이 된다. 조선에 원군을 보낸 명나라는 이 전쟁으로 인하여 국력이 쇠퇴해져 결국 여진족 청清나라에 의해 멸망한다. 그러나 가장 많은 피해 당사자는 조선이었다. 수많은 사람들이 살육당하였으며 일본에 포로로 끌려간다. 교토에 있는 귀무덤耳塚(이총)은 전쟁 당시의 잔혹함을 증명해 주고 있다. 귀무덤은 당시 왜군이 베어간 조선 군사와 양민들의 코와 귀를 묻은 무덤이다. 원래 명칭은 코무덤鼻塚(비총)이었는데, 에도시대(1603~1868) 초기 일본의 유학자 하야시 라잔林羅山(1583~1657)이 야만적인 명칭이라고 지적한 뒤부터 귀무덤으로 부르게 된다. 포로로 끌려간 조선인들은 일본에서 참혹한 생활을 강요받는다. 조선 조정에서는 에도막부와의 협상을 통해 1607년, 1617년, 1624년에 파견한 통신사의 귀국 길에 일부 포로들을 국내로 송환시킨다.

일본은 전쟁에서는 소기의 목적을 달성하지 못했으나, 문화적인 면에서는 조선의 선진 도자기 기술과 동활자銅活字가 일본에 전파되는 등의 성과가 있었다. 당시 일본 각지에서 출병한 다이묘들은 조선의 수많은 도공들을 포로로 끌고 간다. 그들이 전쟁 중에 조선의 도공들을 끌고간 이유는 전국시대와 아즈치모모야마시대에 일본의 무사 계층에서 다도가 널리 유행하였기 때문이다. 특히 당시 일본에서는 조선에서 만들어진 다완이 선호되었다. 그러나 도기 기술은 있었지만 아직 자기는 만들지 못했던 일본의 기술로는 이를 제작할 수 없었기 때문에 도공들을 일본으로 끌고 갔던 것이다.

조선의 도공들이 일본으로 끌려간 시기는 주로 게이쵸의 역(정유재란) 때였다. 그들이 정착한 곳은 규슈九州를 중심으로 하는 서일본 지역이 대부분이었으며, 지방 영주로부터 후한 대접을 받으며 조선의 선진 기술을 전수하여 일본의 도예기술 발전에 커다란 역할을 한다. 그 결과 일본은 17세기 중엽부터 유럽에 자기를 수출까지하며, 일본 자기의 명성을 유럽 전역에서 쌓게 된다. 일본에서 널리 알려져 있는 사가佐賀 현의 아리타야키有田焼, 가고시마鹿児島 현의 사쓰마야키薩摩焼, 나가사키長崎 현의 히라도야키平戸焼, 야마구치山口 현의

하기야키萩焼 등 많은 유명 도자기의 시조는 바로 일본의 침략 전쟁 때 끌려간 조선의 도공들이다.

특히 아리타 도자기로 유명한 사가 현 아리타쵸有田町에서는 이곳의 도자기 생산 300주년이 되는 1917년에 '도조이삼평비陶祖李参平碑'라는 비석을 세워, 자신들의 도자기 시조가 조선의 이삼평이라는 사람이라는 것을 전하고 있다. 이삼평은 충청남도 공주 사람으로, 게이쵸의 역 때 조선에 출병한 사가 지방 영주 나베시마 나오시게鍋島直茂에 의해 끌려왔으며, 현재 그의 14대 자손이 가업을 이어 가고 있다. 이삼평이 일본에 끌려간 과정과 관련해서는, 그가 왜군에게 길안내를 한 사실이 알려질까 두려워 일본에 가기를 원했다는 일본 측의 기록을 둘러싼 논란이 있으나, 이 기록에 대한 객관성 검증이 필요할 것으로 생각된다. 아리타쵸에 있는 스에야마 신사陶山神社에서는 일본의 15대 오진応神 천황, 영주 나베시마 나오시게와 함께 이삼평을 제신祭神으로 모시고 있다. 스에야마 신사는 도잔 신사로 부르기도 한다.

또한 가고시마 현 나에시로가와苗代川의 사쓰마야키는 게이쵸의 역(정유재란) 때 전라북도 남원에서 사쓰마 지방 영주 시마즈 요시히로島津義弘에 의해 끌려간 심당길沈当吉이라는 사람이 시조이며, 12대 이후부터는 심수관沈寿官이라는 한국명을 세습하여 사용하면서 현재 15대 심수관이 가업을 이어가고 있다.

두 번에 걸친 일본의 침략 전쟁 기간 중에는 조선의 동활자銅活字가 일본에 전해져 활자 인쇄술의 발전에 크게 기여하였다. 또한 전쟁 중에 일본에 끌려간 사람 중에는 강항姜沆(1567~1618) 같은 유학자도 있었다. 전라남도 영광 출신으로 정유재란 때 포로로 끌려간 강항은 교토京都로 이송된다. 그는 이곳에서 후지와라 세이카藤原惺窩(1561~1619) 등 일본 유학자들과의 학문적 교유를 통해 에도江戸시대 주자학의 기초 형성에 크게 기여하였으며, 그들의 도움으로 1600년에 억류에서 풀려나 고국으로 돌아온다. 귀국한 강항은 벼슬을 사양하고 평생 고향에서 학문과 후학 양성에만 전념하였으며, 일본 억류 생활 중의 견문이나 조선인 포로의 참상 등을 『간양록看羊録』이라는 책으로 남긴다.

사가 현 아리타쵸에 있는 일본 도자기 시조 이삼평 비

6. 중세 일본인의 의식주

1) 중세의 의생활

중세는 귀족 세력이 몰락하고 일본 역사상 최초로 무가武家 세력이 대두된 시대이다. 그러나 중세 초기의 이들의 문화적인 역량은 아직 미미한 수준이었다. 이 때문에 당시의 무사계층은 헤이안시대 귀족의 복장을 그대로 답습하여, 조정의 의식이 있을 때에는 소쿠타이束帶를 예복 차림으로 착용한다. 그 후 중세 전기인 가마쿠라鎌倉시대에 무가의 통치기구인 막부가 설치되고 시간이 흐르면서, 원래는 사냥 복장이었던 가리기누狩衣가 예복 차림으로 이용되게 된다. 또한 중세 후기인 무로마치室町시대가 되면 헤이안시대 후기의 실내복이었던 히타타레直垂가 무사의 일상복이나 예복으로 자리잡게 된다.

중세에는 여성의 복장에 있어서도 차츰 간소화되는 경향이 나타난다. 특히 무로마치시대에는 무사계층의 생활 방침인 검소함의 영향을 받아, 상류계층 여성의 복장도 더욱 간편한 형태로 변화한다. 서민들의 복장으로는 삼베로 만든 통소매의 고소데小袖가 널리 퍼진다.

2) 중세의 식생활

중세 사회를 이끌어 가는 중심세력은 무사 계층이었다. 따라서 가마쿠라鎌倉, 무로마치室町, 아즈치모모야마安土桃山 등의 시대에는 이들의 생활양식이 식생활에 있어서도 그대로 반영된다.

이에 따라 헤이안시대에는 일상생활이나 음식에 관한 풍습이 형식에 치우친 점이 있었으나, 가마쿠라시대의 무사 계층은 간소한 식생활을 즐겼으며, 미식米食과 함께 육식도 자유롭게 하였다. 또한, 이 시대는 쇼진精進요리가 나타나는 등 일본요리에 있어서도 발전이 이뤄지는 때이기도 한다. 무사 계급의 지도층은 귀족 출신이었다. 이에 비해 일반 무사의 대부분은 지방 농민 출신으로서, 전란이 일어나면 무기를 지니고 싸울 뿐만이 아니라 평상시에는 직접 토지를 경작하여 식량을 마련하는 생산자이기도 하였다.

따라서 이들의 일상생활은 형식을 중요시하기보다는 실제적이었으며 간소하고 검소하였다. 무사 계층은 헤이안시대의 귀족들과는 달리 육식에 대한 금기가 없었기 때문에, 사냥에서 얻은 조수鳥獸의 고기를 바로 식탁에 올렸으며, 이러한 식생활은 그들의 활동에 있어서 중요한 에너지원이 된다. 귀족 계층은 여전히 육식을 기피하는 식생활을 유지하고 있었으며, 조정에서는 살생을 금하는 영令을 종종 내렸지만, 무사들은 이에 개의치 않고 육식을 계속한다.

가마쿠라시대의 식생활에 있어서 두드러진 특징은 귀족과 무사 계층에서 차茶를 마시는 풍습이 정착한 것과 쇼진요리가 나타났다는 점을 들 수 있다. 차는 헤이안시대부터 일부의 불교 승려나 귀족 계층이 마시기 시작했으나, 견당사 폐지 이후에는 차를 마시는 풍습이 차츰 사라진다. 남북조시대에는 귀족이나 무사들이 차의 맛이나 생산지를 맞추는 오락 모임인 도차鬪茶(투차)가 유행하며, 본격적인 다도茶道는 무로마치시대와 전국시대를 거쳐서 아즈치모모야마시대에 센노 리큐에 의해 완성된다.

가마쿠라시대에는 선종禪宗을 비롯한 새로운 불교가 융성하게 되며, 다이묘大名 등 무사계층에서 이를 신앙하는 자들이 늘어난다. 이에 따라 불교사원에서는 이제까지 육식을 해 온 무사 계층도 함께 즐길 수 있는 요리가 발달하게 되는데, 그것이 바로 쇼진精進요리이다. 쇼진요리는 야채만을 재료로 사용하는 요리로서, 이러한 조리법은 민간에까지 전파되어 불교행사는 물론 일상적인 식사로도 널리 애용되어 오늘날까지 전해지고 있다.

중세의 후기에 해당하는 무로마치시대에도 이전 시대에 이어 무사계급이 정치, 경제, 사회의 중심적 역할을 한다. 이 시대의 문화는 지역적으로는 송宋, 원元, 그리고 종교적으로는 선종의 영향을 크게 받아 복잡한 양상을 띠고 있었다.

식문화에 있어서도 이러한 시대의 영향이 반영된다. 특히 이 시기에는 수도인 교토京都에 막부가 설치되며, 쇼군將軍의 생활은 귀족들보다 더욱 화려하고 위용을 갖추게 된다. 또한 막부가 자리 잡은 교토로 이주해 온 무사들의 생활 속에는 교토에 거주하는 귀족들의 수준 높은 문화적 취향이 융합되는 경향이 나타난다. 이에 따라 무사계급의 식생활에서도 그 영향이 반영되어, 식사 때의 예법이나 격식을 존중하는 성향이 나타난다. 그 뿐만이 아니라 역으로 교토 귀족계층의 식생활도 무사계층의 식생활로부터 영향을 받기도 한다. 아울러 이 시기에는 양갱, 면류, 두부 등 선종의 영향을 받은 식품도 널리 보급된다.

아즈치모모야마시대의 문화는 이전에 비해 세속적인 취향이 유행하여, 고대 이래 일본문화에서 처음으로 불교적 색채가 약화된다. 식문화에 있어서는 기존의 중국대륙이나 한반도의 영향 위에 처음으로 서양의 영향이 나타나기도 한다. 당시 서양요리는 남만南蛮요리라 불렸으며, 가장 대표적인 것으로는 뎀푸라(튀김)를 들 수 있다. 뎀푸라는 오늘날 일본을 대표하는 음식 중의 하나이지만, 그 어원은 포루투갈어의 템페로Tempero에서 유래했다는 설이 일반적인 것으로 봐서, 포르투갈에서 전래된 음식임을 알 수 있다. 또한 카스테라 같은 서양의 과자류도 이때부터 보급되기 시작했으며 담배 등의 기호품이 전래되기도 한다.

무로마치시대 중엽의 히가시야마東山 문화 때에 상류 무사들 사이에 널리 퍼지기 시작한 다도茶道는 전국시대를 거쳐 아즈치모모야마시대에 이르러 센노 리큐千利休(1522~1591)에 의해 완성된다. 다도는 다른 말로 차노유茶の湯라 부르기도 한다. 리큐에 의해 확립된 다도의 특징은 다실, 다기 등에 있어서 복잡한 형식을 취하지 않고 간편한 양식으로 소박한 정취를 즐기며, 차와 선禅을 일체화하는 것이었다. 센노 리큐의 이러한 차의 세계를 와비차侘び茶라 한다.

다도의 완성과 함께 이 시대에 나타난 것이 가이세키懐石요리이다. 가이세키라는 이름은 수련하는 불교승려가 공복감을 느꼈을 때, 이를 참기 위해 품懐에 데운 돌石을 넣어 배를 따뜻하게 했다는 데에서 유래했다는 것이 통설이다. 이 요리는 미각적으로 뛰어날 뿐만이 아니라 시각적으로도 아름다운 일본의 전통요리로서 오늘날까지 전해 내려오고 있다.

3) 중세의 주거 생활

무사 계층이 중세 일본을 주도하게 되는 조류 변화에 따라서 헤안 시대 교토 귀족들의 주택 양식인 신덴즈쿠리寝殿造에도 변화가 나타난다. 이것이 이 시대의 무사 계층의 주택 양식인 슈덴즈쿠리主殿造이다. 슈덴즈쿠리는 무사 계급의 예절법도와 생활에 맞도록 신덴즈쿠리를 변형시킨 주택 양식으로서, 중심부에 슈덴主殿을 배치시키고 이 공간의 남쪽 부분 절반을 접객용 공간으로, 북쪽 부분 절반을 생활공간으로 사용하였다.

중세 후반부인 무로마치시대에는 무사 계급의 새로운 주택 양식으로 쇼인즈쿠리書院造가 나타나, 중세 말기 이후와 근세의 주택으로 자리잡게 된다. 쇼인즈쿠리란 쇼인書院 즉 서원 양식이라는 의미이다. 쇼인은 원래 선종禅宗, 사찰에서 독서를 위한 서재 공간을 가리키며, 이러한 공간이 무사 계층의 주거 구조에 도입된 것이다.

쇼인즈쿠리는 건물의 내외부를 쇼지라는 장지문으로 구분하며, 내부는 미닫이문인 후스마로 공간을 구분한다. 또한 바닥에는 다타미를 깔며, 가장 안쪽에는 도코노마라는 공간을 만들어 감상용 족자그림이나 꽃꽂이를 장식한다.

Ⅳ

근세近世의 문화

일본의 근세는 에도江戸시대(1603~1868)를 가리킨다. 아즈치모모야마安土桃山시대를 근세로 넣는 경우도 있으나, 중세로 분류하는 것이 일반적이다.

1. 에도江戸시대

전국시대 말기의 세 유력 무사 중 한 사람인 도쿠가와 이에야스德川家康는 아즈치모모야마시대 후반부의 일인자 도요토미 히데요시가 1598년에 세상을 떠난 후 마침내 최종적으로 천하를 차지한다. 1600년 9월 이에야스가 이끄는 동군東軍 10만 병사와 히데요시의 가신家臣 이시다 미쓰나리石田三成가 지휘하는 서군西軍 8만 병사는 세키가하라関が原에서 전국시대(1467~1573) 이후 마지막으로 천하를 결정하는 한판 승부를 펼친다. 세키가하라는 현재의 기후岐阜 현 세키가하라초関ケ原町이다.

세키가하라 전투関が原の戦い로 불리는 이 역사적인 싸움에서 승리는 이에야스가 차지한다. 100여 년에 걸친 전국시대가 끝난 이후 30년 동안 이어지던 아즈치모모야마시대(1573~1603)도 종말로 접어든 것이다. 이로써 천하의 주인은 세 유력 무사 중 오다 노부나가로부터 도요토미 히데요시를 거쳐서 최종적으로는 도쿠가와 이에야스로 바뀌게 되는 것이다. 이 세 사람이 살았던 시기는 일본 역사에서 가장 험난한 격동의 시대였다. 그렇지만 이에야스의 천하 장악 이후 에도시대 265년 동안 태평성세가 지속되어, 천하의 주인이 바뀌는 전란은 더 이상 일어나지 않는다.

에도시대에는 이 세 무사의 성격을 비교하여 읊은 전통시 센류川柳가 유행하기도 하였다. 센류란 일본의 대표적인 전통시 하이쿠俳句처럼 5음, 7음, 5음의 총 17음으로 표현하는 정형시이다. 시의 내

용은 고운 소리로 울어야 할 두견새가 지저귀지 않고 있을 경우, 세 사람이 이에 어떻게 대처하는지를 묘사하는 것이다. 먼저 오다 노부나가는 '지저귀지 않으면 베어 버려 두견새(なかずんば ころしてしまへ ほととぎす)'이다. 쓸모가 없어지면 바로 폐기해 버리는 그의 저돌적이고 냉정한 성격을 읽을 수 있는 시구이다. 도요토미 히데요시는 '지저귀지 않으면 지저귀게 만들자 두견새(なかずんば なかせてみせう ほととぎす)'이다. 어떻게든 지혜를 짜내어 두견새가 지저귀도록 만들겠다는 의미로, 지모와 지략이 뛰어난 그의 성격을 묘사하고 있다. 마지막으로 도쿠가와 이에야스는 '지저귀지 않으면 지저귈 때까지 기다리자 두견새(なかずんば なくまでまたう ほととぎす)'이다. 울지 않는 두견새를 일부러 지저귀게 할 것이 아니라, 울 때까지 기다리겠다는 의미이다. 돌다리도 몇 번이나 두드리고 건너는 그의 신중하고 인내심 강한 성격을 짐작할 수 있는 표현이다.

오랜 세월 동안 지속된 하극상의 난세에 세상을 최종적으로 차지한 사람은 추진력이 강한 자도 지략이 뛰어난 자도 아닌, 인내심을 가지고 결정적인 때를 기다린 도쿠가와 이에야스였다. 이에야스가 최후의 승리자가 된 것은 이러한 성격에 더하여 히데요시가 일으킨 분로쿠·게이쵸의 역(임진왜란·정유재란)에 그의 군사가 직접적인 전투에는 징발되지 않았기 때문에, 병력을 온존시킬 수 있었다는 점도 세키가하라 전투 승리에 유리하게 작용한다.

도쿠가와 이에야스는 현재의 아이치愛知 현 동부지역에 해당하는 미카와三河 지방의 다이묘大名 아들로 태어났지만, 그의 부친은 세력이 그리 크지 않은 오카자키성岡崎城의 성주였다. 그 때문에 그는 여섯 살 때부터 오랜 세월 동안 유력 센고쿠다이묘였던 오다織田 씨와 이마가와今川 씨 가문에서 인질로 지내는 불운한 어린 시절을 보낸다. 성장한 이에야스는 한때는 적이기도 했던 유력 무사 오다 노부나가와 동맹을 맺고 그의 가신家臣이 되며, 노부나가 사후에는 라이벌인 도요토미 히데요시의 가신으로서 인고의 세월을 보내면서 힘을 기른다. 그리고 히데요시가 세상을 뜨고 아들 히데요리秀頼가 그 뒤를 계승하자 마침내 천하 제패의 행동을 개시한 것이다. 그것이 세키가하라 전투였다.

도쿠가와 이에야스가 1600년 세키가하라 전투에서 승리하여 천하를 제패함에 따라 도요토미 히데요시의 아들 히데요리는 오사카 지방 영지 65만석의 다이묘大名로 전락한다. 그렇지만 전쟁에서 패하여 일인자 자리를 빼앗겼을지라도 도요토미 씨 세력이 아직 든든한 재력과 견고한 오사카성을 유지하고 있는데다, 히데요시의 은혜를 입은 무사들이 아직 많이 존재하고 있는 상황은 이에야스에게 부담이 될 수밖에 없었다. 그리하여 이에야스는 1603년의 에도 막부 출범 10여 년 뒤인 1614년 겨울과 1615년 여름의 두 차례에 걸친 공격을 통해 도요토미 히데요리와 추종 세력을 제거함으로써 후환을 없앤다. 일본 역사에서 이 두 전쟁을 오사카 후유노 진大坂冬の陣, 오사카 나쓰노 진大坂夏の陣이라 부른다. 오사카 겨울 전투, 여름 전투라는 의미이다.

천하를 장악한 도쿠가와 이에야스는 1600년 세키가하라 전투 승리로부터 3년 후인 1603년 에도江戸에 막부幕府를 설치하고, 교토 후시미성伏見城에서 초대 쇼군将軍에 임명된다. 이에야스가 쇼군 자리에 오른 1603년부터 15대 쇼군을 마지막으로 에도 막부가 실질적으로 멸망하는 1868년까지를 에도시대라 한다. 에도는 현재의 일본 수도 도쿄東京의 옛 이름이며, 이곳에 막부가 설치되었기 때문에 그 지명을 사용하여 에도시대라 명명한 것이다. 에도시대는 도쿠가와徳川 가문에서 대대로 세습하여 통치하였기 때문에 도쿠가와시대로 통칭하거나, 막부의 명칭도 도쿠가와 막부로 부르기도 한다.

에도시대의 기간은 도쿠가와 이에야스가 고요제이後陽成천황으로부터 쇼군에 임명되는 1603년부터 왕정복고王政復古의 대호령에 의해 메이지 정부 수립이 선언된 1868년까지로 구분하는 것이 가장 일반적이다. 그러나 에도시대의 출발 시기를 세키가하라 전투에서 이에야스가 승리한 1600년으로 보거나, 종료 시기를 에도 막부 마지막 쇼군인 15대 도쿠가와 요시노부徳川慶喜(1837~1913)가 메이지明治 천황에게 통치권을 반납한 대정봉환大政奉還이 이뤄진 1867년으로 보는 견해도 있다.

에도시대 문화의 가장 큰 특징은 서민들이 문화 활동의 주체로 등장한다는 점이다. 특히 도시에 거주하면서 상공업에 종사하는 사람들을 쵸닌町人이라 하는데, 이들의 다방면에 걸친 적극적인 문화 활동에 의해 꽃이 핀 에도시대의 문화를 쵸닌문화라 부른다. 대중소설인 우키요조시浮世草子, 전통시 하이쿠俳句, 전통 연극 가부키歌舞伎, 인형극 분라쿠文楽, 풍속화 우키요에浮世絵 등은 에도시대 문화를 대표하는 것들이다. 에도시대 문화를 지역과 시기에 따라 분류하자면, 에도시대 전반기인 17세기 후반부터 18세기 초 사이에 교토, 오사카 등 가미카타上方 중심으로 융성한 겐로쿠元禄문화와 에도시대 후반부인 18세기 말부터 19세기 초 사이에 에도를 중심으로 융성한 가세이化政 문화로 나눌 수 있다.

1) 에도시대의 통치제도 막번幕藩체제

도쿠가와 이에야스徳川家康는 1600년 세키가하라 전투에서 승리하여 전국戦国시대(1467~1573)부터 아즈치모모야마安土桃山시대(1573~1603)까지 약 130년 동안 지속되던 약육강식의 시대를 종식시키고 최종적으로 천하 통치의 권력을 장악한다. 그리고 1603년 현재의 도쿄東京인 에도江戸에 무인 정권기관인 막부幕府를 설치하며, 고요제이後陽成 천황으로부터 에도 막부 초대 쇼군将軍에 임명된다. 이로써 공식적으로 에도시대의 막이 오른 것이다.

그가 수도 교토京都나 대도시 오사카大阪로부터 멀리 떨어진 변방인 에도에 통일 정권을 설치한 것은 그의 세력 근거지가 에도를 중심으로 하는 간토関東 지방이었기 때문이다. 그렇지만 이에야스는 원래 간토 지방을 본거지로 하는 무사가 아니라, 중부지역인 현재의 아이치愛知 현 동부 미카와三河 출신이었다. 그런데 도요토미 히데요시가 아즈치모모야마시대에 천하를 통일하는 과정에서 자신에게 저항하는 간토 지방의 호조北条 씨를 1590년에 멸망시키고 몰수한 땅으로 영지를 옮기도록 이에야스에게 명한 것이었다.

이에야스가 에도에 무인 정권을 수립한 또 다른 이유는 교토의 귀족 세력 기구인 조정으로부터 간섭을 받지 않는 무가武家 정권 확립을 위해서였다. 그런데 이에야스는 실제로는 쇼군 재위 중에 교토 후시미성伏見城에서 많은 시간을 보낸다. 쇼군에서 물러난 뒤에는 현재의 시즈오카静岡 현에 해당하는 스루가駿河의 슨푸성駿府城에서 노후를 보냈으므로, 정작 그가 에도에 기거한 기간은 얼마 되지 않는다.

에도에 무인 정권기관인 막부를 설치한 이에야스는 전국을 지배하는 통일권력 체제를 확립하기 위해 각 지방의 통치 조직으로 번藩(한)을 설치한다. 즉 중앙정부에 해당하는 통치 조직이 막부라면, 지방정부에 해당하는 통치 조직이 번藩인 것이다. 막부의 최고 실권자는 천하의 권력자 쇼군이었다. 번의 최고 실권자는 번주藩主(한슈)라 하였으며, 다른 말로는 다이묘大名라 부르기도 하였다. 지방 영주領主인 다이묘는 막부의 쇼군으로부터 1만석万石 규모 이상의 영지領地를 부여받아 통치하는 무사를 가리키며, 쇼군과 다이묘는 주종관계로 맺어져 있었다. 다이묘의 수는 에도시대 초기에 200명 정도였으나, 중기 이후부터는 약 270명 정도로 증가한다.

이처럼 중앙과 지방의 토지와 백성들을 막부와 번의 통치권으로 지배하는 에도시대의 통치제도를 막번幕蕃(바쿠한)체제라고 한다. 막번은 막부幕府(바쿠후)의 첫 글자인 막幕과 번蕃이 합쳐진 용어이다. 막번체제의 확립에 의해 모든 권력은 막부의 쇼군에게 집중되었다. 그렇지만 각 지방을 다스리는 행정권은 번으로 분산 이양되어, 다이묘의 통치 재량이 상당 부분 인정되는 이중적인 전국 지배구조를 지니고 있는 것이 막번체제의 특징이다. 그래서 오늘날 일본의 지방분권의 뿌리는 바로 에도시대의 막번체제에 있다고 할 수 있으며, 현재의 현청 소재 도시의 대부분은 에도시대 때 번이 설치되었던 곳이었다.

에도 막부는 이처럼 각 번의 내정에 관해서는 지방 영주인 다이묘들에게 일임하였지만, 그들의 세력이 확대되어 쇼군의 절대적인 권력에 위협이 되는 것을 방지하기 위해 다양한 견제 장치를 마련한다. 대표적인 것은 1615년에 제정한 무가제법도武家諸法度라는 법률이다. 이 법률은 쇼군이 새로 취임할 때마다 개정되었으며, 유력 다이묘라 할지라도 이를 어기는 자는 막부로부터 영지를 몰수당하거나 삭감당하는 등의 엄격한 처벌을 받는다. 13개 조항으로 구성된 1615년 제정 무가제법도의 내용을 보자면, 무사들은 무예나 학문을 가까이 할 것, 모든 무사들은 검약한 생활을 할 것 등 무사로서의 지녀야 할 자세에 대해서도 언급하고 있다. 그러나 주된 내용은 다이묘 가문끼리 허가 없이 혼인하는 것을 금지함으로써 다이묘 세력의 연합을 방지하거나, 다이묘가 허가 없이 성을 축성하거나 수리하는 것을 금지하여 군사력이 강화되는 것을 규제하는 것 등이 핵심적인 사항이다. 이러한 규제의 목적은 번의 세력 팽창과 이로 인한 막부에 대한 도전을 사전에 차단하는 것이었다.

에도 막부의 이러한 염려는 전국시대로부터 아즈치모모야마시대를 거쳐 에도시대가 시작될 때까지 약 130년 동안 힘 있는 무사라면 누구라도 천하를 차지할 수 있었던 약육강식 풍조의 만연에서 기인한 것이다. 천하를 차지하여 1603년 에도 막부 초대 쇼군 자리에 오른 도쿠가와 이에야스는 불과 2년만인 1605년 아들 도쿠가와 히데타다德川秀忠(1579~1632)에게 쇼군 자리를 양위한다. 당시 이에야스는 건강상의 이유 등 쇼군직을 수행하는 데에 아무런 문제가 없었다. 그럼에도 불구하고 표면상 은퇴한 이에야스는 통치 일선에서 완전히 물러나는 것이 아니라 오고쇼大御所로서 실질적으로는 여전히 실권을 장악하고 있었다. 오고쇼란 퇴위한 쇼군을 가리키는 경칭으로, 이에야스처럼 퇴위한 쇼군이 여전히 통치를 주도하는 것을 오고쇼 정치라 한다. 이에야스가 이처럼 형식상으로 은퇴한 이유는 더 이상 천하는 힘 있는 자들이 차지하는 것이 아니라, 이제부터는 도쿠가와 가문에서 대대로 통치하는 것이라는 메시지를 모든 다이묘들에게 보내기 위한 것이었다.

에도 막부 3대 쇼군 도쿠가와 이에미쓰徳川家光(1604~1651) 통치기의 무가제법도에는 참근교대參勤交代라는 항목이 신설되어 다이묘 통제 정책이 더욱 강화된다. 그 내용은 다이묘는 1년씩 교대로 자신의 영지와 막부가 있는 에도에서 근무해야 하는 것이었다. 또한 다이묘의 처자식은 의무적으로 에도에 거주해야 했다. 다이묘의 가족들이 막부가 있는 에도에 일종의 인질로 잡혀 있었던 셈이다. 참근교대 제도로 인하여 전국 각 지방의 다이묘들은 많은 가신들과 함께 에도에 거주하거나 에도와 영지를 매년 이동하는 데에 막대한 비용이 소요되었다. 이 때문에 번으로서는 만성적으로 재정이 약화되는 등 심각한 문제들이 발생했지만, 막부로서는 다이묘들의 경제력을 약화시켜 군사력 증강을 방지하는 소기의 목적이 달성되는 것이었다. 그러나 한편으로는 전국 각지의 다이묘들이 매년 자신들의 영지와 에도를 이동하느라 전국의 도로가 새롭게 정비되고 숙박시설이 발달하는 등 부수적인 효과도 나타난다.

다이묘들에 대한 이러한 통제는 에도 막부 쇼군에 대한 모반을 방지하고 감시하기 위한 것이었다. 다양한 다이묘 통제 정책이 실시됐다는 것은 정권 초기의 에도 막부가 130여 년 동안 지속된 하극상의 역사에서 오는 불안감을 크게 지니고 있었음을 의미한다. 에도 막부는 지방 다이묘들만이 아니라 수도 교토에도 교토쇼시다이京都所司代라는 기관을 설치하여, 치안유지라는 본래의 임무에 더하여 왕실과 조정의 동태를 감시하였으며, 천황이나 귀족들의 정치 활동을 통제하기도 한다.

에도 막부의 지배력은 초대 쇼군 도쿠가와 이에야스德川家康, 2대 쇼군 도쿠가와 히데타다德川秀忠를 거쳐 3대 쇼군 도쿠가와 이에미쓰德川家光 통치기에 이르면 막번체제의 통치 기반이 확고해져 안정기로 접어든다. 이에 따라 4대 쇼군 도쿠가와 이에쓰나德川家綱(1641~1680) 통치기부터는 막부의 통치 기조가 이제까지의 무단武断정치에서 문치文治정치로 전환하게 된다.

2) 신분제의 고정화

에도 막부는 막번체제의 지배권을 굳건하게 확립하고 도쿠가와 가문의 쇼군 세습 통치 권력을 공고히 유지하기 위해 신분 질서의 고정화를 추진한다. 그리하여 실시한 것이 사·농·공·상士農工商이라는 네 계층의 분류에 의한 신분제도였다. 사·농·공·상은 표면상으로는 네 단계의 신분 체계처럼 보이지만, 실제로는 지배 계층 사, 피지배 계층 농·공·상이라는 두 단계로 분류할 수 있다. 에도 막부의 이러한 정책에 의해 개인의 신분은 원칙적으로 평생 바꿀 수 없었다.

신분 제도 실시에 따라 특히 평민인 농·공·상 종사자에게 직업 선택의 자유는 부여되지 않았다. 가령, 농촌에서 농업에 종사하는 자가 더 나은 소득을 위해 도시로 이사하여 상업에 종사하는 것은 어려운 일이었다. 즉 직업은 개인이 선택하는 것이 아니라 태어날 때부터 부모의 신분에 의해 정해지는 것이며, 그것을 자신의 희망에 따라 바꾼다는 것은 쉽지 않은 일이었다. 그렇지만 19세기 중반 막부와 번의 혁신운동인 덴포天保의 개혁 당시 막부에서 국민들에게 명령을 내리는 공문서인 오후레가키御触書에는 "쵸닌町人들이 하는 장사를 농민들이 부업으로 시작해서는 안 된다" 라는 내용이 있다. 이를 보면 19세기 중후반 막번체제가 흔들리기 시작하면서부터는 이러한 신분제도에도 유동적인 변화가 일어나고 있음을 알 수 있다.

사·농·공·상이란 말은 중국 후한後漢의 반고班固가 지은『한서漢書』에 나오는 표현이다. 원래 뜻은 일본의 에도시대나 한국의 조선시대의 경우처럼 신분 체계를 나타내는 말이 아니라, 백성들의 직업은 크게 네 종류로 나눈다는 의미였으며, 모든 직업의 백성 즉, 백성 전체라는 뜻으로도 사용되었다. 배열 순서도 반드시 사·농·공·상 순으로 정해진 것이 아니라, 문헌에 따라서는 농·사·공·상農士工商이나 사·상·공·농士商工農으로 기록된 경우도 있다.

에도 막부는 이러한 사·농·공·상 분류에 의해 지배 계급인 무사의 우월적인 위상을 제도적으로 보장함으로써, 다른 신분과의 차이를 두고자 한 것이다. 2000년대로 들어와 일본의 역사학계에서는 이전까지 신분제도라고 알려져 왔던 '사·농·공·상'이라는 차별적인 제도가 에도시대 때 없었으며, '무사武士, 농민百姓, 쵸닌町人'이라는 구분만이 있었다는 주장이 대세를 이루고 있다. 이에 따라 중등학교 역사 교과서에서도 사·농·공·상이라는 표현은 삭제되었다. 그러나 에도시대는 철저한 신분 사회였으며, 사와 농·공·상 사이의 신분 차별은 엄연히 존재했다. 따라서 에도시대의 사회상은 사·농·공·상에 대한 이해를 통해 효과적으로 파악할 수 있는 것이다.

사士는 죠카마치城下町에 거주하는 무사武士 계층으로서, 전체 인구의 7~8% 정도에 해당하는 지배계층이다. 죠카마치는 다이묘가 거주하는 성 주변 지역을 말한다. 원래 선비를 의미하는 사士가 일본에서 무사를 가리키는 말로 변용된 시기는 명확하지 않지만, 늦어도 17세기 이전일 것으로 알려지고 있다. 무사들의 특권은 성姓을 가질 수 있다거나, 대도帯刀라 하여 허리에 칼을 찰 수 있는 권한 등이었다. 특히 무사가 농·공·상 등 다른 신분의 사람으로부터 무례한 행동을 당했을 경우에는 칼로 베어도 책임을 면제받는 기리스테 고멘切捨御免이라는 특권도 부여되었다. 그렇지만 무사들에게는 특권만 있는 것이 아니라, 전란이 일어나면 언제든지 동원되는 군역軍役의 의무 등도 부과되었다. 또한 무사 계층이라 하더라도 다이묘부터 하급무사에 이르기까지 다양하므로, 그 신분에 따라서 각각 큰 격차가 있었다. 하급 무사들의 경우는 수입이 적었으므로, 실제로는 생활수준이 높지 않았다.

농農은 무라村 즉 농촌마을에 거주하는 햐쿠쇼百姓라 불리는 농민이다. 이에 해당하는 계층은 전체 인구의 85% 내외로 가장 많은 비중을 차지했다. 에도 막부의 경제적 기반은 농업에 있었으므로, 막부에게 농민은 납세자로서 소중한 존재였다. 농업에 종사하는 사람들의 실제 생활 수준은 도시에서 생활하는 쵸닌보다 훨씬 낮았다. 그렇지만 농업이 막번체제의 경제적 기초를 이루고 있을뿐 아니라, 이에 종사하는 인구도 가장 높은 비중을 차지하고 있었으므로, 무사계급인 사에 이어 두 번째 신분으로 자리매김하여 형식적으로나마 대우했던 것이다. 햐쿠쇼의 뜻은 농민이지만, 농업 이외에 어업이나 임업에 종사하는 사람도 여기에 포함되었다.

공工은 마치町 즉 도시에 거주하면서 물건을 만드는 기술자이다. 다른 말로는 쇼쿠닌職人이라고도 한다. 쇼쿠닌이라 하더라도 초밥을 만드는 스시 쇼쿠닌寿司職人은 상품을 만들어서 판매까지 하는 상인이며, 직원을 여러 명 두고 물건을 만드는 쇼쿠닌은 경영자이기도 하므로, 상인과의 차이가 명확하지 않는 부분도 있다.

상商은 마치町에 거주하면서 상업에 종사하는 상인 계층이다. 에도시대에는 에도, 오사카, 교토의 세 도시를 중심으로 상업이 활발해지며, 번이 설치되어 있는 각 지방의 거점 도시에서도 산업이 발전한다. 특히 에도시대 중기가 되면 화폐경제의 발달로 부를 축적한 호상豪商들도 나타난다. 재정적으로 곤궁한 다이묘 중에는 이들에게 경제적으로 의존하는 경우도 있었으므로, 호상들은 경제만이 아니라 정치적으로도 영향력을 지니게 되어 무사에 준하는 신분상의 대우를 받기도 한다. 그렇지만 도시에서 상업에 종사하는 사람 중에는 자신의 토지나 가게를 소유하지 못하고 일용직이나 행상으로 살아가는 사람들도 많았기 때문에, 마치에 거주하는 상인이라 할지라도 각자의 생활에는 격차가 많았다. 공·상에 해당하는 기술자와 상인을 합하여 쵸닌町人이라 불렀다. 전체 인구의 5~6% 정도에 해당하는 쵸닌은 도시에 거주하였으며, 이들에 대한 막부의 통제는 농민에 비해 엄격하지 않았다. 특히 이들은 에도시대의 대중문화인 죠닌문화의 주체로 등장한다.

에도시대의 신분 질서에는 사·농·공·상에 편입되지 않는 두 계층이 있었으며, 이들은 전체 인구의 3% 정도를 차지했다. 사·농·공·상의 위에는 왕족, 귀족, 불교 승려, 신도의 신관神官 등 특권 상류 계층이 있었으며, 아래로는 에타穢多, 히닌非人으로 불리는 피차별 천민 계층이 있었다. 천민 계층이 종사했던 일은 주로 죽은 우마牛馬를 처리하거나 피혁 제품을 가공하는 일이었다. 이들은 거주지나 복장 등 여러 면에서 엄격한 제약과 차별을 받았다. 에도 막부가 제도적으로 이러한 차별 정책을 시행한 것은 천민계층을 설정함으로써 농·공·상 계층의 불만을 돌리기 위한 목적이었다. 즉, 더 힘든 하층민의 삶에 비해 당신들의 생활은 나은 편이니 불평하지 말고 살라는 것이다.

1868년 메이지유신이 일어나고 에도시대의 신분제도는 공식적으로 폐지된다. 이에 따라 에타, 히닌의 천민 계층도 제도적으로 사라지고 농·공·상 종사자와 동일하게 평민 신분으로 인정된다. 그렇지만 많은 세월이 흐른 21세기 현재까지도 에도시대 천민 계층의 후손들은 부락민部落民이라는 낙인이 찍혀 사회적 편견과 차별 속에서 살아가고 있다. 부락部落이란 에도시대의 천민 거주지를 말한다. 오늘날 일본에서는 일부 사람들이 에도시대 부락 지명과 현재의 지명을 대조하여, 과거에 부락이었던 지역 목록을 부락지명총감部落地名総鑑 등의 이름으로 암암리에 출간하고 있다. 따라서 어느 개인의 호적상 본적지 주소와 이러한 목록의 지명을 대조해 보면 조상의 천민 신분 여부를 어느 정도 파악할 수 있게 되는 것이다. 에도시대 천민 계층 후손인 부락민으로 지목된 사람들이 현실적으로 많이 겪는 차별은 인간관계, 결혼, 취직 등에 있어서의 부당한 대우나 불이익이다. 부락문제 또는 동화문제同和問題라고 불리는 에도시대 천민 후손 차별문제는 근·현대 일본 사회의 고질적인 인권침해 및 차별 사례로 인식되어 오고 있다. 2016년 일본 정부에서는 부락차별해소추진법部落差別解消推進法까지 제정하여 시행하고 있지만, 오랜 세월 동안의 역사적, 정치적, 사회적 배경이 중첩된 부락문제는 쉽게 해결될 조짐이 보이지 않는다.

3) 쇄국정책 – 그리스도교 금교와 서양무역 통제

일본은 전국시대(1467~1573) 후반인 1545년 포르투갈과 교역을 처음으로 시작한 이후, 스페인, 네덜란드, 영국 등 서양 네 나라와 무역을 진행한다. 그런데 도쿠가와 이에야스가 최종적으로 천하를 장악한 에도시대 초기부터 막부는 서양과의 교역을 엄격하게 통제하고 나라의 문호를 닫는 쇄국정책을 실시한다. 에도 막부가 쇄국정책을 선택한 이유는 선교사들의 그리스도교 포교를 금지하고 각 번의 서양 무역을 통제하기 위한 두 가지 목적 때문이었다.

에도 막부는 그리스도교 교리에 의해 쇼군의 봉건적 절대 권위를 부정할 수도 있는 서양 종교를 용인하는 것은 막번체제 확립에 장애요인이 될 우려가 있다고 인식한다. 게다가 급격하게 세를 확장하는 그리스도교 신자가 증가하여 세력화하는 것도 염려스러운 부분이었다. 그럼에도 불구하고 서양과의 교역을 통한 경제적 이익을 위해 처음에는 선교사들의 그리스도교 포교 활동을 방임한다. 이는 선교사들이 포르투갈 및 스페인과 일본 사이에서 무역을 촉진시키는 중개자로서 중요한 역할을 해 왔기 때문이다.

그런데 기존의 포르투갈, 스페인에 이어 1600년대 초반 에도시대 때부터 새롭게 교역을 개시한 네덜란드와 영국은 개신교 중심의 나라로서, 일본과의 무역에 있어서 그리스도교 포교 활동을 전제 조건으로 내걸지 않았다. 따라서 에도막부로서는 이제 그리스도교 포교를 묵인할 필요 없이도 서양과의 교역을 할 수 있게 된 것이다. 그리하여 1612년에 먼저 막부 직할지를 대상으로 금교령禁教令을 내리며, 1613년에는 전국적으로 그리스도교 금교령을 발령한다. 이에 따라 막부는 서양의 선교사는 물론이고 개종改宗을 거부하는 일본인 신자까지 국외로 추방한다. 당시 기리시탄 다이묘 다카야마 우콘高山右近 등 개종하지 않고 신앙을 지킨 유력 무사들도 필리핀의 마닐라로 추방된다.

에도막부는 금교령을 어긴 자에 대해서는 외국으로 추방하는 것에 그치지 않고 참혹한 처형에 처하기도 한다. 그 대표적인 것으로는 1622년 나가사키長崎에서 서양의 신부, 수도사 및 일본인 신자 등 55명이 동시에 화형과 참수형에 처해지는 순교를 들 수 있다. 겐나元和의 대순교大殉教로 명명된 이 박해는 일본의 그리스도교 탄압 역사 중 가장 많은 신자가 동시에 처형을 당하는 사례로 기록되고 있다.

그리스도교 신자에 대한 탄압이 더욱 강화된 것은 1637년 시마바라島原의 난이 발생한 이후부터이다. 규슈九州 나가사키長崎 현의 시마바라와 바로 가까이 인접한 구마모토熊本 현 아마쿠사天草 지방의 백성들은 영주領主의 악정과 수탈, 그리고 과도한 그리스도교 탄압에 견디지 못하여 약 3만 7천 명의 농민이 봉기한다. 에도막부는 이를 그리스도교 신자의 난으로 규정하고 무려 12만 여명에 이르는 대군을 파견하지만 진압에 4개월이나 걸린다. 그리고 이처럼 격렬한 저항은 그리스도교 신자들의 결속력 때문이라 판단하여 이후 본격적인 그리스도교 탄압에 나선다.

시마바라의 난은 그리스도교 세력의 막부에 대한 도전이 아니라, 지방 영주의 폭정에 항거한 민중 봉기의 성격이 강하였다. 다만 규슈는 1549년 일본 최초로 그리스도교가 전래된 곳이며, 영주 중에서도 기리시탄 다이묘가 나올 정도로 그리스도교가 확산된 지방인데다, 봉기가 일어난 시마바라와 아마쿠사는 그 중에서도 특히 신자가 많은 지역이었다. 더구나 이 봉기의 지도자인 아마쿠사 시로天草四郎가 그리스도교 신자였기 때문에 막부에서는 그리스도교 세력의 반란으로 몰고 간 것이었다.

그리스도교 탄압을 위해서는 먼저 신자를 색출해야 했다. 이때 막부에서 사용한 도구가 후미에踏絵이다. 밟을 답踏(후미), 그림 회絵(에) 즉 발로 밟는 그림이라는 뜻으로, 신자 색출을 위해 백성들에게 성모 마리아나 예수의 그림이 새겨진 동판을 발로 밟고 지나가도록 하는 것이다. 이에 순순히 밟고 지나가

에도시대에 그리스도교 신자 색출을 위해 사용한 후미에

는 사람은 방면하고, 밟지 않으려고 주저하거나 저항하는 사람은 신자로 간주하여 체포하는 방식이다. 체포된 신자들은 강제적으로 개종을 강요받았으며, 이에 응하지 않으면 혹독한 고문이 가해져 목숨을 잃는 경우도 부지기수였다. 이러한 후미에는 그리스도교 신자가 많은 규슈 북부지역에서 주로 사용되었으며, 에도 막부의 박해에 의한 순교자 역시 이 지역에서 가장 많이 발생한다. 일본의 저명 작가 엔도 슈사쿠遠藤周作(1923~1996)는 시마바라의 난 이후 규슈 북부 나가사키에서 일어난 그리스도교 박해를 작품의 배경으로 하여 신神과 신앙의 근원적인 문제에 대해 물음을 던지는 『침묵沈黙(침모쿠)』이라는 걸작을 1966년에 발표하기도 하였다.

막부의 참혹한 고문에 못 이겨 어쩔 수 없이 불교로 개종한 그리스도교 신자들은 마음속으로는 신앙을 버리지 않고 지속해 간다. 그리하여 그들은 집안의 성모상이나 예수상을 치우고 그 자리에 불상을 놓아둔다. 가택 수색을 나온 관리가 불교 신자로 판단하게 함으로써 체포를 모면하기 위해서인 것이다. 이러한 사람들을 가쿠레기리시탄隠れキリシタン이라 부른다. 가쿠레는 숨는다는 뜻이고, 기리시탄은 크리스챤이므로, 남몰래 숨어서 신앙생활을 지속해 가는 신자를 의미한다. 오늘날 규슈 지방에는 에도시대에 시작된 조상의 가쿠레기리시탄 형태의 신앙을 지금까지 이어 오고 있는 후손들이 상당히 있는 것으로 알려져 있다. 이후 일본에서 그리스도교가 공인되어 신앙이 자유로워지는 것은 메이지유신 이후인 1873년이다. 이 시기는 프로테스탄트 교회 즉, 개신교가 일본에 처음으로 전래되는 무렵이기도 하다.

전국시대(1467~1573) 후반부터 여러 번藩의 다이묘들은 포르투갈, 스페인과 이른바 남만무역을 시작한다. 특히 규슈九州를 비롯한 서일본西日本 지역의 많은 다이묘들은 이를 통하여 경제적인 부를 축적하고 세력을 강화한다. 이러한 상황은 막부에게 있어서 용인할 수 없는 것이었다. 재력을 갖춘 지방 번의 다이묘는 손쉽게 군사력을 증강시킬 수 있으며, 그 군사력은 상황에 따라서는 막부를 공격 대상으로 삼을 수도 있기 때문이다. 그리하여 막부는 본격적으로 서양 무역 통제에 나선다.

먼저 막부는 1616년에 중국 명明나라를 제외한 모든 나라의 무역선 입항을 나가사키長崎, 히라도平戸 두 항구로 제한한다. 이후 1623년 영국은 네덜란드와의 일본 무역 경쟁에서 패하여 일본에서 철수한다. 다음 해인 1624년 에도 막부는 스페인 무역선의 일본 입항을 금지하며, 1635년에는 자국민의 해외 출국은 물론이고 이전에 출국하여 이미 해외에 거주하는 자국민의 본국 귀국조차도 금지한다. 같은 해에 명나라의 무역선 입항도 나가사키로 한정시킨다. 또한 1639년에는 포루투갈 무역선의 일본 입항을 금지하며, 1641년에는 히라도에 있던 네덜란드 무역사무소인 상관商館을 나가사키의 데지마出島로 이전시킨다. 그리고는 서양의 네 나라 중 유일하게 남은 네덜란드 무역선에 한하여 나가사키의 데지마出島 한 곳으로만 입항을 허락한다. 데지마는 쇄국정책의 일환으로 나가사키에 축조한 인공 섬이다.

서양의 네 나라 중 네덜란드와의 무역은 금지하지 않고 지속한 것은 실리적인 이유 때문이었다. 16세기 후반 이후 일본은 서양 무역을 통해 경제적 이익은 물론이고 기술, 과학의 수준을 크게 높일 수 있었다. 따라서 비록 나라의 문을 닫는 쇄국정책을 실시하더라도, 모든 서양 국가와의 교역을 중단하는 것은 일본의 국익에 도움이 되지 않는다고 판단한다. 그리하여 네덜란드와의 무역은 그대로 유지하는 실리적이고 선택적인 쇄국정책을 실시한 것이다.

이후 에도막부는 나가사키의 네덜란드 상관장商館長에게 세계의 동향에 관한 보고서를 정기적으로 제출하게 한다. 그리하여 오란다풍설서オランダ風説書라고 하는 이 보고서를 통해 막부는 나라의 문을 잠그는 쇄국을 실시하는 중에도 서양을 비롯한 세계 여러 나라에 관한 정보를 파악한 것이다. 오란다란 일본어로 네덜란드를 의미한다. 이로써 나가사키는 에도 막부의 쇄국정책이 지속되는 210여 년 동안 서양의 학문, 기술, 문화가 일본으로 들어오는 유일한 관문으로 번창하게 된다. 오늘날 나가사키 시내 곳곳에 오란다, 즉 네덜란드 관련 유적지가 산재해 있는 것은 이러한 역사적 배경 때문이다.

이러한 일련의 과정을 거쳐 3대 쇼군 도쿠가와 이에미쓰徳川家光 통치기인 1641년 에도 막부의 쇄국체제가 완성된다. 다만 서양 국가 중 네덜란드와는 교역이 지속되었으며, 이전부터 교류가 이뤄지고 있던 조선, 명나라, 현재의 오키나와에 해당하는 류큐琉球 등과의 무역도 유지되었으므로 선택적인 쇄국정책이었다 할 수 있다. 에도 막부의 그리스도교 금지, 서양무역 통제, 일본인의 해외 왕래 금지 등을 주된 내용으로 하는 쇄국정책은 막번체제의 질서를 유지하고 도쿠가와 쇼군의 강력한 통치력을 강화하기 위한 목적이었다. 이렇게 쇄국이 완성된 이후 에도 막부는 1854년 미국의 강압에 의해 굴욕적으로 개국할 때까지 210여 년 동안 나라의 문을 잠그게 된다.

4) 조선과 에도 막부의 외교관계 – 조선통신사

통일신라시대 이후 단절되었던 한반도와 일본의 공식적인 외교관계는 무로마치 막부幕府 3대 쇼군将軍 아시카가 요시미쓰足利義満에 의해 1404년에 재개된다. 그러나 무로마치시대 중반인 1467년부터 일본이 내란 상태인 전국戦国시대로 접어들면서 외교관계가 중단된다. 더구나 16세기 후반 아즈치모모야마安土桃山시대에 내란 상태를 종식시키고 전국적인 통치권을 장악한 도요토미 히데요시豊臣秀吉가 1592년과 1597년 두 번에 걸쳐 조선을 침략함으로써, 두 나라의 국교는 완전히 단절된다.

도요토미 세력을 무너뜨리고 최종적으로 천하를 장악하여 1603년 에도시대를 연 도쿠가와 이에야스徳川家康는 조선과 일본의 국교 수복에 힘을 기울인다. 이에야스는 이전부터 조선과의 교류가 밀접한 쓰시마의 영주 소 요시도시宗義智를 내세워 협상에 임한다. 조선 조정에서는 향후 조선을 침략하지 않을 것과 임진왜란 당시 왕릉을 황폐화시킨 범인을 인도할 것을 요구하며, 이러한 조건을 이에야스가 수용함으로써 양국의 외교관계가 회복된다. 이에 따른 후속 조치로 조선 조정과 에도 막부는 양국의 현안에 대한 협의를 위해 서로 외교사절을 파견하기로 합의한다.

그리하여 조선 조정에서는 1607년부터 1811년까지 200여 년 동안 12회에 걸쳐 에도 막부로 공식적인 외교사절을 파견한다. 이 사절을 조선통신사朝鮮通信使라 부르며, 일반적으로 조선시대의 한반도와 일본열도의 우호적인 관계를 상징하는 키워드로 사용되기도 한다.

통신사라는 명칭은 서로 신의(信)를 가지고 소통(通)하는 사절(使)이라는 의미를 지닌다. 통신사 파견 목적은 초반에는 에도 막부의 쇼군 취임 축하를 겸하여 임진왜란·정유재란 때 끌려간 조선인 포로 송환과 일본 국내 정세 탐색을 위한 것이었다. 그러나 17세기 중반 이후부터는 새로운 쇼군의 취임 축하가 주된 파견 목적이 된다. 따라서 통신사 파견 시기도 에도 막부의 새로운 쇼군이 취임하는 때에 맞춰졌다.

조선시대에 조정에서 일본으로 공식적인 외교 사절을 파견한 것은 1607년 에도 막부가 처음은 아니었다. 1404년에 조선과 당시 일본의 무로마치 막부 사이에 외교관계가 성립된 후, 조선의 국왕과 막부의 쇼군은 서로 사절을 파견한다. 따라서 광의의 조선통신사에는 이 시기부터 조선 조정에서 일본으로 파견한 사절이 포함되기도 한다. 하지만 일반적으로 조선통신사라고 하면 1607년부터 1811년까지 12회에 걸쳐 조선 조정에서 에도 막부로 파견한 사절을 가리킨다.

조선통신사의 최종 목적지는 에도 막부의 최고 실권자인 쇼군이 거주하는 에도였다. 그러나 예외적으로 1617년의 사절단은 수도 교토로 파견되었으며, 마지막 조선통신사인 1811년 사절단은 에도까지 가지 아니하고 쓰시마対馬에서 일정을 멈춘다. 이에 비해 에도 막부에서 파견하는 사절은 한양 입경이 허락되지 아니하여 부산의 왜관에서 응접을 받는다. 이는 왜구의 침략이나 도요토미 히데요시의 임진왜란·정유재란 등으로 인하여 일본에 대한 불신이 완전히 사라지지 않은 때문이었다.

국립해양문화재연구소가 2018년에 복원한 조선통신사선

조선통신사의 인원은 정사正使, 부사副使, 서장관書状官의 삼사三使를 인솔 책임자로 하여 유학자, 의사, 화가 등 보통 300~500명 정도로 구성되었으며, 다섯 척 정도의 선단을 이루어 항해를 하였다. 조선통신사의 기록인 '계미수사록癸未随槎録' 등의 사행록에 의하면, 통신사선은 길이 35m, 너비 9m, 깊이 3m 정도의 규모였다고 한다. 조선통신사의 방일 경로는 한양을 출발하여 부산에 도착한 후 먼저 쓰시마로 향한다. 쓰시마에서는 영주의 안내를 받아 오사카大阪로 향하는 항로에 나선다. 오사카에 도착하기까지 시모노세키下関 및 세토나이카이瀬戸内海에 있는 많은 도시에 기항하며 각 지역 관리들로부터 환대를 받는다. 에도 막부 6대 쇼군 도쿠가와 이에노부徳川家宣(1662~1712) 통치기의 유학자이자 유력 정치가였던 아라이 하쿠세키新井白石(1657~1725)는 조선통신사에 대한 일본의 극진한 응접이 에도 막부의 재정을 압박한다고 하여 1711년부터 의전 간소화를 실시하기도 한다. 그러나 수 년 후인 1719년부터 조선통신사에 대한 대우는 원래대로 환원된다.

조선통신사는 오사카 도착 후부터는 육로를 통하여 에도에 당도하여 조선 국왕의 국서를 쇼군에게 전달한다. 조선통신사가 통과하는 일본의 각 지방이나 최종 목적지인 에도의 숙소에는 많은 일본의 지식인들이 통신사 일행을 방문하여, 학문, 예술 등에 관하여 논하며 교류하였다. 사절단이나 일본 측에 역관이 있기는 하였지만, 두 나라 지식인들은 한문에 능통하였기 때문에 대부분 필담筆談으로 소통이 이뤄졌다. 일본의 유학자 중에는 조선어에 능통한 사람도 있었다. 그 중에 널리 알려진 사람으로는 에도시대 중기의 유학자 아메노모리 호슈雨森芳州(1668~1755)를 들 수 있다. 그는 현재의 시가滋賀 현에 해당하는 오미近江 지방 출신으로, 어려서는 교토에서 의학을 공부한 후 에도로 나아가 기노시타 쥰앙木下順庵(1621~1699) 문하에서 유학을 공부한다. 1711년에 조선통신사 응접 간소화를 실시한 아라이 하쿠세키와는 동문수학한 사이였으며, 호슈는 간소화에 반대하여 하쿠세키와 크게 충돌하기도 한다. 스승의 천거로 쓰시마対馬 번으로 온 호슈는 1703년부터 2년 동안 부산의 왜관에 체류하면서 조선의 언어와 문화를 공부한다. 이 기간에 그는 조선인을 위한 일본어 어휘집『왜어유해倭語類解』의 편찬에 협력한 것으로 추정되고 있으며, 한편으로는 일본인용 조선어 입문서이자 최초의 일한사전이라 할 수 있는『고린스치交隣須知』를 편찬하기도 한다.

에도시대의 외교정책은 쇄국정책이 기본적인 방침이었다. 그러한 시대적 상황에도 불구하고 두 나라 사이에 공식적인 외교와 교역이 이뤄졌다는 것은, 양국만이 아니라 명나라를 포함하는 동아시아 평화에 기여했다는 점에서 큰 의미가 있는 일이었다. 특히 조선통신사는 쇄국정책 하의 에도시대 학자나 예술가들에게 외국의 정보를 얻고, 외국문화에 접할 수 있는 기회를 제공함으로써, 그들의 문화적 갈증 해소에 크게 기여하였다.

오늘날까지 한국과 일본에 각각 전해지고 있는 조선통신사 관련 외교기록, 견문록, 문화교류기록 등의 자료들은 2017년 10월에 두 나라 공동으로 유네스코 세계기록유산에 등재되었다.

5) 겐로쿠元禄문화와 가세이化政문화

에도시대에 융성한 대표적인 문화는 전반기의 교토, 오사카 중심 겐로쿠元禄문화와 후반기의 에도 중심 가세이化政문화를 들 수 있다. 에도시대에는 화폐경제와 상업 발달로 인하여 도시에서 상공업에 종사하는 쵸닌町人이 문화의 주체로 대두된다. 일본 역사에서 귀족이나 무사 등 지배 계층이 아닌 서민들이 문화의 생산자이자 소비자로 등장하는 최초의 시기가 바로 에도시대이다. 특히 이 시대에는 민간 초등교육기관인 데라코야寺子屋가 개설되어 널리 확산됨으로써, 서민 계층의 문해력이 향상되어 문화 향유의 기반이 마련된다. 또한 활자인쇄술 발달에 따른 대량 출판이 가능해져서, 서민들도 비교적 저렴한 가격으로 대중적인 소설책 등을 구입할 수 있게 된다.

에도 막부 4대 쇼군 도쿠가와 이에쓰나徳川家綱(1641~1680) 때부터는 막번체제가 굳건해지고 쇼군의 통치권이 안정기로 접어든다. 이에 따라 이제까지의 무단武断 통치에서 유학儒学을 바탕으로 하는 도덕을 중시하고 법령이나 제도에 의거하여 통치하는 문치文治 정치로의 전환이 이뤄지기 시작한다. 이러한 문치주의가 본격적으로 실시되는 것은 17세기 말부터 18세기 초까지 통치한 5대 쇼군 도쿠가와 쓰나요시徳川綱吉(1646~1709) 때 부터이다.

이 시기에는 화폐의 유통과 함께 경제 활동이 활발해지면서 경제 중심지 오사카와 수도 교토를 중심으로 하는 가미카타上方 지방 신흥 상공인 사이에서 다양한 문화 활동이 융성해진다. 5대 쇼군 통치기인 에도시대 전반기의 이러한 문화를 겐로쿠元禄문화라 한다. 겐로쿠문화라는 명칭은 1688년부터 1704년까지 사용되었던 당시의 연호가 겐로쿠였던 데에서 유래한 것이다. 겐로쿠문화의 가장 큰 특징은 경제 활동의 활성화에 의해 상공업에 종사하는 쵸닌町人이 문화의 주역으로 등장한다는 점이다. 이에 따라 문예작품에는 서민의 생활이나 정서 등이 적극적으로 반영되며, 내용면에서도 현세 긍정과 인간성 해방 등의 경향이 나타난다.

겐로쿠문화를 대표하는 문예와 대표 작가를 장르별로 보자면, 먼저 일본 전통시 하이쿠俳句에서는 하이쿠의 성인 하이세이俳聖로 추앙받는 마쓰오 바쇼松尾芭蕉(1644~1694)를 들 수 있다. 바쇼의 대표적인 작품으로는 1689년 겐로쿠 2년에 도호쿠東北, 호쿠리쿠北陸 지방 등을 약 150일 동안 여행하며 남긴 기행문으로 많은 하이쿠가 실려 있는 『오쿠노 호소미치奥の細道』가 있다. 소설 분야에서는 이 시기에 우키요 조시浮世草子라는 대중소설이 성립된다. 우키요 조시의 작품에는 중세의 염세적인 사상에서 벋어나 현세를 긍정적이고 향락적으로 묘사하는 경향이 주로 나타난다. 대표적인 작가로는 쵸닌 출신의 이하라 사이카쿠井原西鶴(1642~1693)를 들 수 있다. 사이카쿠의 대표작으로는 쵸닌 신분의 향락적인 주인공 요노스케世之介의 호색적好色的인 일생을 묘사한 『고쇼쿠 이치다이오토코好色一代男』가 있다.

겐로쿠문화 융성기에는 현재까지 계승되고 있는 일본 3대 전통연극 중 무로마치시대(1392~1467)의 노能에 이어 분라쿠文楽와 가부키歌舞伎의 두 종류가 성립된다. 인형극인 분라쿠의 원래 명칭은 닝교죠루리人形浄瑠璃이다. 당시 상업적으로 닝교죠루리를 공연하는 많은 단체 중 오사카의 분라쿠자文楽座라는 극단이 가장 번창하게 되면서, 이 극단의 명칭인 분라쿠가 닝교죠류리의 대명사로 사용되게 된 것이다. 분라쿠 공연은 인형을 조정하는 사람과 연극 대사를 읊는 다유太夫 그리고 전통악기 샤미센三味線 연주자의 세 구성요소에 의해 이뤄진다. 필수적인 이 세 요소를 산교三業라고 하며 모두 남성으로 구성된다.

분라쿠(닝교죠루리) '소네자키신쥬' 공연 장면

대사만 읊던 이전의 죠루리에 인형人形(닝교)의 연기가 더해진 닝교죠루리로 발전시킨 사람은 겐로쿠문화 시기의 지카마쓰 몬자에몽近松門左衛門(1653~1724)이라는 극작가였다. 그의 대표작으로는 간장공장 직원인 남자 주인공 도쿠베德兵衛과 유녀遊女 신분의 여주인공 오하쓰お初가 현세에서 이루지 못한 사랑을 다음 세상에서 이루기를 기원하면서 동반 자살로 생을 마감하는 내용의 『소네자키 신쥬曾根崎心中』를 들 수 있다. 신쥬心中란 동반 자살을 의미하는 것으로, 지카마쓰는 당시 실제로 발생한 사건을 『소네자키 신쥬』로 작품화 하였다.

이전까지 분라쿠, 가부키에 등장하는 주인공은 역사적 인물로 한정돼 있었다. 사극史劇에 해당하는 이러한 연극을 지다이모노時代物

라고 한다. 그런데 지카마쓰는『소네자키 신쥬』에서 처음으로 동시대의 서민을 주인공으로 등장시킨 것이다. 이와 같이 평범한 죠닌들의 사랑, 인정, 갈등 등을 묘사한 분라쿠, 가부키를 세와모노世話物라 부른다. 1703년에 초연된 지카마쓰의『소네자키 신쥬』가 흥행에 대성공하자 당시 신쥬를 소재로 하는 분라쿠나 가부키 공연이 널리 유행하게 된다. 분라쿠 공연에 성공한『소네자키 신쥬』는 이후 가부키로 공연되기도 한다.

겐로쿠문화 시기에는 분라쿠와 함께 오늘날 일본 전통연극의 대명사로 인식되고 있는 가부키歌舞伎도 성립된다. 대사, 음악, 무용 등으로 구성된 가부키는 원래 춤에서 시작되어 이 시기에 연극의 형태로 발전한다. 16세기 말부터 17세기 초 교토에서는 화려한 의상과 독특한 동작의 가부키 오도리かぶき踊り라는 춤이 유행한다. 그러던 중에 이즈모出雲 지방 무녀 출신으로 예능 전문가인 오쿠니阿国가 교토로 상경하여 가부키 오도리를 더욱 흥행시키는데, 이 춤은 오쿠니 가부키라 불리게 된다. 이후 유녀들이 이를 흉내내어 펼치는 공연이 활발해지자 막부는 이를 풍기문란으로 금지시키며, 그 대신에 10대 미소년들이 춤추는 와카슈 가부키若衆歌舞伎가 유행하게 된다. 그러나 이것 또한 풍기문란으로 막부로부터 금지 당한 후 성인 남자들만 출연하는 야로 가부키野郎歌舞伎가 등장한다. 오늘날 가부키 공연에 성인 남자 배우만 출연하는 배경은 여기에서 비롯된 것이다. 이

가부키 '소네자키신쥬' 공연 장면

러한 춤 중심의 공연이 연극적인 형태로 발전하여 현재와 같은 가부키의 형태가 성립되는 것은 겐로쿠문화의 영향에 의한 것이다. 분라쿠 극작가인 지카마쓰 몬자에몽은 당시 가부키 작가로서도 크게 활약하였다. 대표적인 가부키 배우로는 오사카, 교토에서 활동했던 사카타 도쥬로坂田藤十郎(1647~1709)와 에도에서 활동했던 이치카와 단쥬로市川団十郎(1660~1704)를 들 수 있다. 이들의 후손은 현재도 가부키 배우로서 조상의 가업을 계승하고 있다.

에도시대 후반에 교토, 오사카와 더불어 에도는 일본 최고의 경제 중심지로 발달한다. 이러한 도시의 번성을 배경으로 하여 그곳에서 생활하는 쵸닌들의 문화도 다양한 방면으로 융성하게 된다. 18세기 말에서 19세기 초에 에도를 중심으로 하여 발달한 이러한 쵸닌문화를 가세이化政문화라 한다. 가세이化政는 에도시대 후기 11대 쇼군 도쿠가와 이에나리徳川家斉(1773~1841) 통치 기간 중 1804년부터 1830년까지 사용된 연호 붕카文化, 분세이文政에서 뒷글자 한 자씩을 합쳐서 붙인 이름이다. 이 시기는 막번체제가 동요하여 기강이 느슨해지는 때이며, 퇴폐적이고 향락적인 시대 풍조가 확산되기도 한다. 한편으로는 사물을 실증적으로 파악하려는 비판정신은 학문이나 사상 발전으로 이어졌으며, 민간 초등교육기관인 데라코야寺子屋가 증가함에 따라 서민 계층의 문화적 수준도 향상된다. 또한 출판의 활성화와 책 대여점의 확산에 의해 서민 계층이 저렴한 비용으로 책을 접할 수 있는 여건이 조성되기도 한다. 19세기 초반 에도에는 600여 점포의 책 대여점이 영업하고 있었다.

가세이문화의 특징 중 하나는 독자의 수요에 대응하여 다양한 형태의 대중 문예작품이 나타난다는 점이며, 특히 소설에서는 게사쿠戯作라 불리는 다양한 종류의 통속소설이 등장한다. 그 종류를 살펴보자면 문장 중심의 읽을거리라는 의미의 요미홍読本, 주로 유곽遊廓을 소재로 하여 손님과 유녀의 이야기를 사실적으로 묘사하는 샤레본洒落本, 샤레본의 뒤를 잇는 소설로 주로 쵸닌의 연애, 인정의 갈등 등을 묘사하는 닌죠본人情本, 에도 쵸닌의 생활을 익살과 해학으로 표현하여 독자의 웃음을 자아내는 곳케본滑稽本 등 다양한 대중소설 형식이 등장한다. 또한 이 시기에는 삽화가 들어 있는 아동용 소설 아카홍赤本, 성인용 소설 기뵤시黄表紙도 출판된다. 이 시기에 활동한 대표적인 소설 작가로는 교쿠테 바킨曲亭馬琴(1767~1848), 산토교덴山東京伝(1761~1816), 다메나가 슌스이為永春水(1790~1844), 집펜샤잇쿠十返舍一九(1765~1831) 등을 들 수 있다.

가세이문화를 대표하는 하이진俳人, 즉, 하이쿠 시인으로는 요사부손与謝蕪村(1716~1784), 고바야시 잇사小林一茶(1763~1828) 등을 들 수 있다. 이 시기에는 하이쿠 외에도 사회 풍자나 비평을 담은 센류川柳, 교카狂歌 등의 시도 유행한다. 또한 이 시기에 미술 분야에서는 우키요에浮世絵라는 판화가 활발하게 제작된다.

6) 우키요에浮世絵와 유럽의 인상파 화가

우키요에란 에도시대에 널리 유행한 풍속화를 말한다. 우키요浮世란 덧없는 세상, 속세, 현세 등의 의미이며, 에絵는 그림이라는 뜻이므로, 이 세상을 살아가는 사람들의 일상적인 모습을 묘사하는 그림인 것이다. 우키요에의 형태는 원래 붓으로 직접 그린 육필화肉筆画와 목판화木版画의 두 종류가 있는데, 일반적으로 우키요에라고 하면 후자의 판화를 가리키는 용어로 사용되고 있다. 우키요에는 에도시대 초기에 성립된 회화의 한 장르로서, 그 이전까지는 소설책 등에 들어가는 단순한 삽화였던 것이 겐로쿠문화 시기에 히시카와 모로노부菱川師宣(1618~1694)에 의해 독립된 감상용 판화로 발전된다.

우키요에가 성립된 것은 이처럼 에도시대 전반이지만 본격적으로 융성기를 맞이하는 것은 에도시대 후반 가세이문화 때이다. 이 시기가 되면 우키요에의 기술이 진보하여 여러 색깔을 인쇄할 수 있는 판화가 만들어지는데, 이것을 니시키에錦絵라고도 부른다. 또한 이 시기에는 오늘날까지 일본은 물론이고 해외에서도 이름이 널리 알려져 있는 뛰어난 화가들이 등장하여 우키요에의 수준을 크게 향상시킨다. 우키요에의 소재는 초창기에는 가부키 배우, 일본 전통 씨름인 스모 선수, 무사, 미인 등이 중심을 이루었으나, 19세기에 서민들의 여행 붐이 일어나면서부터는 풍경화도 널리 유행하게 된다. 오늘날로 치자면 유명 탤런트, 스포츠 선수, 여성 아이돌 연예인의 사진이 널리 퍼지는 현상과 비슷하다고 할 수 있다. 이 시기의 대표적인 우키요 화가로는 가부키 배우를 주로 그린 도슈사이 샤라쿠東洲斉写楽(출생·사망 연도 미상), 미인화 작품을 많이 남긴 기타가와 우타마로喜多川歌麿(1753~1806). 풍경화로 유명한 가쓰시카 호쿠사이葛飾北斉(1760~1849)와 우타가와 히로시게歌川広重 (1797~1858) 등을 들 수 있다.

에도시대의 우키요에는 일본 국내만이 아니라 멀리 떨어진 유럽에서도 인기를 얻는다. 우키요에가 유럽으로 전해진 경위는 의도하지 않은 일이었으며, 인기 또한 뜻하지 않은 일이었다. 19세기 후반 에도시대 말기에 일본은 파리에서 개최된 만국박람회에 도자기, 공예품, 칠기 등을 출품한다. 그런데 당시 주로 도자기의 포장지로 사용한 것이 바로 우키요에 판화의 종이였던 것이다. 이러한 경로로 서양에 전해진 우키요에는 일반인은 물론이고 화가들 사이에서도 큰 인기를 모은다.

19세기 후반 유럽의 인상파 화가들 사이에서는 서양화의 기본인 원근법을 무시하는 경향이 있었으므로, 서양의 원근법과는 다른 우키요에의 구도나 기법은 당시의 인상파 화가들에게 커다란 영향을 끼친다. 에두아르 마네Edouard Manet(1832~1883)는 우키요에서 평면적인 색채 효과를 배웠다. 클로드 모네Claude Monet(1840~1926)는 작품 소재로 일본 전통의상이나 일본풍의 기물을 즐겨 사용하였으며, 자신의 집 벽을 일본 판화로 장식하기도 한다. 빈센트 반 고흐Vincent Van Gogh(1853~1890)와 그의 동생 테오는 4백 여 장에 이르는 우키요에를 수집하기도 한다. 인상파 화가들 중에서도 특히 고흐는 자신의 그림 일부에 우키요에를 그려 넣거나 우키요에를 그대로 모사한 작품을 남기기도 하였다.

오른쪽은 우타가와 히로시게의 우키요에
왼쪽은 고흐가 그린 모작

에도시대의 우키요에는 미술만이 아니라 유럽의 인상파 음악가에게도 영향을 미친다. 프랑스 작곡가 클로드 드뷔시Claude Debussy(1862~1918)는 가쓰시카 호쿠사이의 '가나가와오키나미우라神奈川沖浪裏(가나가와 앞바다의 파도)'라는 유명한 우키요에를 1905년에 작곡한 교향시 '바다La Mer'의 악보 표지 그림으로 사용한다. 이 때문에 드뷔시가 호쿠사이의 우키요에에서 영감을 받아 '바다'라는 작품을 작곡한 것으로 추정되고 있다.

가쓰시카 호쿠사이의 우키요에 '가나가와 앞바다의 파도'

에도시대 말기인 19세기 후반 유럽에서는 일본의 문화, 예술에 대한 전반적인 관심이 증대된다. 이러한 계기가 된 것은 1862년의 런던 만국박람회, 1867년의 파리 만국박람회 등에 일본이 참가하여 유럽에 본격적으로 알려진 것이다. 이로써 우키요에만이 아니라 일본의 도자기, 차茶, 부채 등에 대해서도 유럽인의 관심이 높아진다. 프랑스 미술평론가 필립 뷔르티Philippe Burty는 당시 유럽 미술에 나타난 우키요에의 영향과 유럽인들이 일본적인 취향을 즐기고 선호하는 문화 현상을 자포니즘Japonism이라는 용어로 정의하였다.

가쓰시카 호쿠사이의 우키요에가 사용된 드뷔시의 '바다' 악보 표지

2. 근세 일본인의 의식주

1) 근세의 의생활

근세인 에도江戸시대의 중심을 이루는 복장은 현재의 기모노着物의 바탕이 되는 고소데小袖이다. 고소데는 소매의 폭이 좁은 형태의 의상으로서, 헤안시대에는 예복 안에 착용하였다. 이러한 형태의 복장은 에도시대에 새롭게 부각된 계층인 쬬닌町人의 생활에 잘 어울렸기 때문으로, 그들에게는 업무복으로도 평상복으로도 애용되었다. 그뿐만 아니라 형태는 같지만 옷감이나 무늬만이 바뀐 것을 하레고소데晴れ小袖라고 하여 예복으로도 착용하였기 때문에 대단한 기세로 널리 퍼지게 된다. 고소데는 시간이 흐르면서 소매의 폭이 넓어지고, 형태도 둥근 소매에서 각이 진 소매로 변화하였으며, 그 길이도 길어져 오후리소데大振袖라 불리는 우아한 의상이 여성용 고소데로서 유행한다.

에도시대 초기인 겐로쿠元禄(1688~1704) 연간 이후에는 일본의 전통 연극인 가부키歌舞伎 공연이 유행하게 된다. 이에 따라 대중적인 인기를 얻는 유명 배우들이 탄생하여, 그들의 의상이 일반 서민들의 유행에도 커다란 영향을 끼치게 된다. 즉, 가부키 배우가 고안한 디자인이나 색상의 의상이 무대를 통하여 소개되면, 일반인 사이에서 그대로 유행되기도 하였던 것이다. 오늘날로 말하자면 유명한 가부키 배우는 패션디자이너 겸 모델의 역할까지 했던 셈이 된다. 또한 염색, 자수 등의 섬유가공 기술의 발달에 의해서 고소데는 단순히 실용성을 초월하여 점차 심미적인 요소를 받아들여 오늘날과 같은 기모노의 형태로 변화되어 간다.

무사들의 복장은 고소데 위에 가미시모裃를 걸친 모습이었다. 가미시모는 무로마치시대부터 나타난 스오素襖의 소매 부분만을 떼어내어 보다 활동하기 쉽게 개량한 형태의 의상이다. 가미시모는 원래 같은 천으로 상의와 하의가 연결되어 있는 형태인데, 상의가 따로 독립하여 가타기누肩依가 되었으며, 하의는 마치 치마 같은 모양의 바지인 하카마로 독립되어 오늘날과 같은 형태가 된 것이다. 에도시대에는 무사는 물론이거니와 쵸닌도 격식을 갖춰야 할 장소에서는 하카마를 입게 되었다.

허리를 묶는 띠인 오비帯는 원래 이 시대에는 폭이 좁고 길이도 짧아, 복장 중에서도 그다지 눈에 띄지 않았다. 그러나, 하카마나 모裳 등의 하의를 위에 껴입지 않고 고소데만을 입는 경향이 널리 퍼짐에 따라, 에도시대에 폭이 넓어지고 길이가 늘어났을 뿐만이 아니라 옷감이나 무늬도 화려해지고 다양해지는 등 급속하게 변화한다.

2) 근세의 식생활

에도江戸시대의 음식문화는 귀족적인 궁정풍宮廷風 요리, 불교사원풍의 가이세키요리, 서양에서 전래된 남만南蛮요리, 중국풍 요리 등 다양한 요리가 있었으며, 일본의 전통적인 와쇼쿠和食도 이 시대에 완성된다는 점이 큰 특징이라 할 수 있다. 또한, 막부幕府나 전국의 여러 번藩에 있어서의 농경지 확대, 농경기술 개발, 작물의 품종개량, 어업기술 발전, 식품 가공기술 진보 등에 의해 식량 생산이 증대되어 백성들의 식생활이 질적인 면과 양적인 면에 있어서 모두 풍부해진다.

에도시대의 귀족 계급은 수도인 교토에 거주하였으며, 쇼군은 막부가 설치되어 있는 에도에서, 그리고 다이묘大名들은 자신들의 영지領地에서 각각 생활하였다. 이 시기 역시 중세와 마찬가지로 무사 계급이 사회의 중핵을 이루는 시대로서, 무사들은 사회의 치안을 유지하고 백성들의 도덕을 바로잡는 지도 계급으로서의 역할을 수행하였다.

무가武家의 식생활을 살펴보자면, 쇼군의 식사는 교토 고쇼御所의 천황을 모방하였으며, 다이묘들은 쇼군 가문인 도쿠가와徳川 집안의 것을 받아들이는 등 에도시대에 이르러도 무가의 식탁에는 그다지 큰 변화가 나타나지 아니하였다. 일반 무사들은 다이묘의 거처인 성城 주변에 형성된 도시인 죠카마치城下町에 거주하였다. 요즈음 표현으로 하자면 도시 소비생활자였던 셈인데, 이들의 식사는 대단히 검소하였으며 쌀과 보리를 7:3 정도로 혼합한 것이었다고 한다.

에도시대에 상업이나 공업에 종사하는 도시 생활자를 죠닌町人이라 불렀는데, 죠닌 계층의 경제적, 문화적 대두는 이 시대의 커다란 특징이라 할 수 있다. 죠닌 계층에게는 의·식·주에 있어서 일정한 제한이 있었지만, 부를 축적한 이들에게는 풍요로운 식생활을 할 수 있는 환경이 구비되어 있었다. 그럼에도 불구하고 대부분의 죠닌 계층의 식생활은 검소한 것이었다. 그러나 겐로쿠元禄(1688~1704) 연간에는 다이묘를 능가하는 호화로운 생활을 즐기는 죠닌도 일부에서 나타난다.

무사나 쵸닌 계급과 달리 이 시대의 농민은 지배 계급인 무사 계층의 생계를 뒷받침하느라 허리가 휘어지는 존재였다. 이들의 식생활은 설날이 되어도 쌀밥을 먹는다는 것은 상상도 못했으며, 언제나 잡곡으로 지은 밥이나 죽으로 연명하였으며, 배가 고플 때에는 차를 마셔 공복감을 달래는 형편이었다.

오사카大阪나 에도江戸 등 당시의 대도시에서 나타난 음식문화의 특징을 살펴보면 이전 시대와는 다른 몇 가지 특징을 발견할 수 있다. 먼저 쵸닌 계층의 성장은 당시의 음식문화에도 영향을 끼치게 되어, 대도시에는 주로 이들을 상대로 하는 각종 음식점이나 주점이 출현한다는 점이다. 원래 식사를 제공하는 가게는 에도와 지방을 연결하는 가도街道 주변에만 있었는데, 에도시대 중기인 18세기 무렵에는 도시 안에 식당 및 대중주점인 이자카야居酒屋가 최초로 모습을 나타낸다. 그 뿐만 아니라, 오늘날에도 대다수의 일본인이 즐겨 찾는 우동집, 메밀국수집, 장어구이집, 초밥집 등이 에도시대 중기에 오사카, 에도 등의 대도시에서 영업을 개시하게 된다.

오늘날 국제사회에서 일본요리를 대표하는 음식으로 인정받고 있는 것은 초밥(스시)이다. 그러나 고래로부터 전해지는 스시의 원래 형태는 지금처럼 손으로 꼭 쥔 밥덩이 위에 생선회를 얹은 니기리즈시가 아니라 내장을 제거한 붕어에 밥을 채워 넣고 장기간 발효시킨 것이었다. 이러한 전통적인 스시를 후나즈시 또는 나레즈시라 하며, 교토에서 가까운 시가滋賀 현 비와코琵琶湖 호수 주변 지역에서 만들어지기 시작한 이러한 초밥은, 원래 생선을 장기간 보존하기 위한 보존식품이었다.

또 다른 특징으로는 이 시대에 외국에서 전래된 요리가 일본화되어 간다는 점을 들 수 있다. 에도막부는 17세기 전반부터 19세기 중반까지 210여 년에 걸친 긴 세월 동안 쇄국정책을 유지해 간다. 그러나 유일하게 규슈九州의 나가사키長崎를 개방하여 중국과 네덜란드의 무역선에 한하여 입항을 허락한다. 즉 나가사키는 에도시대의 유일한 중국 및 유럽 문화의 수입 창구였던 것이다. 때문에 이곳에 중국요리와 남만南蛮요리라 불렸던 서양요리가 전래되었다는 것은 매우 자연스러운 일이었다. 이때 전해진 중국요리는 오늘날 쇼진요리의 일종이 된 후차普茶요리와 나가사키의 명물이 된 싶포쿠卓袱요리로 이어져 내려오고 있다. 오랜 동안 육식을 금기시해 오던 일본인의 식생활에, 중국요리나 남만요리 등 외래요리는 동물성 단백질과 지방을 섭취하게 해 주는 계기가 된다. 그렇지만 산짐승이나 들짐승의 고기를 금기시하는 것은 여전히 이 시대의 일반적인 경향이었다.

3) 근세의 주거생활

근세가 되면 전국戦国시대의 약육강식 속에서 생존하여 세력을 확장한 무장武将들이 사회의 중심세력으로 등장한다. 이에 따라 이들이 거주하는 주거 공간에도 그 이전의 시대와는 다른 변화가 나타난다. 즉 중세에는 슈덴의 주요 부분이 접객 공간으로 사용되었으나, 근세 무장의 주거 공간에는 이러한 개인적인 접객만이 아니라 다수의 무사들을 모아서 대면하는 보다 넓은 공간이 필요하게 된다. 이 공간이 바로 히로마広間이다.

이러한 시대적 요구에 의해 무장의 주택에 만들어진 히로마는, 중세 주택의 주된 양식인 슈덴이 근세 주택의 중심인 쇼인즈쿠리로 변천해 가는 과정에 나타난 과도기적인 주택양식이라 할 수 있다. 즉, 중세의 슈덴의 경우, 남쪽 부분의 공간을 접객 용도로, 북쪽 부분의 공간을 일상생활의 공간으로 사용하였으나, 근세로 들어오면 일상생활의 공간은 별도의 건물에 배치하게 된다. 따라서 넓은 공간인 히로마는 무사들을 대면하는 장소로만 사용되었으며, 그 외의 방은 무사들의 대기실로 사용되었다.

과도기적인 히로마 이후에 나타나 근세 주택의 중심을 이루는 것이 쇼인즈쿠리이다. 쇼인즈쿠리는 이전의 히로마에서 대면을 위한 부분만이 남은 것으로서 일렬로 이어지는 2~3개의 넓은 방으로 구성되어 있다. 이 중 가장 안쪽 방이 상석이 되며, 이 방에는 도코노마床の間, 지가이다나違い棚 등의 장식을 위한 공간이 설치되었다는 점이 큰 특징이다.

특히 쇼인즈쿠리 주택은 방문객의 시선을 많이 의식하여 지어지기 때문에, 화려한 장식과 함께 그 곳에 거주하는 주인의 위엄과 권위를 과시하기 위하여 벽면을 황금빛의 벽화로 장식하기도 하였다. 이는 헤이안시대의 신덴즈쿠리의 히노고자의 장식이 병풍이나 쇼지, 후스마에 그린 그림 정도였으며, 중세의 슈덴에도 이러한 경향이 계승되었던 것에 비하면 매우 화려해 졌다고 할 수 있다.

쇼인즈쿠리의 중심 공간은 오쇼인大書院과 고쇼인小書院의 양 쇼인으로 구성되어 있었다. 오쇼인에서는 보통 무사들과의 대면이 행해지며, 고쇼인에서는 주연酒宴 등이 이뤄진다. 또한 오죠인의 앞마당에는 노能 무대가 설치되어, 무사들이 이를 감상하는 공간으로 오죠인을 이용하기도 했던 점이 근세 무가 주택에 나타난 특징 중의 하나였다고 할 수 있다.

근세의 쇼인즈쿠리는 신분에 따라 그 규모에 차이는 나타나지만, 위로는 다이묘大名, 가로家老로부터 하급무사인 아시가루足軽의 주택에 이르기까지 널리 이용되었던 주택양식이었다. 또한 이 시대의 쇼인즈쿠리는 무사 사회뿐만이 아니라, 귀족계급인 구게公家나 부를 축적한 상인들의 주택양식으로 이용되기도 하였다.

근세의 다이묘 등의 무장들은 자신의 영지에 성城을 쌓고 그 곳에 거주하였으며, 그 성을 중심으로 하여 주변에 형성된 도시를 죠카마치城下町라 한다. 죠카마치에는 가로로부터 이시가루에 이르기까지 무사들의 주택이 신분에 따라서 순서대로 성을 에워싸고 있었다. 특히 에도江戸시대에 발달한 죠카마치에는 주로 무사들이 많이 거주했지만, 그 외에 상인이나 기술자 등 죠닌 계층도 거주하였다.

그리하여 무사들은 성안으로 출근하여 공무를 집행하였는데, 오늘날로 하자면 공무원의 역할을 하였던 것이다. 죠카마치에 있었던 무사의 주택은 신분에 따라서 규모에 차이가 있었지만, 대부분 부지 주위에 담장을 두르고 그 안에 쇼인즈쿠리의 독립된 가옥을 세웠다. 죠카마치를 구성하고 있었던 무사의 주거는 주로 중·하급 무사의 주택이 가장 많았으며, 이들은 메이지明治유신 이후 새롭게 도시 주민의 대부분을 차지한 샐러리맨 계층 주택의 원형이라고도 할 수 있을 것이다.

V

근대국가의 성립

210여 년 동안 쇄국정책을 유지하던 에도 막부는 1854년 미국의 강압에 의해 굴욕적인 개국을 하고 4년 후 수호통상조약을 체결한다. 이후 경제는 흔들리고 사회는 혼란에 빠지며 존왕양이 운동이 일어나 막번체제가 흔들린다. 이런 상황 속에서 사쓰마 번과 죠슈 번이 동맹을 맺어 에도 막부를 멸망시키고 1868년 메이지 신정부를 수립한다. 이로써 1603년부터 260여 년 동안 지속된 에도시대가 끝난 것이다. 신정부는 일본의 정치, 경제, 사회, 문화, 교육 등 모든 분야에 걸쳐서 근대화하는 대개혁을 실시한다. 이 개혁을 메이지유신이라 한다. 1868년부터 시작된 메이지유신에 의해 일본은 봉건사회에서 근대국가로 변모해 간다.

1. 메이지明治시대

에도 막부의 마지막 쇼군 15대 도쿠가와 요시노부徳川慶喜(1837~1913)는 1867년에 통치권을 천황에게 반환한다. 1185년 가마쿠라시대부터 쇼군이나 유력 무사가 실권을 장악한다. 이후 일시적으로 천황에 의한 친정親政이 실시되기도 했지만, 약 680년 만에 통치권이 원래 상태로 돌아간 것이다. 이로써 260여 년 동안 지속된 에도 막부는 멸망하고 메이지 신정부가 수립되며 1868년에 연호가 메이지明治로 바뀐다. 이때부터 1912년까지의 기간을 메이지시대라고 한다. 메이지시대의 시대는 이전의 에도시대, 아즈치모모야마시대, 전국시대, 무로마치시대 등의 시대 개념과는 달리 메이지 천황 재위 중 사용한 연호에 지나지 않지만 일반적으로 메이지시대라 부른다.

메이지 신정부가 수립된 이후 일본은 정치, 경제, 문화, 교육 등 사회 모든 분야에서 봉건적 제도와 풍습을 탈피하고 서구의 제도와 문물을 받아들여 근대국가의 길로 나아가는 대변혁을 추진한다. 메이지시대에 진행된 이러한 개혁을 메이지유신明治維新이라 한다.

1) 개국開国과 구로후네黒船

에도 막부가 17세기 중반부터 두 세기 이상 쇄국정책을 지속하며 도쿠가와 쇼군의 절대 권력에 의한 봉건통치를 유지하고 있는 동안,

미국 동인도함대 구로후네와 페리 사령관

서양의 여러 나라에서는 17세기 중엽부터 시민혁명에 의해 전제정치가 타파되고 시민의 자유, 평등정신에 바탕을 둔 근대적인 국가가 성립되기 시작한다. 17세기 중반 영국에서는 청교도가 중심이 된 최초의 시민혁명에 의해 공화정이 실시되며, 뒤이어 17세기 후반에는 명예혁명이 일어나 의회정치가 확립된다. 프랑스에서는 18세기 후반에 프랑스혁명이 발생하여 봉건 왕정을 무너뜨리고 공화정을 성립시킨다.

서양 여러 나라에 있어서 전근대에서 근대로의 이행은 시민혁명에 의한 정치 체제 변혁만이 아니라, 산업혁명에 의한 경제, 사회 분야의 변화와 함께 진행된다. 18세기 후반 영국에서 일어난 산업혁명의 영향은 유럽 여러 나라와 미국 등지로 확산된다. 증기기관과 기계화로 대표되는 산업혁명은 상품의 대량생산을 가능하게 하였다. 이에 따라 서구 여러 나라들은 원료의 안정적 공급지와 대량 생산된 상품을 소비시킬 시장으로서의 식민지 확보에 경쟁적으로 나서게 된다. 그리하여 서구 여러 나라의 표적이 된 곳은 주로 아시아, 아프리카 각국이었다.

19세기로 들어오면서 일본 열도 근해에도 통상을 요구하는 영국, 러시아, 미국 등 서양 열강의 배가 모습을 나타낸다. 그러나 17세기 중반부터 쇄국정책을 견지하고 있는 에도 막부는 1825년에 이국선타불령異国船打払令을 내려 강경하게 대처한다. 이국선타불령이란 일본으로 들어오는 외국 배를 포탄 공격으로 쫓으라는 명령이다. 그러던 중 일본은 1842년 중국 청清나라가 아편전쟁에서 영국에 패했다는 소식을 접하며, 거대한 유교 국가 중국이 서양의 조그마한 섬나라에게 패배했다는 사실에 큰 충격을 받는다. 이에 같은 해인 1842년 에도 막부는 이국선타불령을 완화하여 일본으로 들어오는 외국 배에 연료, 물, 음식 정도는 제공하고 돌려보내라는 신수급여령薪水給与令을 발령한다. 외국 배에 대한 강경 일변도의 배타적 대응은 완화됐지만, 나라 문은 여전히 빗장이 굳게 걸린 상태였다. 1844년에는 일본과 국교를 맺고 있는 유일한 서양 국가인 네덜란드 국왕 빌헬름 2세가 쇼군에게 친서를 보내 개국을 권유하지만, 에도 막부는 이를 받아들이지 않는다. 그러나 에도 막부는 210여 년 동안 유지해 온 쇄국정책을 더 이상 관철할 수 없는 상황에 봉착한다.

미국의 동인도함대 사령관 매슈 페리Matthew Perry(1794~1858)는 1853년 6월에 군함 4척을 이끌고 우라가浦賀 앞바다에 나타난다. 우라가는 현재의 가나가와神奈川 현 요코스카横須賀 시에 해당하는 지역이다. 증기기관으로 움직이는 새까맣고 거대한 철선鉄船의 위용에 압도된 일본인들은 이 군함을 구로후네黒船라 부른다. 이후 구로후네는 미국의 강압에 굴복하여 이뤄진 일본의 개국을 상징하는 키워드로 사용된다. 페리는 미국과 일본의 자유무역, 태평양에서 고래잡이 어업을 하는 미국 포경선捕鯨船의 보급기지, 미국과 중국 횡단기선용 저탄소貯炭所 설치 등을 요구하는 밀러드 필모어Millard Fillmore(1800~1874) 13대 미국 대통령의 친서를 전한다. 이에 일본은 답변은 다음해에 주기로 하고 일단 돌려보낸다.

1854년 1월 페리는 7척의 군함을 이끌고 다시 일본에 모습을 드러낸다. 요코하마横浜에 상륙한 페리는 일본과의 협상 장소도 자신들의 함포 사격의 사정거리 내에 설치하도록 하는 등 고압적인 자세로 일본의 개국을 압박한다. 에도 막부의 무사들과 각 번의 다이묘들로부터는 개국 반대의 목소리가 높았지만, 에도막부는 페리의 위압적인 태도와 구로후네의 무력시위에 굴복하여 같은 해 3월 마침내 미국과 화친和親조약을 맺는다. 가나가와神奈川조약이라고도 하는 이 화친조약의 내용은 미국 배에 연료, 식료, 물 등을 공급한다. 시모다下田, 하코다테函館를 개항한다. 미국 영사가 일본에 주재한다. 일본은 외교적으로 미국에 대해 최혜국最恵国 대우를 한다 등이었다. 이로써 210여 년 동안 지속된 에도 막부의 쇄국체제는 미국의 구로후네에 의해 막을 내리게 되는 것이다. 에도막부는 미국에 이어 영국, 러시아, 프랑스, 네덜란드와도 화친조약을 체결하며, 1858년에는 이들 나라와 수호통상修好通商조약을 맺고 다음 해부터 무역을 시작한다. 그 결과 일본 국내의 경제는 대혼란에 빠지고, 정국은 혼미해지게 되며 이는 에도 막부 멸망을 재촉하는 큰 원인이 된다.

2) 존왕양이尊王攘夷와 에도 막부의 멸망

1854년의 미국의 강압에 의한 개국 이후 서양 국가들과 통상이 본격적으로 이뤄지면서 일본 경제에는 대혼란이 일어난다. 그리고 이에 대한 책임이 에도 막부로 향해지며 정국은 혼란에 빠진다. 이러한 상황 속에서 일어난 것이 존왕양이 운동이다. 존왕양이란 일본의 천황(왕王)을 받들고(존尊) 서양 오랑캐(이夷)를 물리치자(양攘)는 주장이다. 천황 존중을 내용으로 하는 존왕과 외국과의 통상에 반대하여 이를 격퇴하자는 양이는 원래 별개의 운동이었다. 그러나 미국 페리 사령관의 외압과 개국 이후 이 두 운동이 결합되어 마침내는 막부를 타도하는 슬로건으로 바뀐다. 특히 개국 후의 경제적 혼란은 에도 막부에 대한 불만과 비판을 증폭시키고 존왕양이 운동에 불을 붙이게 된다.

이러한 상황 속에서 막부 타도에 가장 앞장섰던 도막파倒幕派 세력은 현재의 야마구치山口 현에 해당하는 죠슈長州 번과 가고시마鹿児島 현에 해당하는 사쓰마薩摩 번의 무사들이었다. 이들은 1866년 동맹을 맺고 에도 막부 공격을 계획한다. 그런데 다음 해인 1867년 10월 에도막부의 마지막 쇼군인 15대 도쿠가와 요시노부徳川慶喜는 통치권을 천황에게 반납해 버린다. 이를 일본 역사에서 대정봉환大政奉還이라 한다. 이로써 1603년부터 260여 년 동안 이어 오던 에도 막부는 멸망하고 에도시대는 막을 내린다.

그런데 쇼군의 대정봉환은 죠슈 번과 사쓰마 번의 막부 공격 동향을 감지하고 공격 목표를 사전에 없애는 술책에 지나지 않았으며, 요시노부는 이후에도 통치권을 계속해서 장악하려 한다. 이에 막부 타도를 주도하는 도막파倒幕派 세력은 1867년 12월 왕정복고王政復古의 대호령大号令을 발령하여 에도 막부의 완전한 소멸과 쇼군의 공식 사임을 선언하고, 1868년에 메이지 신정부新政府를 수립한다. 도막파의 주된 세력은 죠슈長州 번, 사쓰마薩摩 번의 무사들이었으며, 현재의 고치高知 현에 해당하는 도사土佐 번, 현재의 사가佐

賀 현과 나가사키長崎 현 지역인 히젠肥前 번의 무사들이 여기에 가세한다. 도막파의 대표적인 인물로는 사쓰마 출신의 사이고 다카모리西郷隆盛(1827~1877)와 오쿠보 도시미치大久保利通(1830~1878), 죠슈 출신의 기도 다카요시木戸孝允(1833~1877), 도사 출신의 사카모토 료마坂本竜馬(1836~1867), 교토 귀족 출신의 이와쿠라 도모미岩倉具視(1825~1883) 등을 들 수 있다. 이 중 사이고 다카모리, 오쿠보 도시미치, 기도 다카요시는 메이지유신의 세 영웅으로 일컬어지고 있다.

그러나 약 680년 동안 막부의 쇼군이 통치하던 나라의 권력 구조를 바꾸는 대개혁이 순탄하게 진행될 리는 없었다. 도막파의 개혁 의지는 멸망한 에도 막부를 지지하는 구 막부 세력의 거센 저항에 부딪친 것이다. 그리하여 막부의 완전한 퇴진을 주장하는 도막파 중심의 메이지신정부 세력과 구 막부 세력 사이에는 격렬한 유혈 충돌이 벌어진다. 이 전란을 일본 역사에서는 보신戊辰전쟁이라 부른다. 보신전쟁은 한 곳에서만 전투가 벌어진 것이 아니라, 1868년 1월 교토의 도바·후시미鳥羽·伏見전쟁을 시작으로 하여 우에노上野전쟁, 호쿠에쓰北越전쟁, 아이즈会津전쟁 등의 이름으로 동일본 여러 지역과 홋카이도北海道가 메이지 신정부군과 구막부군의 전쟁에 휘말리게 된다. 에도는 신정부군의 대표 사이고 다카모리와 구막부군 대표 가쓰 가이슈勝海舟(1823~1899)의 협상에 의해 전란을 피하고 1868년 4월 신정부군이 무혈 입성한다. 보신전쟁으로 불리는 일련의 전란 중 마지막 전투인 홋카이도의 하코다테箱館전쟁에서 1869년 5월 신정부군이 최종적으로 승리함으로써, 에도 막부와 그 지지 세력은 완전히 멸망하고 메이지 천황을 정점으로 하는 신정부 주도의 메이지유신

이 본격적으로 추진된다.

에도 막부가 이렇게 완전히 멸망하고 쇼군의 존재가 역사에서 사라지면서 1185년 가마쿠라시대 이후 통치권을 상실한 천황은 다시 명실상부한 권력자로 부활한다. 이와 같은 메이지 천황의 왕정복고에 의해 존왕양이 중 존왕이 실현된 것이다. 존왕이 내부적인 문제라면 양이는 서양 각국을 상대로 하는 대외적인 문제이다. 일찍이 죠슈長州 번과 사쓰마薩摩 번은 서양 나라들을 상대로 전투를 벌임으로써 양이를 직접 행동으로 옮긴다.

선두에 나서서 존왕양이를 주도하던 죠슈長州 번은 1863년 5월 시모노세키下関에서 간몬關門해협을 통과하는 서양 배에 포격을 가한다. 그리고 이에 대한 보복으로 이듬해인 1864년 8월에는 영국, 미국, 프랑스, 네덜란드의 4개국 연합함대 17척이 시모노세키를 공격하여, 죠슈 번은 포대까지 점령당하는 수모를 겪는다. 사쓰마 번은 1863년 8월 영국 군함 7척과 전투를 벌이지만 죠카마치까지 포격을 당한다. 이러한 일련의 전투를 통해 일본은 서양 열강의 압도적인 군사력을 알게 되며, 그들에게 무력으로 대항하는 것은 불가능하다는 현실을 절실하게 인식한다. 그리하여 에도 막부 말기에 일본이 내린 결론은 화혼양재和魂洋才였다. 전통적인 일본 정신은 지키면서 서양의 재능이나 지식은 수용하자는 의미이다.

3) 메이지明治유신

1868년 사쓰마 번, 죠슈 번 등 도막파 세력과 귀족 출신 급진파 이와쿠라 도모미 등의 주도로 새로운 정부가 수립된다. 메이지 신정부의 시급한 과제는 봉건적인 지배체제를 해체하고 메이지 천황을 정점으로 하는 근대국가를 건설하는 일이었다. 신정부가 추진하는 개혁의 궁극적인 목표는 일본이 서구 열강 국가의 대열에 들어갈 수 있는 강국으로 만드는 것이었다. 이에 따라 신정부는 부국강병富国強兵을 구호로 내걸고 서양 각국으로부터 근대적인 제도, 학문, 기술 등을 도입하여 모든 분야에 걸쳐 개혁을 추진한다. 일본 사회 전 영역에 걸쳐 시스템이 서구화하는 이러한 대개혁을 메이지明治유신이라 한다. 유신維新이란 낡은 제도를 새롭게 고친다는 의미이며, 메이지라는 명칭은 당시의 연호에서 유래한 것이다.

먼저 메이지 신정부는 메이지 천황을 정점으로 하는 중앙집권적 정치 체제의 확립을 추진한다. 이에 따라 지방 통치조직에 있어서도 폐번치현廃藩置県을 단행한다. 폐번치현이란 이제까지의 지방 정부였던 번을 폐지하고 그 대신 현을 설치하는 행정조직 개편이다. 현은 현재까지 사용되고 있는 일본의 광역자치단체로서, 우리나라의 도道에 해당한다. 또한 1868년 7월에는 260여 년 동안 에도 막부가 설치되어 있었던 도시 이름을 에도江戸에서 도쿄東京로 개명한다. 수도인 교토를 기준으로 했을 때 동쪽(東)에 위치한 교토(京都)라는 의미를 지니는 이름이다. 그리고 다음해인 1869년에는 메이지유신을 상징하는 대표적인 변화라 할 수 있는 천도遷都가 이뤄진다. 이로써 교토는

794년 헤이안시대 때부터 약 1,100년 동안 유지해 오던 수도의 자리를 도쿄에 넘겨주게 된다.

에도시대의 신분 질서는 초기에 확립된 사·농·공·상의 구분에 의해 엄격한 계급사회가 260여 년 동안 유지된다. 그러나 메이지유신과 함께 1869년 이러한 신분제도는 폐지된다. 이에 따라 왕족을 제외한 모든 계층은 평등하다는 이른바 사민평등정책을 바탕으로 하여, 서로 다른 계층 간의 결혼이 허락되고 직업 선택의 자유도 부여되며, 일반 평민도 성姓을 사용할 수 있게 된다. 이어서 1871년에는 에도시대에 에타, 히닌이라 불리던 피차별 천민 계층에 대해서도 해방령을 발령하여 평민으로 귀속시킨다. 그렇지만 그 후손들에 대한 사회적 편견과 차별은 현재까지도 일본 사회의 미해결된 인권문제로 남아 있다.

메이지 신정부가 추진하는 정책의 핵심은 부국강병이었다. 즉 경제적으로 부유하고 강한 군사력을 보유한 근대국가를 건설하는 것이 최대의 목표인 것이다. 그리하여 신정부는 근대적 산업을 발전시키기 위한 공장 건설이나 철도망, 통신망 등의 기간산업 정비 그리고 은행 등 금융기관 정비를 통한 자본주의 육성 등에 나선다. 신정부가 구체적으로 힘을 쏟은 산업 분야는 제철, 조선, 방적 등이었다. 이러한 제반 산업의 근대화를 위해 신정부는 많은 서양의 기술자를 고용하여 그들의 선진 기술을 일본에 이식하였으며, 일본인 유학생을 서양 여러 나라로 파견하기도 한다. 메이지시대에 일본에서 고용한 서양 기술자는 민간 기업까지 포함하여 2,700명 정도이며, 그들 중에는 정부 고위직보다도 많은 보수를 받은 사람들도 많았다고 한다.

1871년 메이지 신정부는 이와쿠라 도모미를 특명전권대사로 하는 이와쿠라사절단岩倉使節団을 미국과 유럽 각국에 파견한다. 정부 고관과 유학생 등 약 170명으로 구성된 사절단은 약 2년에 걸쳐 미국, 영국, 독일, 프랑스, 벨기에, 네덜란드, 러시아 등 12개국을 순방하면서 서양의 문물을 직접 체험하고 1873년에 귀국한다. 사절단의 원래 목적은 막부가 붕괴되어 가던 에도시대 말기에 서양 각국과 맺은 불평등조약을 개정하기 위한 사전 교섭이었으나 소기의 성과를 얻지는 못한다. 그렇지만 신정부의 많은 인재들이 장기간에 걸쳐 서양 여러 나라의 선진 문물을 직접 접하고 귀국함으로써, 이후 메이지유신 추진 과정에서 다양한 분야의 문명개화에 지대한 영향을 끼치는 결과를 가져온다.

메이지 신정부는 조세제도에 있어서도 개혁을 추진한다. 이제까지 수확량에 비례하여 생산물로 물납物納하던 조세를 토지에 비례하여 돈으로 납부하는 금납金納으로 바꾸는 등 조세제도를 개정하여 생산성을 향상시킨다. 그리고 토지와 백성에 대한 고대사회 이래의 전통적인 공지공민公地公民 개념을 타파하여 토지의 개인 소유를 인정하고 매매도 가능하게 한다. 군사적인 면에 있어서도 서구 열강을 따라잡기 위해서는 무사 중심으로 구성된 봉건적 군대가 아니라, 새로운 조직의 근대식 군대의 필요성을 절감한다. 그리하여 원칙적으로 만 20세의 모든 남자들을 군인으로 징집하는 국민개병제国民皆兵制를 1873년부터 시행한다.

부국강병 정책은 경제와 군사제도에서만 실시된 것이 아니다. 신정부는 부국을 위해서는 국민들의 지식 수준 향상이 필요하다고 판단하여 1871년에 문부성文部省을 설치한다. 문부성이란 우리의 교육부에 해당하는 기관이다. 그리하여 1872년에는 서양의 교육제도를 참고하여 일본의 학제学制를 만든다. 이것은 일본 최초의 근대적인 학교제도에 관한 법령이었다. 이 법령에 의해 신정부는 만 6세 이상의 모든 남녀에게 초등학교 의무교육을 실시하는 학교교육에 힘을 기울인다. 학교교육의 보급은 메이지유신 이후 진행되는 일본의 근대화에 커다란 역할을 한다.

한편으로는 메이지유신의 문명개화가 추진되는 과정의 서양에 대한 과도한 동경으로 인하여 자신들의 전통적인 문화유산을 멸시하는 경향과 급진적인 주장이 나타나기도 난다. 1860년대에 영국 유학을 다녀왔으며 메이지 신정부 초대 내각의 문부대신을 지낸 모리 아리노리森有礼(1847~1889)는 일본어를 폐지하고 영어를 일본의 공용어로 사용하자는 주장을 펼친다. 더 나아가 시사신보時事新報라는 신문사의 언론인이었던 다카하시 요시오高橋義雄(1861~1937)는 1884년에 『일본인종개량론日本人種改良論』이라는 책을 저술하여, 일본과 서양의 격차는 문명이나 과학만이 아니라 개인의 지적 능력이나 체격에 있어서도 일본인이 열등하므로, 서양인과의 국제결혼을 통해서 심신이 강건하고 지력知力이 우수한 민족으로 개량해야 한다고 주장한다. 이러한 일부 인사들의 주장은 당시 일본 사회에 큰 논쟁을 불러일으켰으며, 국수주의国粋主義라는 새로운 움직임을 낳기도 한다.

메이지 신정부의 근대화 개혁정책은 직접적으로 이해관계에 얽혀있는 계층의 반발을 부르기도 한다. 가장 불만을 가진 집단은 메이지유신으로 인하여 에도시대에 누렸던 특권을 잃게 된 구 무사 계급이었다. 농민 계층도 조세제도 개정이나 의무 징병령 등으로 인하여 부담이 가중되는 경우가 많았다. 이로 인해 옛 무사 계급의 반란이나 집단적인 농민 봉기도 각지에서 빈번하게 발생한다. 그럼에도 불구하고 메이지 신정부는 정치, 경제, 사회, 문화, 교육 등 모든 분야에 걸쳐서 개혁을 추진해 나아간다. 이러한 일련의 대변혁인 메이지 유신은 일본이 이전의 봉건제도를 타파하고 근대 사회로 변모하여 오늘날 경제대국의 지위를 차지하게 되는 출발점이 된다.

4) 입헌군주제立憲君主制 국가의 성립

260여 년 동안 지속된 에도시대의 통치체제는 막번幕藩체제였다. 그러나 에도 막부를 붕괴시킨 메이지 신정부가 도입한 정치 체제는 입헌군주제였다. 입헌군주제란 군주는 존재하지만 그의 권력이 헌법에 의해 규제되어 있는 군주제를 말한다. 메이지 신정부는 국내적으로 확산되는 자유민권운동에 대처하고, 국제적으로는 근대국가를 지향하는 법치국가로 인정받기 위해 시급히 헌법을 제정해야 했다. 이에 신정부는 1882년 이토 히로부미伊藤博文(1841~1909) 등 주요 인사를 당시의 프러시아 즉, 현재의 독일로 파견하여 헌법을 연구하게 한다. 유럽 각국의 헌법을 비교 연구한 그는 군주의 권한이 강력한 프러시아 헌법을 참고하여 일본 헌법의 초안을 작성한다.

이러한 과정을 거친 뒤 1888년 4월에 완성되어 다음해 2월에 공포된 것이 이른바 대일본제국헌법이다. 이 헌법은 흠정欽定헌법으로 천황에게 주권이 있었을 뿐만이 아니라, 그의 존재는 신성불가침한 것이었다. 또한 헌법에서 규정하는 천황은 국가 통치권, 군대 통수권, 내각 임면권 등 강력한 권력을 지닌 존재이기도 했다. 이에 비해 국민들의 권리는 종교, 직업, 언론 등에 있어서 법률에 의해 제한적으로 인정되었다. 18세기 초에 재위한 영국 국왕 조지George 1세(1660~1727)는 '군주는 군림하되 통치하지 않는다(Kings reign but do not govern)'는 입헌군주제의 원칙을 확립하였으며, 이에 따라 총리가 왕을 대신해서 실권을 행사했다. 그러나 일본의 메이지시대 대일본제국헌법에 의한 군주는 이와는 다르게 강력한 통치권을 지닌 주권재군主權在君의 존재였다. 일본의 천황이 현재와 같이 정치에 전혀 관여할 수 없으며 입헌군주제 본래의 상징적인 존재로 바뀐 것은 1945년 2차 세계대전 패전 이듬해에 공포된 새로운 일본국헌법의 규정에 의한 것이다.

메이지시대의 자유민권운동 세력은 1880년부터 헌법 제정과 함께 국회 개설을 요구하는 청원 운동을 전개한다. 특히 이들 자유민권운동가들은 사쓰마 번과 죠슈 번 출신 인물 위주로 조직된 신정부를 비판하고, 직접선거를 통한 국회 개설을 요구한다. 이에 메이지 신정부 내부에서는 국회 개설 시기를 두고 의견이 엇갈렸지만, 1881년에 조칙을 발표하여 10년 후 국회를 개설하기로 공표한다.

국회 개설의 조칙이 발표되자 각 세력을 중심으로 정당이 결성되기 시작한다. 1881년 일본 최초로 탄생한 정당은 자유민권운동 세력이 주도하는 자유당自由党이었다. 주권재민, 보통선거, 민정헌법 등을 기치로 내건 급진적 성향의 자유당은 주된 활동 무대가 농촌 지역이었으므로, 농민층의 압도적인 지지를 받는다. 이에 비해 1882년에 결성된 입헌개진당立憲改進党은 도시 자본가나 지식층의 지지를 받았으며 제한선거, 군민동치君民同治 등을 주장한다. 두 정당의 등장에 위기감을 느낀 메이지 신정부는 1882년에 주권재군의 흠정헌법 제정을 주장하는 친정부親政府 성향의 입헌제정당立憲帝政党을 창당한다. 메이지유신 이후 일본의 정당정치는 이렇게 세 개의 정당이 결성됨으로써 싹이 트기 시작한 것이다.

1881년에 국회 개설 조칙이 발표된 지 약 10년 후인 1890년에 국회가 구성된다. 국회는 귀족원과 중의원으로 이뤄진 양원제였다. 귀족원은 왕족, 구 귀족 계층인 화족, 국가공로자, 학식자 등으로 구성되었으며 중의원은 선거에 의해서 선출되었다. 이에 앞서 1889년에는 일본 최초로 중의원 의원을 선출하는 선거가 실시된다. 당시의 선거는 기명투표였으며, 선거권은 25세 이상의 남자로서 직접세 15엔 이상을 1년 이상 납부한 자에게만 부여되었다. 또한 피선거권은 30세 이상의 남자에게만 주어졌다. 이후 시간이 흐르면서 보통선거를 요구하는 목소리가 높아짐에 따라 선거권 및 피선거권에 대한 제한은 차츰 완화되어 간다.

5) 메이지시대의 문화 – 번역, 문학, 신앙

메이지시대에는 유신을 통한 문명개화 풍조 속에서 자유주의나 인권사상 등 서양의 근대사상이 소개되어 일본에서 자유민권운동이 발생하는 계기가 된다. 이러한 서양 사상은 물론이고 다방면에 걸친 근대문명의 수용은 유럽으로부터 수입한 서적의 일본어 번역본 출판을 통해 이뤄진다. 번역을 통한 서양의 새로운 사고방식 수용은 메이지 정부가 추진한 근대화 방법 중의 하나이기도 했다. 번역된 서양 서적의 종류는 정치, 경제, 문학, 군사, 법률, 과학, 역사, 문화, 예술, 의학 등 다양한 영역에 걸쳐 있었다. 그렇기 때문에 일본의 근대화는 메이지시대의 번역 작업에 의해 이뤄졌다는 말이 있을 정도이다. 다양한 분야 중에서도 메이지시대 초기에는 주로 유럽의 군사, 병법 관련 서적의 일본어 번역이 많았으며, 메이지 20년경인 1880년대 후반까지는 역사서 번역이 비교적 많았다. 이는 서양의 제도와 문물을 받아들여서 개혁을 하기 위해서는 그 제도의 배경을 먼저 이해할 필요가 있었기 때문이었다.

메이지시대의 일본인이 갑자기 밀려들어 오는 서양의 문물이나 서양인의 사고방식을 이해하는 것은 쉬운 일이 아니었다. 그러나 이해되었다고 하더라도 그 내용을 일본어로 번역하는 일은 더욱 어려운 일이었다. 당시 일본인이 접한 서양 서적에는 아직 일본어로는 적절하게 표현할 수 없는 어휘가 대부분이었기 때문이다. 예를 들어 'Individual'은 '개인個人'으로 번역되었지만, 애초에 일본에는 '개인'이라는 어휘도 개념도 없었던 것이다. 그래서 우선적으로 해야 할 일은 서양 서적에서 사용된 용어의 개념에 해당하는 일본어 단어를 만들어내는 조어造語 작업이었다. 특히 추상적 개념의 신조어新造語를 만드는 것은 대단히 어려운 작업이었다.

한자어로 이뤄진 신조어는 크게 세 가지 방법으로 만들어졌다. 철학哲学(Philosophy), 과학科学(Science) 등과 같이 원래 일본어에는 없는 말이어서 새롭게 만든 경우, 모험冒険(Adventure), 전보電報(Telegram)처럼 중국에서 활동한 서양 선교사가 중국어로 번역하여 사용한 말을 차용한 경우, 권리権利(Right), 가정家庭(Home)처럼 기존에 있었던 일본어 단어의 의미를 서양어의 개념에 맞춰서 전용한 경우 등이다. 이렇게 만들어진 메이지시대의 서양 문물 관련 한자식 번역어는 청일전쟁(1894~1895) 이후에 한자의 종주국인 중국으로 역수출되어 중국어 속에 수용되기도 한다. 그뿐만이 아니라 현재 우리말에서 사용되고 있는 한자식 개념어 중에도 메이지시대 번역의 산물인 어휘가 상당수를 차지하고 있다.

고대로부터 근세 에도시대(1603~1868)에 이르기까지 일본문학에 절대적인 영향을 끼친 것은 중국의 문학이었다. 그러나 메이지시대가 되면 유럽 문화의 영향으로 인하여 서구 문학이 중국문학의 자리를 대신하게 된다. 새로운 시대에는 봉건적인 신분제가 붕괴되고 개인의식에 눈을 뜬 근대 시민계급이 문학의 주체가 되며, 학교교육이 널리 보급되고 신문 등의 매스미디어가 등장함에 따라 독자층이 비약적으로 확대된다. 근대문학 이전에는 시는 고상하고 지적인 것이며, 이에 비해 소설은 통속적이라는 인식이 지배적이었다. 그렇지만 메이지시대 이후 근대문학에서는 이러한 인식에 변화가 나타나서 소설이 문학의 중심 자리를 차지하며 대중적인 인기를 차지하게 된다.

메이지시대(1868~1912) 초기는 근세문학에서 근대문학으로 이행하는 과도기였다. 이에 따라 에도시대후기의 통속소설인 게사쿠戯作가 아직 명맥을 유지하며, 유럽 문학의 번역작품이 출판되기 시작하면서 차츰 일본문학도 근대문학으로 변화를 모색해 간다. 대표적인 작품으로는 근대 공상과학소설의 선구자로 불리는 프랑스 작가 쥘 베른Jules Verne(1828~1905)의 소설 『80일간의 세계일주』가 1878년에 번역 출판되며, 1883년에는 영국 작가 다니엘 디포Daniel Defoe(1660~1731)의 『로빈슨 크루소 표류기』 등이 번역된다. 또한 이 시기에는 헌법 제정, 국회 설립, 정당 창당 등이 이뤄지는 상황 속에서 자유민권운동과 관련하여 정치적 사상을 주장하고 선전하는 계몽적인 정치소설이 유행하기도 한다. 특히 소설가 쓰보우치 쇼요坪内逍遥(1859~1935)는 『소설신수小説神髄(쇼세쓰신즈이)』라는 저서를 1885년에 출간하여, 소설이란 권선징악과 같은 도덕이나 계몽적 면을 배제하고 객관적인 묘사에 중심을 두어야 한다는 사실주의写実主義 소설론을 주장한다. 그의 이러한 주장은 일본 최초의 근대소설론으로서, 일본의 근대문학은 이로부터 시작되었다는 평가를 받는다.

언문일치言文一致가 이뤄지는 것도 메이지시대의 문화적 특징 중의 하나라 할 수 있다. 에도시대 때까지는 일상적으로 사용하는 말투인 구어체口語体와, 문장으로 표기하는 문체인 문어체文語体가 서로 달랐다. 그러나 메이지시대로 들어와서 글로 쓸 경우에도 말할 때와 동일한 문체로 표기하는 언문일치가 이뤄지게 된다. 특히 1887

년에 발표된 후타바테이 시메이二葉亭四迷(1864~1909)의 장편소설『뜬구름浮雲(우키쿠모)』은 일본 근대소설의 효시이자 언문일치로 표기된 최초의 작품으로 알려져 있다. 메이지시대 초기에는 운문에 있어서도 일본의 전통시 와카和歌나 한시漢詩를 대신하여 서양풍의 새로운 시詩가 등장하는데 이를 신체시新体詩라 불렀다.

메이지시대 중기는 일본 근대문학의 기반이 형성되는 시기이다. 사실주의 작품이 유행하며 근대소설의 틀이 확고하게 확립되지만, 정치적으로는 국수주의의 조류가 확산되는 때이기도 한다. 특히 청일전쟁(1894~1895), 러일전쟁(1904~1905) 승리를 겪으면서 내셔널리즘이 주류를 이루게 되는 시기이다. 메이지시대 후기에는 여러 장르에 걸쳐서 본격적인 근대문학 작품이 등장한다. 모리 오가이森鴎外(1862~1922)는 독일 유학의 체험을 작품화한 1890년 작『무희舞姫(마이히메)』등의 소설을 통해 낭만주의적 경향의 작품을 발표한다. 말기에는 당시 유럽의 자연주의 영향을 받아 일본에서도 자연주의 문학이 나타난다. 대표적인 작가 및 작품으로는 자연주의 소설의 효시로 평가되는 시마자키 도손島崎藤村(1872~1943)의 장편소설『파계破戒(하카이)』가 1906년에 발표되며, 다음 해에는 다야마 가타이田山花袋(1871~1930)의『이불蒲団(후통)』이 발표된다. 특히『이불蒲団(후통)』은 일본 근대소설의 주류가 된 사소설私小説의 출발점으로 평가되고 있다.

일본 근대문학의 정점에 위치하는 작가로 인정받는 나쓰메 소세키夏目漱石(1867~1916)가 주로 활동한 시기도 메이지시대 말기이다. 그는 1900년부터 2년여 동안 영국 유학을 통해 서양 문물에 접하였

으며, 런던 생활과 관련한 『런던탑倫敦塔(론돈토)』이라는 소설을 남기기도 한다. 그의 대표작으로는 고양이의 시선으로 인간세상의 위선을 풍자한 『나는 고양이다吾輩は猫である(와가하이와네코데아루)』, 정의감 넘치는 주인공 '도련님'이 이기적인 인간들을 통쾌하게 응징하는 내용의 『도련님坊ぼっちゃん(봇창)』 등이 있다. 나쓰메 소세키는 1984년부터 20년간 일본의 천 엔 지폐에 얼굴이 실리기도 한다. 메이지시대 이후 일본문학은 다이쇼大正시대(1912~1926)에 개화기를 맞이하며, 쇼와昭和(1926~1989)시대에 현대문학의 시기로 접어든다.

메이지 신정부가 제정한 헌법에는 신교信教의 자유가 명시되어 있었다. 그럼에도 불구하고 신정부는 신도를 국가의 공식 종교 즉, 국교国教로 하는 신앙 체계를 확립한다. 이를 국가신도라고 한다. 신도는 원래 원시시대 때부터 자연숭배, 조상숭배를 근간으로 하는 자연발생적 민간신앙이지만 제국주의 메이지 정부는 살아 있는 천황을 현인신現人神(아라히토가미)으로 신격화하고 모든 국민이 왕실의 조상신을 최고의 신神으로 숭배하도록 하는 국가国家신도로 변질시킨 것이다. 이는 에도시대에 지방 정부였던 번藩을 중심으로 하여 흩어져 있던 국민들을 통제하기 위한 사상적 구심점이 필요한 메이지 정부의 정치적 필요에 의한 것이었다. 국가신도로 인해 이후 일본 국민은 2차 세계대전에서 신격화된 천황을 위해 수많은 사람들이 목숨을 잃는다. 일본의 패전 이후 국가신도는 폐지되고 신도는 원래의 제자리로 돌아온다. 그러나 국가신도의 후유증은 우익 성향의 정부 관료, 국회의원 등의 야스쿠니靖国 신사 참배를 비롯한 여러 문제로 일본 사회에서 지금도 이어지고 있는 현실이다.

2. 근대 일본인의 의식주

1) 근대의 의생활

메이지시대의 의생활衣生活에서 나타나는 가장 두드러진 변화는 서양식 양복洋服의 보급이다. 최초로 양복이 보급되기 시작한 곳은 군대였다. 메이지유신 이후 서양식 군대제도를 도입한 신정부는 병사들의 복장도 서양식 양복으로 바꾼다. 이어서 왕실과 정부기관의 예복이 일본의 전통 의상 와후쿠和服에서 양복으로 바뀌며, 경찰, 철도, 우체국 등 공공기관 근무자의 제복도 양복으로 변모한다. 1870년대 초에는 모자를 쓰는 풍습이 유행하며 서양식 가죽구두 제조도 시작된다. 그러나 메이지시대 서민들의 복장은 여전히 와후쿠가 일반적이었으며, 직장에서 양복을 제복으로 착용하는 사람들도 개인적인 사생활 영역에서는 전통적인 와후쿠를 애용하는 경우가 많았다.

메이지시대 일본인들의 옷차림이 와후쿠에서 양복으로 변화되는 과정에서는 일본식과 서양식이 혼합된 화양和洋 절충식 복장이 나타나기도 한다. 예컨대 와후쿠에 서양식 모자를 쓰고 구두를 신는다거나 반대로 서양식 바지를 입고 일본식 신발인 게타下駄를 신는 등의 경우이다. 여성들의 정장 복장에 있어서도 상류층을 중심으로 일본의 전통 기모노에서 서양식 양장으로 바뀌는 변화가 나타나기 시작하지만, 남성들에 비해 여성들의 사회활동이 아직 활발하지는 않았으므로 서양식 복장의 보급도 천천히 진행된다.

서양식 양복의 착용은 남녀 모두에게 있어서 헤어스타일의 변화를 필수적으로 수반하는 것이기도 했다. 특히 남성들은 1871년에 신정부에서 내린 단발령断髪令에 의해 이제까지의 전통적인 두발 모양인 상투를 자르고 서양식 헤어스타일로 바꿔야 했다. 신정부의 단발령에 따라 1873년에는 당시의 메이지明治 천황도 상투를 잘랐으며, 공공기관에 근무하는 관리들도 서양식 머리로 바꾼다. 당시에 짧게 자른 서양식 머리는 잔기리아타마散切り頭라 하였으며, 메이지시대의 문명개화를 상징하는 것이기도 하였다. 그리하여 사람들 사이에서 '잔기리아타마를 두드려 보면 문명개화의 소리가 난다.(散切り頭を叩いてみれば文明開化の音がする)'라는 시詩가 유행하기도 할 정도였다. 서양식 머리로 바꾼 사람을 근대화에 앞서가는 사람으로 칭찬하는 내용이다.

2) 근대의 식생활

메이지 신정부의 다방면에 걸친 서양문물의 수용은 당시의 식생활에도 커다란 영향을 끼친다. 서양음식의 대부분은 에도시대 말기부터 메이지시대에 걸쳐 도입되므로, 메이지유신은 근대화를 향한 유신이었지만 '요리유신'이기도 했다.[22] 다양한 종류의 식품과 이에

22) 오타다 데쓰 지음, 정순분 옮김, 『돈가스의 탄생』, 뿌리와 이파리, 2006. p.15.

대한 조리법이 서양으로부터 유입되어, 시간이 지남에 따라 일반 가정에까지 보급되며, 서양식 식사예절은 당시의 상류층 사이에서 필수적인 교양으로 자리 잡게 된다.

서양식 조리법의 보급은 일본식인 와쇼쿠和食에도 영향을 끼쳐, 일본요리의 재료를 서양식으로 조리하거나, 반대로 서양요리의 재료를 일본식으로 조리하거나 하는 등 메이지시대 일본인의 식생활은 동서양이 혼합된 양상을 보이기도 한다. 또한 과학적 근거에 바탕을 둔 조리나 음식 섭취의 경향이 나타나 식생활에 있어서도 근대적인 발전이 이뤄진다.

메이지시대 일본인의 식생활에 있어서 가장 커다란 변화는 육류를 먹기 시작한 점이다. 일본에서 육식이 공식적으로 금지된 것은 아스카飛鳥시대인 675년 덴무天武 천황의 칙령에 의한 것이었으므로, 약 1200년 동안 지속된 육식에 대한 금기가 이 시기에 비로소 사라지는 것이다. 메이지 신정부는 국민들의 체격 향상을 위해 육식을 권장하였으며, 소고기를 먹는다는 것은 문명개화를 실천하는 것처럼 여겨지기까지 하였다. 그러나 육식에 대한 거부감이 아직 남아 있던 당시 사람들은 소고기를 규나베牛鍋 즉 소고기전골이나 스키야키鋤焼き 등 일본식으로 조리하여 섭취함으로써 차츰 고기에 친숙해져 가게 된다. 특히 규나베는 메이지시대의 상징적인 음식으로 널리 유행한다.

빵은 일본어로 팡パン이라 한다. 그 어원이 포르투갈어에서 유래된 것으로 봐서, 빵이란 음식이 포르투갈로부터 전래되었음을 알 수 있다. 이처럼 서양인에 의해 들어온 빵은 초창기에는 쌀을 주식으로 하는 일본사회에 정착하지 못한다. 그러던 것이 에도시대 말기인 19세기 중후반에 이르러 휴대하기 편리하다는 점 때문에 병사들의 식사로 이용되기 시작하였으며, 요코하마横浜에는 빵을 구워 파는 가게가 등장하기까지 한다. 이후 메이지유신 후에는 도쿄에도 많은 빵가게가 개점하여 영업을 하는 등 식품으로 자리잡게 된다. 당시 도쿄의 한 빵가게에서는 아무래도 일본인에게 익숙하지 않은 빵을 널리 보급하기 위해, 1874년에 빵 속에 팥앙금을 넣은 안빵あんパン을 개발하여 크게 호평을 받는다. 안あん이란 팥앙금, 팥소라는 뜻이므로, 안빵은 우리말의 단팥빵에 해당한다. 우리나라에서도 흔히 볼 수 있는 이 단팥빵이 실은 메이지유신의 산물이었던 것이다. 안빵을 최초로 개발한 그 가게는 지금도 도쿄 긴자銀座에서 150년 가까이 영업을 계속하고 있다.

서양으로부터 일찍이 나가사키에 전래된 커피는 메이지유신 이후의 적극적인 서양문화 수용의 결과 일본인에게 애용되기 시작하여, 1800년대 말기에는 도쿄에 처음으로 커피숍이 문을 연다. 이 외에도 맥주, 아이스크림, 사이다, 양과자 등과 같은 식품이 메이지유신 이후 일본에서 널리 퍼지게 된다.

이처럼 메이지유신 이후의 서구화로 일본인의 식생활에 다양한 변화와 풍요가 실현되었지만, 서민들의 식생활은 그 이전과 크게 다를 바가 없었다. 농어촌이나 산촌 등에 거주하는 사람들에게 있어서 식생활의 개선이란 용이한 문제가 아니었기 때문에, 유신 이후에도 그들에게 있어서 잡곡이 섞여 있지 않은 식사를 한다는 것은 요원한 일이었다.

3) 근대의 주거생활

메이지유신 이후 유럽, 미국 등지로부터 급격하게 유입된 서양문물은 일본인의 의·식·주에 커다란 영향을 미친다. 그 중에서도 주거생활에 끼친 영향은 식생활이나 의생활에 대한 영향에 비해 서서히 변화가 나타난다. 메이지시대로 들어오면서 도쿄, 오사카 등 대도시에는 관공서 건물을 중심으로 서양식 건축물이 늘어나면서 도시의 모습이 크게 변화된다. 에도시대에 지방정부의 기능을 하였던 번藩이 폐지되고 현県이 설치됨으로써, 현청県庁 소재지 등의 지방 도시에도 서양건축 양식의 각종 관공서가 들어선다. 그 외에도 공장, 상점, 은행 등 민간 영역에서도 서양식 건물이 증가하며, 대도시의 거리에는 가스를 사용하는 가로등이 등장하여 밤길을 밝히기도 한다. 메이지시대의 서양식 건축물의 특징은 붉은 벽돌을 사용한 건물이 많다는 점이다. 오늘날 일본 각지에서 관광자원으로 활용되고 있는 붉은 벽돌 건물들은 대부분 이 시기에 지어진 것들이다.

메이지시대의 공공기관이 서양식 건축으로 변모하는데 비해 일반 서민의 주택은 여전히 일본식 전통 가옥이 대부분이었다. 이 시기의 일본인들은 입식 생활 중심인 서양식 주거 공간에 아직 익숙해지지 않았으므로, 낮 동안의 일상 업무 시에는 양복을 입고 테이블과 의자를 사용하지만, 집에 돌아오면 전통 의상으로 갈아입고 다타미 방에 앉아서 생활하는 것이 일반적이었다.

근대 일본의 도시 주택에서 서양식 분위기가 나타나기 시작한 것은 손님을 맞이하는 응접실에서부터였다. 물론 서양식 응접실을 갖춘 주택의 소유자는 상류계층에 한하였다. 일반인의 주택은 메이지시대가 되어도 그 이전과 마찬가지로 다타미 방인 자시키座敷가 집안의 가장 중심적인 공간으로서, 가장의 거소 및 접객 용도로 사용되었다. 메이지시대 다음인 다이쇼大正시대(1912~1926) 초기에도 자시키는 정원을 관망할 수 있도록 집안의 가장 중심적인 곳에 배치되었을 뿐만 아니라 가장 넓은 공간을 점유하기도 하였다. 그러나 그 이후부터는 접객 중심보다도 거주자인 가족을 우선시하는 경향이 조금씩 나타나기 시작하여, 그 영향이 주택의 구조에도 반영되게 된다.

참고문헌

田中健夫,『倭寇』, 講談社学術文庫, 2012.

이진희·강재언 지음, 김익한·김동명 옮김,『한일교류사』, 학고재, 1998.

谷晃,『茶の湯ってなに?』, 淡交社, 2016.

平井聖,『日本のすまい』, 市ケ谷出版社, 1998.

(財)日本統計協会 編集,『暮らし·住まい』, 大日本法令印刷, 2002.

渡辺実,『日本食生活史』, 吉川弘文館, 1997.

石田一良 編,『日本文化史概論』, 吉川弘文館, 1986.

井上雅人,『洋服と日本人』, 広済堂出版, 2001.

藤田勝也·古賀秀策 編,『日本建築史』, 昭和堂, 2002.

熊倉功夫, 杉山公男,『緑茶文化と日本人』, ぎょうせい, 1999.

박경자,『한중일 정원에서 찾은 트렌드Ⅱ』, 학연문화사, 2020.

高取正男,『神道の成立』, 平凡社, 1995.

網野善彦,『日本の歴史をよみなおす』, 筑摩書房, 2004.

강상중 지음, 노수경 옮김,『떠오른 국가와 버려진 국민』, 사계절, 2020.

尾藤正英,『日本文化の歴史』, 岩波新書, 2000.

宮地正人編,『日本史』, 山川出版社, 2008.

村井康彦,『平安京と京都』, 三一書房, 1990.

오카다 데쓰 지음, 정순분 옮김,『돈가스의 탄생』, 뿌리와 이파리, 2006.

網野善彦,『日本社会の歴史(上)』, 岩波新書, 1998.

荻原浅男 鴻巣隼雄 校注,『古事記』, 小学館, 1985.

坂本太郎, 家永三朗外校注,『日本書紀 下』, 岩波書店, 1988.

이병도 역주,『삼국사기』, 을유문화사, 1996, p.105.

佐竹昭広 外,『万葉集 本文篇』, 塙書房, 1987.

阿部秋生 秋山虔 外 校注·訳,『源氏物語2』, 小学館, 1996.

松尾聡 永井和子 校注·訳,『枕草子』, 小学館, 1999.

神田秀夫 外 校注·訳,『方丈記, 徒然草, 正法眼蔵随聞記, 歎異抄』, 小学館, 1988.

마루야마 마사오 · 가토 슈이치, 임성모 옮김, 『번역과 일본의 근대』, 이산, 2000.

村上重良, 『国家神道と民衆宗教』, 吉川弘文館, 2006.

森浩一 編, 『日本の古代1 倭人の登場』, 中公文庫, 1995.

오쿠보 히로코 지음, 이언숙 옮김, 『에도의 패스트푸드』, 청어람미디어, 2004.

直木孝次郎, 『古代日本と朝鮮 · 中国』, 講談社学術文庫, 1994.

笹山晴生, 五味文彦 外, 『日本史史料集』, 山川出版社, 2004.

吉川弘文館 編集部編, 『日本史必携』, 吉川弘文館, 2006.

菅原信海, 『日本人と神たち仏たち』, 春秋社, 2003.

佐藤信 編, 『律令国家と天平文化』, 吉川弘文館, 2002.

加藤友康 編, 『摂関政治と王朝文化』, 吉川弘文館, 2002.

西谷正 編, 『古代朝鮮と日本』, 名著出版, 1990.

村山修一, 『神仏習合思潮』, 平楽寺書店, 1964.

井上光貞, 『日本古代国家の研究』, 岩波書店, 1983.

金達寿, 『渡来人と渡來文化』, 河出書房新社, 1990.

近江昌司, 『日本古代史の問題点』, 学生社, 2003.

村井章介 지음, 손승철 · 김강일 편역, 『동아시아 속의 중세 한국과 일본 』, 경인문화사, 2008.

笠原一男, 『日本宗教史 II』, 山川出版社, 1977.

찾아보기

【ㅂ】

【ㅅ】

【ㅇ】

【ㅈ】

김현석

일본 도시샤同志社대학 문학부 및 도시샤대학대학원 문학연구과 석사 박사과정을 졸업했다.
한국일본어문학회 학회장, 광주대학교 인문사회대학장 등을 역임했으며, 현재 광주대 외국어학부 교수로 재직하고 있다.
주요 저역서로는 『일본대표 단편선』『조선총독부초등학교 일본어 독본』 등이 있다.

문화로 읽는 일본 역사

초판 1쇄 발행 _ 2020년 9월 20일
1판 3쇄 발행 _ 2024년 2월 23일

저　　자 • 김 현 석
발 행 인 • 정 현 걸
발　　행 • 신 아 사
인　　쇄 • 대명프린팅
출판등록 • 1956년 1월 5일 (제9-52호)
주　　소 • 서울시 은평구 통일로 59길 4(2F)
전　　화 • 02)382-6411 · 팩스 02)382-6401
홈페이지 • www.shinasa.co.kr
E-MAIL • shinasa@daum.net

ISBN 978-89-8396-802-9 (93730)

정가 15,000원